谨以此书

献给我心爱的教育事业

本书获得江西科技师范大学教材出版基金资助

法学实践专用教材

律师办案技巧训练教程

LVSHI BANAN JIQIAO XUNLIAN JIAOCHENG

龚家林 / 著

江西人民出版社
Jiangxi People's Publishing House
全国百佳出版社

图书在版编目(CIP)数据

律师办案技巧训练教程 / 龚家林著.—南昌:江西人民出版社,2017.9

ISBN 978-7-210-09812-6

Ⅰ.①律… Ⅱ.①龚… Ⅲ.①律师业务—职业培训—教材 Ⅳ.①D916.54

中国版本图书馆CIP数据核字(2017)第254258号

律师办案技巧训练教程
龚家林　著
组稿编辑:陈世象
责任编辑:陈　茜
出　　版:江西人民出版社
发　　行:各地新华书店
地　　址:江西省南昌市三经路47号附1号(邮编:330006)
发行部电话:0791-86898801
编辑部电话:0791-88677352
网　　址:www.jxpph.com
E-mail:95254804@qq.com
2017年9月第1版　2017年9月第1次印刷
开　　本:787毫米×1092毫米　1/16
印　　张:20.75
字　　数:330千字
ISBN 978-7-210-09812-6
赣版权登字—01—2017—810

定　　价:42.80元
承 印 厂:南昌市红星印刷有限公司

前言

随着我国高等法学教育的办学规模不断扩大，法学教育对实践教学的需求也在上升。但是，公、检、法、司等法律实务部门安排的实习岗位，依然不能满足日益增长的法学实践教学需求，进而导致法学教育的实践教育不足，使法学专业毕业生的法律思维能力和解决法律纠纷的实践能力难以满足法律职业的上岗需求。

当下中国的法学教育界，为提高法学本科学生的法律思维能力和解决法律问题的实践能力进行了长期的探索。如何提高校内课堂教学在法学实践教学中的作用，弥补校外法学实践教学的不足，成为摆在中国法学教育工作者面前急需解决的难题。江西科技师范大学法学院2010年在国内率先开设“律师办案技巧训练”课程，并打破传统法学教学课程设置体系的藩篱，将该课程编入法学本科专业人才培养方案。作者自编讲义，进行了该课程教学改革的大胆尝试。教学实践表明，将以提高解决法律问题的能力为主要内容的“律师办案技巧训练”课程，作为法学本科学生的必修课，并在教学中采用“提出问题—解决问题”的“训练教学模式”，强化了对法学本科学生的实践能力培养，对于提高法学本科学生的法律思维能力和解决法律纠纷的实践能力，缩短法学本科毕业生就业后适应岗位的时间，具有较好的效果，深受学生欢迎。

为解决“律师办案技巧训练”课程缺乏专门教材的问题，作者根据自己多年的教学实践经验以及自己从事律师工作20多年的办案经验，并在吸取国内律师界同行先进的办案技巧基础上，编写了这本《律师办案技巧训练教程》。

作者写作本教材的另外一个目的,旨在帮助高校法学教育实现法律实践教学的校内化、专业化和规范化,以弥补法学校外实践教学的不足,实现法学本科课堂教学与法学实践的无缝对接,提高法学本科学生的法律思维能力和解决法律纠纷问题的实践能力。

本教材由浅入深地介绍了律师办案的技巧,基本覆盖了《中华人民共和国律师法》规定的律师业务领域,既有通用技巧,也有专项技巧。这些技巧的训练内容,体现了指导性、理论性与实用性相结合的特点。

为了便于教师的教学,对律师办案技巧安排了"技巧理论""训练案例",使得教师可以非常方便地对学生进行理论讲解和实务训练。同时,为减少学生课堂上查找法律法规的麻烦,设置了"法规链接"。这既可以方便学生在课堂上完成训练作业,又使得本书具有工具书的实用价值。

本书既可以作为法学本科实践教学的教材,也可以用于对新入职律师的培训教材。

尽管作者编写时付出了很大的努力,但缺点和错误在所难免,不足之处,恳请批评指正。

编著者

2017年8月于南昌

目录

第一章

律师办案技巧概述

【导语】

律师办案技巧是作为执业律师必须掌握的一种职业技能。准确把握律师办案技巧的概念是学习和掌握律师办案技巧的前提。搞清楚律师办案技巧的概念和特征，明确律师办案技巧的本质含义，区别律师办案技巧和其他职业的技能，是本章学习和训练的重点。

第一节　律师办案技巧的概念和特征

一、律师办案技巧的概念

“技巧”一词，通常的理解，一是指作战的技术。《汉书·艺文志》：“技巧者，习手足，便器械，积机关，以立攻守之胜者也。”二是指一般的熟练技能。如写作技巧、绘画技巧。[①]律师办案技巧，则属于一般的熟练技能。

所谓律师办案技巧，是指律师办理律师业务过程中，为维护委托人的合法权益，根据现行法律法规及司法解释等规范性文件规定的权利

①《辞海》编辑委员会：《辞海》，上海辞书出版社1980年版，第669页。

义务，提出并实施的利益最大、弊端最小的解决法律问题的思路、步骤和方法。

律师办案技巧概念的内涵，包含三层意思：一是律师办案技巧是律师办理律师业务过程中的技巧。如果是律师在开展其他活动中的技巧，比如旅游、购物、体育比赛等非律师业务活动中的技巧，则不属于律师办案技巧。二是律师办案技巧是律师为维护委托人的合法权益的技巧。如果不是维护委托人的合法权益的技巧，则不属于律师办案技巧。三是律师办案技巧是使委托人合法权益最大化、弊端最小化的技巧。这是律师办案技巧对于当事人的价值所在。

律师办案技巧概念的外延，是指律师办案的思路、步骤和方法。律师办案的思路，是律师办案思考的宏观层面的问题。律师办案的思路决定了律师帮助当事人解决法律问题而选择的途径和方向。思路一旦选错，则可能导致办案失败的结果。南辕北辙对律师办案而言，是最严重的错误。因此，律师办案绝对不能犯思路的错误。而律师办案的步骤和方法则属于律师办案思考的微观层面的问题。律师办案的步骤和方法是律师办案的操作层面的问题，律师办案的步骤和方法，决定了律师办案的效率和质量。

在律师执业活动中，不同的律师的职业技能是不同的。一方面，由于接受教育的种类和层次的不同，不同的律师的法学理论水平和法律逻辑思维能力不可避免地存在差异。一个律师的法学理论水平决定了律师理解和把握法律条文的能力和准确度。这种能力又是制约律师进行法律推理能力的决定性因素。而准确理解和把握法律条文的立法宗旨、规定的权利与义务，又是律师进行正确法律推理的前提。律师只有进行了正确的法律推理，才能对当事人面临的法律问题的发展方向及预期的法院裁判结果做出准确的判断。因此，不同的法学理论水平，直接决定着律师的素质和能力。另一方面，由于执业年限、执业领域以及执业经历的不同，使得不同的律师的实践经验存在巨大的差异。这种办案实践经验的差异，往往导致不同的律师对当事人面临的法律问题的解决途径和解决可能性的判断产生巨大差异。这种差异又进一步导致不同律师的办案技巧的不同。

二、律师办案技巧的特征

律师办案技巧的特征是律师办案技巧区别于其他职业技巧的特有属性。

搞清楚律师办案技巧的特征，可以帮助我们准确把握律师办案技巧的内涵。

（一）律师办案技巧是执业律师的职业技能

执业律师是依照《中华人民共和国律师法》取得律师执业证书，接受委托或者指定，为当事人提供法律服务的执业人员。律师不同于一般的职业，一般的职业往往只是人们谋生的一种手段，法律并没有赋予其特殊的社会责任。比如工人、农民。但是，法律赋予了律师这一职业人员特殊的社会责任。律师应当维护当事人合法权益，维护法律正确实施，维护社会公平和正义。因此，律师办案技巧是符合律师社会责任要求的职业技能。

执业律师也不同于具有法律职业资格但未依法注册的人员。如果一个公民通过了法律职业资格考试，依法他（她）可以申请法律职业资格证。如果一个公民通过了律师资格考试，依法他（她）可以申请律师职业资格证。经过国家司法行政机关审查批准，他（她）可以依法取得法律职业资格证或者律师职业资格证。一个公民取得法律职业资格、律师职业资格后，并不自然成为执业律师。要成为执业律师，还必须依法申请律师执业的政府行政许可。取得法律职业资格，或者取得律师职业资格的人员，只有获得了司法行政机关的许可，才能从事律师执业活动。

严格意义上的律师办案技巧，只能是依法执业律师的职业技能。社会上的不具备法律职业资格、不具备律师职业资格的"法律工作者"，他们不属于正规的法律职业群体，他们的执业行为不受《中华人民共和国律师法》的约束。因此，律师办案技巧不包括法律工作者的办案技巧。法律工作者有着他们自己的办案技巧。

（二）律师办案技巧是律师办理法定业务的技能

根据《中华人民共和国律师法》[①]第二十八条规定，律师可以从事下列业务：（一）接受自然人、法人或者其他组织的委托，担任法律顾问；（二）接受民事案件、行政案件当事人的委托，担任代理人，参加诉讼；（三）接受刑事案件犯罪嫌疑人、被告人的委托或者依法接受法律援助机构的指派，担任辩护人，

①《中华人民共和国律师法》，2012年10月26日修正，2013年1月1日起施行。

接受自诉案件自诉人、公诉案件被害人或者其近亲属的委托，担任代理人，参加诉讼；（四）接受委托，代理各类诉讼案件的申诉；（五）接受委托，参加调解、仲裁活动；（六）接受委托，提供非诉讼法律服务；（七）解答有关法律的询问、代写诉讼文书和有关法律事务的其他文书。因此，律师办案技巧只能是办理律师法规定业务应具备的技能。

凡是符合律师法规定的业务，律师均可以接受委托并且收费办理。本教材介绍的律师办案技巧，是指律师办理律师法规定的律师业务过程中的技巧。

（三）律师办案技巧是律师办案过程中的合法职业技能

作为律师执业技能，律师办案技巧只能是采取合法的手段和路径解决法律问题的技能。这是律师办案技巧与其他职业技能的区别点。其他职业技能解决的不是法律问题，而是非法律问题。律师办案技巧必须是合法地使当事人的合法利益最大化，同时又能合法地使弊端最小化的解决法律问题的思路、步骤和方法。

非法的解决问题的思路、步骤和方法不是技巧，而是对法治的破坏，也是律师绝对不能出现的行为。在法治社会中，非法的解决问题的思路不仅不能帮助当事人，反而会损害当事人的合法权益，更会败坏律师的名声，律师绝对不能采用。

第二节　律师办案的思路

【技巧理论】

所谓律师办案的思路，是指律师接受委托后，对当事人所面临的法律问题，根据现行法律法规及司法解释规定的权利义务，以及当事人发生纠纷时所处的地位，选择对当事人利益最大化、弊端最小化的解决问题的路径。

一个当事人来到律师事务所滔滔不绝地向律师讲述他（她）所面临的问题时，可能是杂乱无章的事实的堆砌，毫无条理。这就要求律师运用自己的专业技能，对所闻所见的事实，运用法律思维进行梳理，从而把握当事人面临的法律问题的性质及当事人所处的法律地位。这里需要指出的是，律师在接待当事人咨询过程中，不仅要听其言，而且要观其行，更要审查他（她）提交给律师的证据材料。在全面分析了所见、所闻的一切信息后，理性地运用法律思维，才能对事实做出准确分析和判断。

俗话说，思路决定出路，细节决定成败。对于律师办理律师业务而言，首先要选择的是通过什么合法途径解决当事人面临的法律问题，具体而言，就是要回答是去谈判、协商？还是去仲裁？还是去诉讼？还是去制定规章制度？

【训练案例-1】

男、女双方结婚十多年，育有一个女孩。男方在婚后开了一家公司，随着财富的增多和地位的提高，男方开始有外遇，并向女方摊牌要求离婚。女方坚决不同意离婚。

男方第一次起诉离婚，由于男方没有足够的证据证明夫妻感情确已破裂，加之女方坚决不同意离婚，法院作出了不准离婚的判决。

败诉后，男方甚至威胁她如果再不同意离婚，他将采取更严厉的手段。女方看到挽回这个婚姻已经无望，只能求助律师帮助她在离婚时，能依法分得更多的财产。此时，女方通过暗中打听了解到，男方已经将公司的股份以抵押"还债"的虚假名义转移到了他的好友名下，并且签订了股权转让协议，对外声称股份已经不在自己名下。这个好友，女方也很熟悉。如果公司的财产抵押给了别人，那么，离婚时可以分割的夫妻共同财产只有家中那点财产了。

【训练提示】

本案是一起典型的离婚共同财产分割案。根据我国婚姻法及民事诉讼法，在离婚时，如果原告在诉讼请求中提出了对夫妻共同财产分割的诉讼请求，则法院必须对夫妻共同财产进行分割裁判。《中华人民共和国婚姻法》规定了离婚的法定条件、夫妻共同财产的种类及判断标准，并且规定了夫妻共同财产在离婚时分割的原则。为帮助我们准确理解和适用《中华人民共和国婚姻法》，最高人民法院发布了关于适用《中华人民共和国婚姻法》的司法解释。这些规范性文件，是执业律师在代理离婚诉讼案件必须掌握的材料。

对于执业律师而言，了解了上述有关离婚案件的规范性文件，只是做到了第一步。离婚诉讼的代理律师，要想实现委托人合法利益的最大化，还必须做到第二步、第三步，等等。所谓第二步，就是要学会综合运用我国法律体系中所有与婚姻家庭财产有关的法律，使委托人的合法利益最大化。这些法律包括民法、刑法、公司法、合同法等法律。第三步，就是要掌握婚姻家庭财产调查的本领。要知道各种了解家庭财产的合法渠道，并能具体实施调查。比如房产可以通过不动产登记机关查询，公司股份可以通过工商管理机关查询工商登记档案，机动车可以通过公安交通管理局车管所查询机动车所有人。第四步，就是掌握财产调查的方法，是公开的，还是隐蔽的；是律师自己去，还是让你的委托人自己去。这些方法都要根据案件的具体情况，精心策划与安排。比如，要调查离婚案件对方有第三者的行为，则只能采取隐蔽的方式；要了解对方私房钱的情况，只能让律师的当事人自己暗中了解；要调查婚姻对方当事人虚假转让股份则只能找接受股份的当事人秘密取证；等等。这里需要提醒代理律师的是，律师调查取证不能侵犯他人的合法权益，不能违反公序良俗，也不能损害社会公共利益。总之，在婚姻家庭领域，律师大有可为，婚姻家庭律师办案技巧的提升也是永无止境的。

【训练问题】

1. 作为女方的律师，你认为如何才能保护女方在离婚时分割财产的利益？

2. 是直接起诉？还是先收集证据？

3. 收集证据是律师出面？还是律师设计收集证据方案，然后让女方出面？

【法规链接】

《中华人民共和国婚姻法》(2001)(节选)

发布：2001-04-28　实施：2001-04-28　时效性：现行有效

第十七条　夫妻在婚姻关系存续期间所得的下列财产，归夫妻共同所有：

(一) 工资、奖金；

(二) 生产、经营的收益；

(三) 知识产权的收益；

(四) 继承或赠与所得的财产，但本法第十八条第三项规定的除外；

(五) 其他应当归共同所有的财产。

夫妻对共同所有的财产，有平等的处理权。

第十八条　有下列情形之一的，为夫妻一方的财产：

(一) 一方的婚前财产；

(二) 一方因身体受到伤害获得的医疗费、残疾人生活补助费等费用；

（三）遗嘱或赠与合同中确定只归夫或妻一方的财产；

（四）一方专用的生活用品；

（五）其他应当归一方的财产。

第十九条　夫妻可以约定婚姻关系存续期间所得的财产以及婚前财产归各自所有、共同所有或部分各自所有、部分共同所有。约定应当采用书面形式。没有约定或约定不明确的，适用本法第十七条、第十八条的规定。

夫妻对婚姻关系存续期间所得的财产以及婚前财产的约定，对双方具有约束力。

夫妻对婚姻关系存续期间所得的财产约定归各自所有的，夫或妻一方对外所负的债务，第三人知道该约定的，以夫或妻一方所有的财产清偿。

第三十九条　离婚时，夫妻的共同财产由双方协议处理；协议不成时，由人民法院根据财产的具体情况，照顾子女和女方权益的原则判决。

夫或妻在家庭土地承包经营中享有的权益等，应当依法予以保护。

第四十条　夫妻书面约定婚姻关系存续期间所得的财产归各自所有，一方因抚育子女、照料老人、协助另一方工作等付出较多义务的，离婚时有权向另一方请求补偿，另一方应当予以补偿。

《最高人民法院关于适用〈中华人民共和国婚姻法〉若干问题的解释（一）》（节选）

发布：2001-12-25　实施：2001-12-27　时效性：现行有效

第一条　婚姻法第三条、第三十二条、第四十三条、第四十五条、第四十六条所称的“家庭暴力”，是指行为人以殴打、捆绑、残害、强行限制人身自由或者其他手段，给其家庭成员的身体、精神等方面造成一定伤害后果的行为。持续性、经常性的家庭暴力，构成虐待。

第二条　婚姻法第三条、第三十二条、第四十六条规定的“有配偶者与他人同居”的情形，是指有配偶者与婚外异性，不以夫妻名义，持续、稳定地共同居住。

第三条　当事人仅以婚姻法第四条为依据提起诉讼的，人民法院不予受理；已经受理的，裁定驳回起诉。

第四条　男女双方根据婚姻法第八条规定补办结婚登记的，婚姻关系的效力从双方均符合婚姻法所规定的结婚的实质要件时起算。

第五条　未按婚姻法第八条规定办理结婚登记而以夫妻名义共同生活的男女，起诉到人民法院要求离婚的，应当区别对待：

（一）1994年2月1日民政部《婚姻登记管理条例》公布实施以前，男女双方已经符合结婚实质要件的，按事实婚姻处理；

（二）1994年2月1日民政部《婚姻登记管理条例》公布实施以后，男女双方符合结婚实质要件的，人民法院应当告知其在案件受理前补办结婚登记；未补办结婚登记的，按解除同居关系处理。

第六条　未按婚姻法第八条规定办理结婚登记而以夫妻名义共同生活的男女，一方死亡，另一方以配偶身份主张享有继承权的，按照本解释第五条的原则处理。

第七条　有权依据婚姻法第十条规定向人民法院就已办理结婚登记的婚姻申请宣告婚姻无效的主体，包括婚姻当事人及利害关系人。利害关系人包括：

（一）以重婚为由申请宣告婚姻无效的，为当事人的近亲属及基层组织。

（二）以未到法定婚龄为由申请宣告婚姻无效的，为未达法定婚龄者的近亲属。

（三）以有禁止结婚的亲属关系为由申请宣告婚姻无效的，为当事人的近亲属。

（四）以婚前患有医学上认为不应当结婚的疾病，婚后尚未治愈为由申请宣告婚姻无效的，为与患病者共同生活的近亲属。

第八条　当事人依据婚姻法第十条规定向人民法院申请宣告婚姻无效的，申请时，法定的无效婚姻情形已经消失的，人民法院不予支持。

第九条　人民法院审理宣告婚姻无效案件，对婚姻效力的审理不适用调解，应当依法作出判决；有关婚姻效力的判决一经作出，即发生法律效力。

涉及财产分割和子女抚养的，可以调解。调解达成协议的，另行制作调解书。对财产分割和子女抚养问题的判决不服的，当事人可以上诉。

第十条　婚姻法第十一条所称的“胁迫”，是指行为人以给另一方当事人或者其近亲属的生命、身体健康、名誉、财产等方面造成损害为要挟，迫使另一方当事人违背真实意愿结婚的情况。

因受胁迫而请求撤销婚姻的，只能是受胁迫一方的婚姻关系当事人本人。

第十一条　人民法院审理婚姻当事人因受胁迫而请求撤销婚姻的案件，应当适用简易程序或者普通程序。

第十二条　婚姻法第十一条规定的“一年”，不适用诉讼时效中止、中断或者延长的规定。

第十三条　婚姻法第十二条所规定的自始无效，是指无效或者可撤销婚姻在依法被宣告无效或被撤销时，才确定该婚姻自始不受法律保护。

第十四条　人民法院根据当事人的申请，依法宣告婚姻无效或者撤销婚姻的，应当收缴双方的结婚证书并将生效的判决书寄送当地婚姻登记管理机关。

第十五条　被宣告无效或被撤销的婚姻，当事人同居期间所得的财产，按共同共有处理。但有证据证明为当事人一方所有的除外。

第十六条　人民法院审理重婚导致的无效婚姻案件时，涉及财产处理的，应当准许合法婚姻当事人作为有独立请求权的第三人参加诉讼。

第十七条　婚姻法第十七条关于“夫或妻对夫妻共同所有的财产，有平等的处理权”的规定，应当理解为：

（一）夫或妻在处理夫妻共同财产上的权利是平等的。因日常生活需要而处理夫妻共同财产的，任何一方均有权决定。

（二）夫或妻非因日常生活需要对夫妻共同财产做重要处理决定，夫妻双方应当平等协商，取得一致意见。他人有理由相信其为夫妻双方共同意思表示的，另一方不得以不同意或不知道为由对抗善意第三人。

第十八条　婚姻法第十九条所称“第三人知道该约定的”，夫妻一方对此负有举证责任。

第十九条　婚姻法第十八条规定为夫妻一方所有的财产，不因婚姻关系的延续而转化为夫妻共同财产。但当事人另有约定的除外。

第二十条　婚姻法第二十一条规定的“不能独立生活的子女”，是指尚在校接受高中及其以下学历教育，或者丧失或未完全丧失劳动能力等非因主观原因而无法维持正常生活的成年子女。

第二十一条　婚姻法第二十一条所称“抚养费”，包括子女生活费、教育费、医疗费等费用。

第二十二条　人民法院审理离婚案件，符合第三十二条第二款规定“应准予离婚”情形的，不应当因当事人有过错而判决不准离婚。

第二十三条　婚姻法第三十三条所称的“军人一方有重大过错”，可以依据婚姻法第三十二条第二款前三项规定及军人有其他重大过错导致夫妻感情破裂的情形予以判断。

第二十四条　人民法院作出的生效的离婚判决中未涉及探望权，当事人就探望权问题单独提起诉讼的，人民法院应予受理。

第二十五条　当事人在履行生效判决、裁定或者调解书的过程中，请求中止行使探望权的，人民法院在征询双方当事人意见后，认为需要中止行使探望权的，依法作出裁定。中止探望的情形消失后，人民法院应当根据当事人的申请通知其恢复探望权的行使。

第二十六条　未成年子女、直接抚养子女的父或母及其他对未成年子女负担抚养、教育义务的法定监护人，有权向人民法院提出中止探望权的请求。

第二十七条　婚姻法第四十二条所称“一方生活困难”，是指依靠个人财产和离婚时分得的财产无法维持当地基本生活水平。

一方离婚后没有住处的，属于生活困难。

离婚时，一方以个人财产中的住房对生活困难者进行帮助的形式，可以是房屋的居住权或者房屋的所有权。

第二十八条　婚姻法第四十六条规定的“损害赔偿”，包括物质损害赔偿和精神损害赔偿。涉及精神损害赔偿的，适用最高人民法院《关于确定民事侵权精神损害赔偿责任若干问题的解释》的有关规定。

第二十九条　承担婚姻法第四十六条规定的损害赔偿责任的主体，为离婚诉讼当事人中无过错方的配偶。

人民法院判决不准离婚的案件，对于当事人基于婚姻法第四十六条提出的损害赔偿请求，不予支持。

在婚姻关系存续期间，当事人不起诉离婚而单独依据该条规定提起损害赔偿请求的，人民法院不予受理。

第三十条　人民法院受理离婚案件时，应当将婚姻法第四十六条等规定中当事人的有关权利义务，书面告知当事人。在适用婚姻法第四十六条时，应当区分以下不同情况：

（一）符合婚姻法第四十六条规定的无过错方作为原告基于该条规定向人民法院提起损害赔偿请求的，必须在离婚诉讼的同时提出。

（二）符合婚姻法第四十六条规定的无过错方作为被告的离婚诉讼案件，如果被告不同意离婚也不基于该条规定提起损害赔偿请求的，可以在离婚后一年内就此单独提起诉讼。

（三）无过错方作为被告的离婚诉讼案件，一审时被告未基于婚姻法第四十六条规定提出损害赔偿请求，二审期间提出的，人民法院应当进行调解，调解不成的，告知当事人在离婚后一年内另行起诉。

第三十一条　当事人依据婚姻法第四十七条的规定向人民法院提起诉讼，请求再次分割夫妻共同财产的诉讼时效为两年，从当事人发现之次日起计算。

第三十二条　婚姻法第四十八条关于对拒不执行有关探望子女等判决和裁定的，由人民法院依法强制执行的规定，是指对拒不履行协助另一方行使探望权的有关个人和单位采取拘留、罚款等强制措施，不能对子女的人身、探望行为进行强制执行。

《最高人民法院关于适用〈中华人民共和国婚姻法〉若干问题的解释（二）》（节选）

发布：2017-02-28　实施：2017-03-01　时效性：现行有效

第一条　当事人起诉请求解除同居关系的，人民法院不予受理。但当事人请求解除的同居关系，属于婚姻法第三条、第三十二条、第四十六条规定的“有配偶者与他人同居”的，人民法院应当受理并依法予以解除。

当事人因同居期间财产分割或者子女抚养纠纷提起诉讼的，人民法院应当受理。

第二条　人民法院受理申请宣告婚姻无效案件后，经审查确属无效婚姻的，应当依法作出宣告婚姻无效的判决。原告申请撤诉的，不予准许。

第三条　人民法院受理离婚案件后，经审查确属无效婚姻的，应当将婚姻无效的情形告知当事人，并依法作出宣告婚姻无效的判决。

第四条　人民法院审理无效婚姻案件，涉及财产分割和子女抚养的，应当对婚姻效力的认定和其他纠纷的处理分别制作裁判文书。

第五条　夫妻一方或者双方死亡后一年内，生存一方或者利害关系人依据婚姻法第十条的规定申请宣告婚姻无效的，人民法院应当受理。

第六条　利害关系人依据婚姻法第十条的规定，申请人民法院宣告婚姻无效的，利害关系人为申请人，婚姻关系当事人双方为被申请人。

夫妻一方死亡的，生存一方为被申请人。

夫妻双方均已死亡的，不列被申请人。

第七条　人民法院就同一婚姻关系分别受理了离婚和申请宣告婚姻无效案件的，对于离婚案件的审理，应当待申请宣告婚姻无效案件作出判决后进行。

前款所指的婚姻关系被宣告无效后，涉及财产分割和子女抚养的，应当继续审理。

第八条　离婚协议中关于财产分割的条款或者当事人因离婚就财产分割达成的协议，对男女双方具有法律约束力。

当事人因履行上述财产分割协议发生纠纷提起诉讼的，人民法院应当受理。

第九条　男女双方协议离婚后一年内就财产分割问题反悔，请求变更或者撤销财产分割协议的，人民法院应当受理。

人民法院审理后，未发现订立财产分割协议时存在欺诈、胁迫等情形的，应当依法驳回当事人的诉讼请求。

第十条　当事人请求返还按照习俗给付的彩礼的，如果查明属于以下情形，人民法院应当予以支持：

（一）双方未办理结婚登记手续的；

（二）双方办理结婚登记手续但确未共同生活的；

（三）婚前给付并导致给付人生活困难的。

适用前款第（二）、（三）项的规定，应当以双方离婚为条件。

第十一条　婚姻关系存续期间，下列财产属于婚姻法第十七条规定的“其他应当归共同所有的财产”：

（一）一方以个人财产投资取得的收益；

（二）男女双方实际取得或者应当取得的住房补贴、住房公积金；

（三）男女双方实际取得或者应当取得的养老保险金、破产安置补偿费。

第十二条　婚姻法第十七条第三项规定的“知识产权的收益”，是指婚姻关系存续期间，实际取得或者已经明确可以取得的财产性收益。

第十三条　军人的伤亡保险金、伤残补助金、医药生活补助费属于个人财产。

第十四条　人民法院审理离婚案件，涉及分割发放到军人名下的复员费、自主择业费等一次性费用的，以夫妻婚姻关系存续年限乘以年平均值，所得数额为夫妻共同财产。

前款所称年平均值，是指将发放到军人名下的上述费用总额按具体年限均分得出的数额。其具体年限为人均寿命七十岁与军人入伍时实际年龄的差额。

第十五条　夫妻双方分割共同财产中的股票、债券、投资基金份额等有价证券以及未上市股份有限公司股份时，协商不成或者按市价分配有困难的，人民法院可以根据数量按比例分配。

第十六条　人民法院审理离婚案件，涉及分割夫妻共同财产中以一方名义在有限责任公司的出资额，另一方不是该公司股东的，按以下情形分别处理：

（一）夫妻双方协商一致将出资额部分或者全部转让给该股东的配偶，过半数股东同意、其他股东明确表示放弃优先购买权的，该股东的配偶可以成为该公司股东；

（二）夫妻双方就出资额转让份额和转让价格等事项协商一致后，过半数股东不同意转让，但愿意以同等价格购买该出资额的，人民法院可以对转让出资所得财产进行分割。过半数股东不同意转让，也不愿意以同等价格购买该出资额的，视为其同意转让，该股东的配偶可以成为该公司股东。

用于证明前款规定的过半数股东同意的证据，可以是股东会决议，也可以是当事人通过其他合法途径取得的股东的书面声明材料。

第十七条　人民法院审理离婚案件，涉及分割夫妻共同财产中以一方名义在合伙企业中的出资，另一方不是该企业合伙人的，当夫妻双方协商一致，将其合伙企业中的财产份额全部或者部分转让给对方时，按以下情形分别处理：

（一）其他合伙人一致同意的，该配偶依法取得合伙人地位；

（二）其他合伙人不同意转让，在同等条件下行使优先受让权的，可以对转让所得的财产进行分割；

（三）其他合伙人不同意转让，也不行使优先受让权，但同意该合伙人退伙或者退还部分财产份额的，可以对退还的财产进行分割；

（四）其他合伙人既不同意转让，也不行使优先受让权，又不同意该合伙人退伙或者退还部分财产份额的，视为全体合伙人同意转让，该配偶依法取得合伙人地位。

第十八条　夫妻以一方名义投资设立独资企业的，人民法院分割夫妻在该独资企业中的共同财产时，应当按照以下情形分别处理：

（一）一方主张经营该企业的，对企业资产进行评估后，由取得企业一方给予另一方相应的补偿；

（二）双方均主张经营该企业的，在双方竞价基础上，由取得企业的一方给予另一方相应的补偿；

（三）双方均不愿意经营该企业的，按照《中华人民共和国个人独资企业法》等有关规定办理。

第十九条　由一方婚前承租、婚后用共同财产购买的房屋，房屋权属证书登记在一方名下的，应当认定为夫妻共同财产。

第二十条　双方对夫妻共同财产中的房屋价值及归属无法达成协议时，人民法院按以下情形分别处理：

（一）双方均主张房屋所有权并且同意竞价取得的，应当准许；

（二）一方主张房屋所有权的，由评估机构按市场价格对房屋作出评估，取得房屋所有权的一方应当给予另一方相应的补偿；

（三）双方均不主张房屋所有权的，根据当事人的申请拍卖房屋，就所得价款进行分割。

第二十一条　离婚时双方对尚未取得所有权或者尚未取得完全所有权的房屋有争议且协商不成的，人民法院不宜判决房屋所有权的归属，应当根据实际情况判决由当事人使用。

当事人就前款规定的房屋取得完全所有权后，有争议的，可以另行向人民法院提起诉讼。

第二十二条　当事人结婚前，父母为双方购置房屋出资的，该出资应当认定为对自己子女的个人赠与，但父母明确表示赠与双方的除外。

当事人结婚后，父母为双方购置房屋出资的，该出资应当认定为对夫妻双方的赠与，但父母明确表示赠与一方的除外。

第二十三条　债权人就一方婚前所负个人债务向债务人的配偶主张权利的，人民法院不予支持。但债权人能够证明所负债务用于婚后家庭共同生活的除外。

第二十四条　债权人就婚姻关系存续期间夫妻一方以个人名义所负债务主张权利的，应当按夫妻共同债务处理。但夫妻一方能够证明债权人与债务人明确约定为个人债务，或者能够证明属于婚姻法第十九条第三款规定情形的除外。

夫妻一方与第三人串通，虚构债务，第三人主张权利的，人民法院不予支持。

夫妻一方在从事赌博、吸毒等违法犯罪活动中所负债务，第三人主张权利的，人民法院不予支持。

第二十五条　当事人的离婚协议或者人民法院的判决书、裁定书、调解书已经对夫妻财产分割问题作出处理的，债权人仍有权就夫妻共同债务向男女双方主张权利。

一方就共同债务承担连带清偿责任后，基于离婚协议或者人民法院的法律文书向另一方主张追偿的，人民法院应当支持。

第二十六条　夫或妻一方死亡的，生存一方应当对婚姻关系存续期间的共同债务承担连带清偿责任。

第二十七条　当事人在婚姻登记机关办理离婚登记手续后，以婚姻法第四十六条规定为由向人民法院提出损害赔偿请求的，人民法院应当受理。但当事人在协议离婚时已经明确表示放弃该项请求，或者在办理离婚登记手续一年后提出的，不予支持。

第二十八条　夫妻一方申请对配偶的个人财产或者夫妻共同财产采取保全措施的，人民法院可以在采取保全措施可能造成损失的范围内，根据实际情况，确定合理的财产担保数额。

《最高人民法院关于适用〈中华人民共和国婚姻法〉若干问题的解释（二）的补充规定》

发布：2017-02-28　实施：2017-03-01　时效性：现行有效

在《最高人民法院关于适用〈中华人民共和国婚姻法〉若干问题的解释（二）》第二十四条的基础上增加两款，分别作为该条第二款和第三款：

夫妻一方与第三人串通，虚构债务，第三人主张权利的，人民法院不予支持。

夫妻一方在从事赌博、吸毒等违法犯罪活动中所负债务，第三人主张权利的，人民法院不予支持。

《最高人民法院关于适用〈中华人民共和国婚姻法〉若干问题的解释（三）》（节选）

发布：2011-08-09　实施：2011-08-13　时效性：现行有效

第一条　当事人以婚姻法第十条规定以外的情形申请宣告婚姻无效的，人民法院应当判决驳回当事人的申请。

当事人以结婚登记程序存在瑕疵为由提起民事诉讼，主张撤销结婚登记的，告知其可以依法申请行政复议或者提起行政诉讼。

第二条　夫妻一方向人民法院起诉请求确认亲子关系不存在，并已提供必要证据予以证明，另一方没有相反证据又拒绝做亲子鉴定的，人民法院可以推定请求确认亲子关系不存在一方的主张成立。

当事人一方起诉请求确认亲子关系，并提供必要证据予以证明，另一方没有相反证据又拒绝做亲子鉴定的，人民法院可以推定请求确认亲子关系一方的主张成立。

第三条　婚姻关系存续期间，父母双方或者一方拒不履行抚养子女义务，未成年或者不能独立生活的子女请求支付抚养费的，人民法院应予支持。

第四条　婚姻关系存续期间，夫妻一方请求分割共同财产的，人民法院不予支持，但有下列重大理由且不损害债权人利益的除外：

（一）一方有隐藏、转移、变卖、毁损、挥霍夫妻共同财产或者伪造夫妻共同债务等严重损害夫妻共同财产利益行为的；

（二）一方负有法定扶养义务的人患重大疾病需要医治，另一方不同意支付相关医疗费用的。

第五条　夫妻一方个人财产在婚后产生的收益，除孳息和自然增值外，应认定为夫妻共同财产。

第六条　婚前或者婚姻关系存续期间，当事人约定将一方所有的房产赠与另一方，赠与方在赠与房产变更登记之前撤销赠与，另一方请求判令继续履行的，人民法院可以按照合同法第一百八十六条的规定处理。

第七条　婚后由一方父母出资为子女购买的不动产，产权登记在出资人子女名下的，可按照婚姻法第十八条第（三）项的规定，视为只对自己子女一方的赠与，该不动产应认定为夫妻一方的个人财产。

由双方父母出资购买的不动产，产权登记在一方子女名下的，该不动产可认定为双方按照各自父母的出资份额按份共有，但当事人另有约定的除外。

第八条　无民事行为能力人的配偶有虐待、遗弃等严重损害无民事行为能力一方的人身权利或者财产权益行为，其他有监护资格的人可以依照特别程序要求变更监护关系；变更后的监护人代理无民事行为能力一方提起离婚诉讼的，人民法院应予受理。

第九条　夫以妻擅自中止妊娠侵犯其生育权为由请求损害赔偿的，人民法院不予支持；夫妻双方因是否生育发生纠纷，致使感情确已破裂，一方请求离婚的，人民法院经调解无效，应依照婚姻法第三十二条第三款第（五）项的规定处理。

第十条　夫妻一方婚前签订不动产买卖合同，以个人财产支付首付款并在银行贷款，婚后用夫妻共同财产还贷，不动产登记于首付款支付方名下的，离婚时该不动产由双方协议处理。

依前款规定不能达成协议的，人民法院可以判决该不动产归产权登记一方，尚未归还的贷款为产权登记一方的个人债务。双方婚后共同还贷支付的款项及其相对应财产增值部分,离婚时应根据婚姻法第三十九条第一款规定的原则,由产权登记一方对另一方进行补偿。

第十一条　一方未经另一方同意出售夫妻共同共有的房屋,第三人善意购买、支付合理对价并办理产权登记手续,另一方主张追回该房屋的,人民法院不予支持。

夫妻一方擅自处分共同共有的房屋造成另一方损失,离婚时另一方请求赔偿损失的,人民法院应予支持。

第十二条　婚姻关系存续期间,双方用夫妻共同财产出资购买以一方父母名义参加房改的房屋,产权登记在一方父母名下,离婚时另一方主张按照夫妻共同财产对该房屋进行分割的,人民法院不予支持。购买该房屋时的出资,可以作为债权处理。

第十三条　离婚时夫妻一方尚未退休、不符合领取养老保险金条件,另一方请求按照夫妻共同财产分割养老保险金的,人民法院不予支持;婚后以夫妻共同财产缴付养老保险费,离婚时一方主张将养老金账户中婚姻关系存续期间个人实际缴付部分作为夫妻共同财产分割的,人民法院应予支持。

第十四条　当事人达成的以登记离婚或者到人民法院协议离婚为条件的财产分割协议,如果双方协议离婚未成,一方在离婚诉讼中反悔的,人民法院应当认定该财产分割协议没有生效,并根据实际情况依法对夫妻共同财产进行分割。

第十五条　婚姻关系存续期间,夫妻一方作为继承人依法可以继承的遗产,在继承人之间尚未实际分割,起诉离婚时另一方请求分割的,人民法院应当告知当事人在继承人之间实际分割遗产后另行起诉。

第十六条　夫妻之间订立借款协议,以夫妻共同财产出借给一方从事个人经营活动或用于其他个人事务的,应视为双方约定处分夫妻共同财产的行为,离婚时可按照借款协议的约定处理。

第十七条　夫妻双方均有婚姻法第四十六条规定的过错情形,一方或者双方向对方提出离婚损害赔偿请求的,人民法院不予支持。

第十八条　离婚后,一方以尚有夫妻共同财产未处理为由向人民法院起诉请求分割的,经审查该财产确属离婚时未涉及的夫妻共同财产,人民法院应当依法予以分割。

【训练案例-2】

徐某是江南批发市场的个体经营户，2014年12月27日他来银行ATM机上汇款4万元给他的客户刘某某，由于自己操作失误，将客户刘某某的银行账号输错，结果使这4万元错汇到了周某某的银行账户。徐某发现后，找到律师事务所寻求帮助。

【训练提示】

本案是一起典型的银行ATM机上转错账的案例。由于当事人在ATM机上的操作失误，使资金转给了陌生人，对这个陌生人，转账人是一无所知的。陌生人的姓名、地址、身份证号码、账号等信息均不了解。在此情况下，如果转账人找律师帮助，律师必须凭借自己的专业知识和能力为委托人破解难题。

代理律师必须首先通过委托人的开户行查找这笔款项汇给了谁，掌握对方的账号、户名、联系方式等信息，然后才能开展下一步工作。由于银行依法有为储户保密的义务，代理律师必须运用法律智慧破解这一难题，否则，代理工作难以进展。在掌握了款项的去向之后，代理律师则可以考虑下步工作安排了。如果代理律师选择诉讼起诉收到款项的人，那么，选择不同的案由，需要提供的证据是不同的，这点，代理律师必须注意。如果原告不能提供证据支撑自己主张的事实，是要承担败诉的后果的。对于是否可以通过谈判解决问题，代理律师要更多地考虑可能性，如果不存在可能性，则不必浪费时间。

【训练问题】

1. 如果徐某委托你作为他的代理律师，谈谈你的办案思路？

2. 试分析报警、诉讼、谈判对追回徐某的4万元的可能性？

【法规链接】

《中华人民共和国民法总则》（节选）

发布：2017-03-15　实施：2017-10-01　时效性：现行有效

第一百一十八条　民事主体依法享有债权。

债权是因合同、侵权行为、无因管理、不当得利以及法律的其他规定，权利人请求特定义务人为或者不为一定行为的权利。

第一百七十六条　民事主体依照法律规定和当事人约定，履行民事义务，承担民事责任。

第一百七十九条　承担民事责任的方式主要有：

（一）停止侵害；

（二）排除妨碍；

（三）消除危险；

（四）返还财产；

（五）恢复原状；

（六）修理、重作、更换；

（七）继续履行；

（八）赔偿损失；

（九）支付违约金；

（十）消除影响、恢复名誉；

（十一）赔礼道歉。法律规定惩罚性赔偿的，依照其规定。

本条规定的承担民事责任的方式，可以单独适用，也可以合并适用。

【训练案例-3】①

蒋某某在某美容院购买2510元的消费卡进行不定期的美容、美体服务，蒋某某于2015年5月27日16时许接受某美容院的拔火罐服务时，某美容院的工作人员不慎将蒋某某的左颈部、躯干等处烧伤。蒋某某受伤后，入某市医院住院治疗到6月5日，6月12日—7月1日在某县人民医院住院，住院期间及出院后，蒋某某又多次到某县人民医院及某市医院进行复查。经某市司法鉴定所法医学鉴定，蒋某某左颈、肩背部轻度烧伤，治疗后遗留小条块瘢痕，系轻微伤，伤后医疗休息期45天，护理期30天，因左颈、肩背部瘢痕及皮肤色素脱失需继续治疗、处理，预计后续医疗费用约4000元，营养费500元。

某美容院的个体工商户营业执照经营者登记姓名为何某某，某美容院的周某某、江某某与何某某系实际合伙人。事发后到2015年6月5日，蒋某某住院期间（十天）的医疗费用某美容院已支付，且该段时间某美容院派人对蒋某

①引自中国裁判文书网，作者对内容作了调整。

某进行了护理，蒋某某购买的消费卡已实际消费了2244元，剩余266元未消费。

蒋某某为索赔与某美容院协商不成，准备通过诉讼维护自己的合法权益。

【训练提示】

本案是一起典型的美容消费者维权的案例。本案中，蒋某某在美容院办理了预付款的消费卡，然后在该美容院做美容，结果美容失败，导致毁容。事发后，蒋某某要求美容院赔偿，双方就赔偿金额问题协商未果。于是，蒋某某委托律师寻求法律途径解决问题。本案的代理律师值得注意的问题是，如果选择诉讼，是选择合同之诉，还是侵权之诉？民事诉讼的证据规则对合同之诉的举证责任与侵权之诉的举证责任是不同的，对此，代理律师必须高度重视。

另一个需要提示参训律师的问题是，对本案而言，选择合同之诉或者侵权之诉，原告可以主张的权利范围是不同的。

最后，需要提示的问题是，代理律师要对本案可能掌握的证据能证明的事实有一个清醒的认识，然后在此基础上，选择办案思路。

【训练问题】

1.如果你是蒋某某的代理律师，请谈谈你的办案思路。

2.请分别谈谈本案选择合同之诉、侵权之诉原告的举证责任？

【法规链接】

《中华人民共和国合同法》（节选）

发布:1999-03-15　实施:1999-10-01　时效性:现行有效

第一章　一般规定

第二条　本法所称合同是平等主体的自然人、法人、其他组织之间设立、变更、终止民事权利义务关系的协议。

婚姻、收养、监护等有关身份关系的协议，适用其他法律的规定。

第三条　合同当事人的法律地位平等，一方不得将自己的意志强加给另一方。

第四条　当事人依法享有自愿订立合同的权利，任何单位和个人不得非法干预。

第五条　当事人应当遵循公平原则确定各方的权利和义务。

第六条　当事人行使权利、履行义务应当遵循诚实信用原则。

第七条　当事人订立、履行合同,应当遵守法律、行政法规,尊重社会公德,不得扰乱社会经济秩序,损害社会公共利益。

第八条　依法成立的合同,对当事人具有法律约束力。当事人应当按照约定履行自己的义务,不得擅自变更或者解除合同。

依法成立的合同,受法律保护。

第二章　合同的订立

第九条　当事人订立合同,应当具有相应的民事权利能力和民事行为能力。

当事人依法可以委托代理人订立合同。

第十条　当事人订立合同,有书面形式、口头形式和其他形式。

法律、行政法规规定采用书面形式的,应当采用书面形式。当事人约定采用书面形式的,应当采用书面形式。

第十一条　书面形式是指合同书、信件和数据电文(包括电报、电传、传真、电子数据交换和电子邮件)等可以有形地表现所载内容的形式。

第十二条　合同的内容由当事人约定,一般包括以下条款:

(一)当事人的名称或者姓名和住所;

(二)标的;

(三)数量;

(四)质量;

(五)价款或者报酬;

(六)履行期限、地点和方式;

(七)违约责任;

(八)解决争议的方法。

当事人可以参照各类合同的示范文本订立合同。

第十三条　当事人订立合同,采取要约、承诺方式。

第十四条　要约是希望和他人订立合同的意思表示,该意思表示应当符合下列规定:

(一)内容具体确定;

（二）表明经受要约人承诺，要约人即受该意思表示约束。

第十五条　要约邀请是希望他人向自己发出要约的意思表示。寄送的价目表、拍卖公告、招标公告、招股说明书、商业广告等为要约邀请。

商业广告的内容符合要约规定的，视为要约。

第十六条　要约到达受要约人时生效。

采用数据电文形式订立合同，收件人指定特定系统接收数据电文的，该数据电文进入该特定系统的时间，视为到达时间；未指定特定系统的，该数据电文进入收件人的任何系统的首次 时间，视为到达时间。

第十七条　要约可以撤回。撤回要约的通知应当在要约到达受要约人之前或者与要约同时到达受要约人。

第十八条　要约可以撤销。撤销要约的通知应当在受要约人发出承诺通知之前到达受要约人。

第十九条　有下列情形之一的，要约不得撤销：

（一）要约人确定了承诺期限或者以其他形式明示要约不可撤销；

（二）受要约人有理由认为要约是不可撤销的，并已经为履行合同作了准备工作。

第二十条　有下列情形之一的，要约失效：

（一）拒绝要约的通知到达要约人；

（二）要约人依法撤销要约；

（三）承诺期限届满，受要约人未作出承诺；

（四）受要约人对要约的内容作出实质性变更。

第二十一条　承诺是受要约人同意要约的意思表示。

第二十二条　承诺应当以通知的方式作出，但根据交易习惯或者要约表明可以通过行为作出承诺的除外。

第二十三条　承诺应当在要约确定的期限内到达要约人。

要约没有确定承诺期限的，承诺应当依照下列规定到达：

（一）要约以对话方式作出的，应当即时作出承诺，但当事人另有约定的除外；

（二）要约以非对话方式作出的，承诺应当在合理期限内到达。

第二十四条　要约以信件或者电报作出的，承诺期限自信件载明的日期或者电报交发之日开始计算。信件未载明日期的，自投寄该信件的邮戳日期开始计算。要约以电话、传真等快速通讯方式作出的，承诺期限自要约到达受要约人时开始计算。

第二十五条　承诺生效时合同成立。

第二十六条　承诺通知到达要约人时生效。承诺不需要通知的，根据交易习惯或者要约的要求作出承诺的行为时生效。

采用数据电文形式订立合同的，承诺到达的时间适用本法第十六条第二款的规定。

第二十七条　承诺可以撤回。撤回承诺的通知应当在承诺通知到达要约人之前或者与承诺通知同时到达要约人。

第二十八条　受要约人超过承诺期限发出承诺的，除要约人及时通知受要约人该承诺有效的以外，为新要约。

第二十九条　受要约人在承诺期限内发出承诺，按照通常情形能够及时到达要约人，但因其他原因承诺到达要约人时超过承诺期限的，除要约人及时通知受要约人因承诺超过期限不接受该承诺的以外，该承诺有效。

第三十条　承诺的内容应当与要约的内容一致。受要约人对要约的内容作出实质性变更的，为新要约。有关合同标的、数量、质量、价款或者报酬、履行期限、履行地点和方式、违约责任和解决争议方法等的变更，是对要约内容的实质性变更。

第三十一条　承诺对要约的内容作出非实质性变更的，除要约人及时表示反对或者要约表明承诺不得对要约的内容作出任何变更的以外，该承诺有效，合同的内容以承诺的内容为准。

第三十二条　当事人采用合同书形式订立合同的，自双方当事人签字或者盖章时合同成立。

第三十三条　当事人采用信件、数据电文等形式订立合同的，可以在合同成立之前要求签订确认书。签订确认书时合同成立。

第三十四条　承诺生效的地点为合同成立的地点。

采用数据电文形式订立合同的，收件人的主营业地为合同成立的地点；没有主营业地的，其经常居住地为合同成立的地点。当事人另有约定的，按照其约定。

第三十五条 当事人采用合同书形式订立合同的，双方当事人签字或者盖章的地点为合同成立的地点。

第三十六条 法律、行政法规规定或者当事人约定采用书面形式订立合同，当事人未采用书面形式但一方已经履行主要义务，对方接受的，该合同成立。

第三十七条 采用合同书形式订立合同，在签字或者盖章之前，当事人一方已经履行主要义务，对方接受的，该合同成立。

第三十八条 国家根据需要下达指令性任务或者国家订货任务的，有关法人、其他组织之间应当依照有关法律、行政法规规定的权利和义务订立合同。

第三十九条 采用格式条款订立合同的，提供格式条款的一方应当遵循公平原则确定当事人之间的权利和义务，并采取合理的方式提请对方注意免除或者限制其责任的条款，按照对方的要求，对该条款予以说明。

格式条款是当事人为了重复使用而预先拟定，并在订立合同时未与对方协商的条款。

第四十条 格式条款具有本法第五十二条和第五十三条规定情形的，或者提供格式条款一方免除其责任、加重对方责任、排除对方主要权利的，该条款无效。

第四十一条 对格式条款的理解发生争议的，应当按照通常理解予以解释。对格式条款有两种以上解释的，应当作出不利于提供格式条款一方的解释。格式条款和非格式条款不一致的，应当采用非格式条款。

第四十二条 当事人在订立合同过程中有下列情形之一，给对方造成损失的，应当承担损害赔偿责任：

（一）假借订立合同，恶意进行磋商；

（二）故意隐瞒与订立合同有关的重要事实或者提供虚假情况；

（三）有其他违背诚实信用原则的行为。

第四十三条 当事人在订立合同过程中知悉的商业秘密，无论合同是否成立，不得泄露或者不正当地使用。泄露或者不正当地使用该商业秘密给对方造成损失的，应当承担损害赔偿责任。

第三章 合同的效力

第四十四条 依法成立的合同，自成立时生效。

法律、行政法规规定应当办理批准、登记等手续生效的，依照其规定。

第四十五条 当事人对合同的效力可以约定附条件。附生效条件的合同，自条件成就时生效。附解除条件的合同，自条件成就时失效。

当事人为自己的利益不正当地阻止条件成就的，视为条件已成就；不正当地促成条件成就的，视为条件不成就。

第四十六条 当事人对合同的效力可以约定附期限。附生效期限的合同，自期限届至时生效。附终止期限的合同，自期限届满时失效。

第四十七条 限制民事行为能力人订立的合同，经法定代理人追认后，该合同有效，但纯获利益的合同或者与其年龄、智力、精神健康状况相适应而订立的合同，不必经法定代理人追认。

相对人可以催告法定代理人在一个月内予以追认。法定代理人未作表示的，视为拒绝追认。合同被追认之前，善意相对人有撤销的权利。撤销应当以通知的方式作出。

第四十八条 行为人没有代理权、超越代理权或者代理权终止后以被代理人名义订立的合同，未经被代理人追认，对被代理人不发生效力，由行为人承担责任。

相对人可以催告被代理人在一个月内予以追认。被代理人未作表示的，视为拒绝追认。合同被追认之前，善意相对人有撤销的权利。撤销应当以通知的方式作出。

第四十九条 行为人没有代理权、超越代理权或者代理权终止后以被代理人名义订立合同，相对人有理由相信行为人有代理权的，该代理行为有效。

第五十条 法人或者其他组织的法定代表人、负责人超越权限订立的合同，除相对人知道或者应当知道其超越权限的以外，该代表行为有效。

第五十一条 无处分权的人处分他人财产，经权利人追认或者无处分权的人订立合同后取得处分权的，该合同有效。

第五十二条　有下列情形之一的，合同无效：

（一）一方以欺诈、胁迫的手段订立合同，损害国家利益；

（二）恶意串通，损害国家、集体或者第三人利益；

（三）以合法形式掩盖非法目的；

（四）损害社会公共利益；

（五）违反法律、行政法规的强制性规定。

第五十三条　合同中的下列免责条款无效：

（一）造成对方人身伤害的；

（二）因故意或者重大过失造成对方财产损失的。

第五十四条　下列合同，当事人一方有权请求人民法院或者仲裁机构变更或者撤销：

（一）因重大误解订立的；

（二）在订立合同时显失公平的。

一方以欺诈、胁迫的手段或者乘人之危，使对方在违背真实意思的情况下订立的合同，受损害方有权请求人民法院或者仲裁机构变更或者撤销。

当事人请求变更的，人民法院或者仲裁机构不得撤销。

第五十五条　有下列情形之一的，撤销权消灭：

（一）具有撤销权的当事人自知道或者应当知道撤销事由之日起一年内没有行使撤销权；

（二）具有撤销权的当事人知道撤销事由后明确表示或者以自己的行为放弃撤销权。

第五十六条　无效的合同或者被撤销的合同自始没有法律约束力。合同部分无效，不影响其他部分效力的，其他部分仍然有效。

第五十七条　合同无效、被撤销或者终止的，不影响合同中独立存在的有关解决争议方法的条款的效力。

第五十八条　合同无效或者被撤销后，因该合同取得的财产，应当予以返还；不能返还或者没有必要返还的，应当折价补偿。有过错的一方应当赔偿对方因此所受到的损失，双方都有过错的，应当各自承担相应的责任。

第五十九条　当事人恶意串通，损害国家、集体或者第三人利益的，因此取得的财产收归国家所有或者返还集体、第三人。

第四章　合同的履行

第六十条　当事人应当按照约定全面履行自己的义务。

当事人应当遵循诚实信用原则，根据合同的性质、目的和交易习惯履行通知、协助、保密等义务。

第六十一条　合同生效后，当事人就质量、价款或者报酬、履行地点等内容没有约定或者约定不明确的，可以协议补充；不能达成补充协议的，按照合同有关条款或者交易习惯确定。

第六十二条　当事人就有关合同内容约定不明确，依照本法第六十一条的规定仍不能确定的，适用下列规定：

（一）质量要求不明确的，按照国家标准、行业标准履行；没有国家标准、行业标准的，按照通常标准或者符合合同目的的特定标准履行。

（二）价款或者报酬不明确的，按照订立合同时履行地的市场价格履行；依法应当执行政府定价或者政府指导价的，按照规定履行。

（三）履行地点不明确，给付货币的，在接受货币一方所在地履行；交付不动产的，在不动产所在地履行；其他标的，在履行义务一方所在地履行。

（四）履行期限不明确的，债务人可以随时履行，债权人也可以随时要求履行，但应当给对方必要的准备时间。

（五）履行方式不明确的，按照有利于实现合同目的的方式履行。

（六）履行费用的负担不明确的，由履行义务一方负担。

第六十三条　执行政府定价或者政府指导价的，在合同约定的交付期限内政府价格调整时，按照交付时的价格计价。逾期交付标的物的，遇价格上涨时，按照原价格执行；价格下降时，按照新价格执行。逾期提取标的物或者逾期付款的，遇价格上涨时，按照新价格执行；价格下降时，按照原价格执行。

第六十四条　当事人约定由债务人向第三人履行债务的，债务人未向第三人履行债务或者履行债务不符合约定，应当向债权人承担违约责任。

第六十五条　当事人约定由第三人向债权人履行债务，第三人不履行债务或者履行债务不符合约定，债务人应当向债权人承担违约责任。

第六十六条　当事人互负债务，没有先后履行顺序的，应当同时履行。一方在对方履行之前有权拒绝其履行要求。一方在对方履行债务不符合约定时,有权拒绝其相应的履行要求。

第六十七条　当事人互负债务,有先后履行顺序,先履行一方未履行的,后履行一方有权拒绝其履行要求。先履行一方履行债务不符合约定的,后履行一方有权拒绝其相应的履行要求。

第六十八条　应当先履行债务的当事人,有确切证据证明对方有下列情形之一的,可以中止履行:

（一）经营状况严重恶化;

（二）转移财产、抽逃资金,以逃避债务;

（三）丧失商业信誉;

（四）有丧失或者可能丧失履行债务能力的其他情形。

当事人没有确切证据中止履行的,应当承担违约责任。

第六十九条　当事人依照本法第六十八条的规定中止履行的,应当及时通知对方。对方提供适当担保时,应当恢复履行。中止履行后,对方在合理期限内未恢复履行能力并且未提供适当担保的,中止履行的一方可以解除合同。

第七十条　债权人分立、合并或者变更住所没有通知债务人,致使履行债务发生困难的,债务人可以中止履行或者将标的物提存。

第七十一条　债权人可以拒绝债务人提前履行债务,但提前履行不损害债权人利益的除外。

债务人提前履行债务给债权人增加的费用,由债务人负担。

第七十二条　债权人可以拒绝债务人部分履行债务,但部分履行不损害债权人利益的除外。

债务人部分履行债务给债权人增加的费用,由债务人负担。

第七十三条　因债务人怠于行使其到期债权,对债权人造成损害的,债权人可以向人民法院请求以自己的名义代位行使债务人的债权,但该债权专属于债务人自身的除外。

代位权的行使范围以债权人的债权为限。债权人行使代位权的必要费用,由债务人负担。

第七十四条　因债务人放弃其到期债权或者无偿转让财产,对债权人造成损害的，债权人可以请求人民法院撤销债务人的行为。债务人以明显不合理的低价转让财产，对债权人造成损害，并且受让人知道该情形的，债权人也可以请求人民法院撤销债务人的行为。

撤销权的行使范围以债权人的债权为限。债权人行使撤销权的必要费用，由债务人负担。

第七十五条　撤销权自债权人知道或者应当知道撤销事由之日起一年内行使。自债务人的行为发生之日起五年内没有行使撤销权的，该撤销权消灭。

第七十六条　合同生效后，当事人不得因姓名、名称的变更或者法定代表人、负责人、承办人的变动而不履行合同义务。

第五章　合同的变更和转让

第七十七条　当事人协商一致，可以变更合同。

法律、行政法规规定变更合同应当办理批准、登记等手续的，依照其规定。

第七十八条　当事人对合同变更的内容约定不明确的，推定为未变更。

第七十九条　债权人可以将合同的权利全部或者部分转让给第三人，但有下列情形之一的除外：

（一）根据合同性质不得转让；

（二）按照当事人约定不得转让；

（三）依照法律规定不得转让。

第八十条　债权人转让权利的，应当通知债务人。未经通知，该转让对债务人不发生效力。

债权人转让权利的通知不得撤销，但经受让人同意的除外。

第八十一条　债权人转让权利的，受让人取得与债权有关的从权利，但该从权利专属于债权人自身的除外。

第八十二条　债务人接到债权转让通知后，债务人对让与人的抗辩，可以向受让人主张。

第八十三条　债务人接到债权转让通知时，债务人对让与人享有债权，并且债务人的债权先于转让的债权到期或者同时到期的，债务人可以向受让人主张抵销。

第八十四条　债务人将合同的义务全部或者部分转移给第三人的，应当经债权人同意。

第八十五条 债务人转移义务的,新债务人可以主张原债务人对债权人的抗辩。

第八十六条 债务人转移义务的,新债务人应当承担与主债务有关的从债务,但该从债务专属于原债务人自身的除外。

第八十七条 法律、行政法规规定转让权利或者转移义务应当办理批准、登记等手续的,依照其规定。

第八十八条 当事人一方经对方同意,可以将自己在合同中的权利和义务一并转让给第三人。

第八十九条 权利和义务一并转让的,适用本法第七十九条、第八十一条至第八十三条、第八十五条至第八十七条的规定。

第九十条 当事人订立合同后合并的,由合并后的法人或者其他组织行使合同权利,履行合同义务。当事人订立合同后分立的,除债权人和债务人另有约定的以外,由分立的法人或者其他组织对合同的权利和义务享有连带债权,承担连带债务。

第六章 合同的权利义务终止

第九十一条 有下列情形之一的,合同的权利义务终止:

(一)债务已经按照约定履行;

(二)合同解除;

(三)债务相互抵销;

(四)债务人依法将标的物提存;

(五)债权人免除债务;

(六)债权债务同归于一人;

(七)法律规定或者当事人约定终止的其他情形。

第九十二条 合同的权利义务终止后,当事人应当遵循诚实信用原则,根据交易习惯履行通知、协助、保密等义务。

第九十三条 当事人协商一致,可以解除合同。

当事人可以约定一方解除合同的条件。解除合同的条件成就时,解除权人可以解除合同。

第九十四条　有下列情形之一的，当事人可以解除合同：

（一）因不可抗力致使不能实现合同目的；

（二）在履行期限届满之前，当事人一方明确表示或者以自己的行为表明不履行主要债务；

（三）当事人一方迟延履行主要债务，经催告后在合理期限内仍未履行；

（四）当事人一方迟延履行债务或者有其他违约行为致使不能实现合同目的；

（五）法律规定的其他情形。

第九十五条　法律规定或者当事人约定解除权行使期限，期限届满当事人不行使的，该权利消灭。

法律没有规定或者当事人没有约定解除权行使期限，经对方催告后在合理期限内不行使的，该权利消灭。

第九十六条　当事人一方依照本法第九十三条第二款、第九十四条的规定主张解除合同的，应当通知对方。合同自通知到达对方时解除。对方有异议的，可以请求人民法院或者仲裁机构确认解除合同的效力。

法律、行政法规规定解除合同应当办理批准、登记等手续的，依照其规定。

第九十七条　合同解除后，尚未履行的，终止履行；已经履行的，根据履行情况和合同性质，当事人可以要求恢复原状、采取其他补救措施、并有权要求赔偿损失。

第九十八条　合同的权利义务终止，不影响合同中结算和清理条款的效力。

第九十九条　当事人互负到期债务，该债务的标的物种类、品质相同的，任何一方可以将自己的债务与对方的债务抵销，但依照法律规定或者按照合同性质不得抵销的除外。

当事人主张抵销的，应当通知对方。通知自到达对方时生效。抵销不得附条件或者附期限。

第一百条　当事人互负债务，标的物种类、品质不相同的，经双方协商一致，也可以抵销。

第一百零一条　有下列情形之一，难以履行债务的，债务人可以将标的物提存：

（一）债权人无正当理由拒绝受领；

（二）债权人下落不明；

（三）债权人死亡未确定继承人或者丧失民事行为能力未确定监护人；

（四）法律规定的其他情形。

标的物不适于提存或者提存费用过高的，债务人依法可以拍卖或者变卖标的物，提存所得的价款。

第一百零二条 标的物提存后，除债权人下落不明的以外，债务人应当及时通知债权人或者债权人的继承人、监护人。

第一百零三条 标的物提存后，毁损、灭失的风险由债权人承担。提存期间，标的物的孳息归债权人所有。提存费用由债权人负担

第一百零四条 债权人可以随时领取提存物，但债权人对债务人负有到期债务的，在债权人未履行债务或者提供担保之前，提存部门根据债务人的要求应当拒绝其领取提存物。

债权人领取提存物的权利，自提存之日起五年内不行使而消灭，提存物扣除提存费用后归国家所有。

第一百零五条 债权人免除债务人部分或者全部债务的，合同的权利义务部分或者全部终止。

第一百零六条 债权和债务同归于一人的，合同的权利义务终止，但涉及第三人利益的除外。

第七章 违约责任

第一百零七条 当事人一方不履行合同义务或者履行合同义务不符合约定的，应当承担继续履行、采取补救措施或者赔偿损失等违约责任。

第一百零八条 当事人一方明确表示或者以自己的行为表明不履行合同义务的，对方可以在履行期限届满之前要求其承担违约责任。

第一百零九条 当事人一方未支付价款或者报酬的，对方可以要求其支付价款或者报酬。

第一百一十条 当事人一方不履行非金钱债务或者履行非金钱债务不符合约定的，对方可以要求履行，但有下列情形之一的除外：

（一）法律上或者事实上不能履行；

（二）债务的标的不适于强制履行或者履行费用过高；

（三）债权人在合理期限内未要求履行。

第一百一十一条　质量不符合约定的，应当按照当事人的约定承担违约责任。对违约责任没有约定或者约定不明确，依照本法第六十一条的规定仍不能确定的，受损害方根据标的的性质以及损失的大小，可以合理选择要求对方承担修理、更换、重作、退货、减少价款或者报酬等违约责任。

第一百一十二条　当事人一方不履行合同义务或者履行合同义务不符合约定的，在履行义务或者采取补救措施后，对方还有其他损失的，应当赔偿损失。

第一百一十三条　当事人一方不履行合同义务或者履行合同义务不符合约定，给对方造成损失的，损失赔偿额应当相当于因违约所造成的损失，包括合同履行后可以获得的利益，但不得超过违反合同一方订立合同时预见到或者应当预见到的因违反合同可能造成的损失。

经营者对消费者提供商品或者服务有欺诈行为的，依照《中华人民共和国消费者权益保护法》的规定承担损害赔偿责任。

第一百一十四条　当事人可以约定一方违约时应当根据违约情况向对方支付一定数额的违约金，也可以约定因违约产生的损失赔偿额的计算方法。

约定的违约金低于造成的损失的，当事人可以请求人民法院或者仲裁机构予以增加；约定的违约金过分高于造成的损失的，当事人可以请求人民法院或者仲裁机构予以适当减少。

当事人就迟延履行约定违约金的，违约方支付违约金后，还应当履行债务。

第一百一十五条　当事人可以依照《中华人民共和国担保法》约定一方向对方给付定金作为债权的担保。债务人履行债务后，定金应当抵作价款或者收回。给付定金的一方不履行约定的债务的，无权要求返还定金；收受定金的一方不履行约定的债务的，应当双倍返还定金。

第一百一十六条　当事人既约定违约金，又约定定金的，一方违约时，对方可以选择适用违约金或者定金条款。

第一百一十七条 因不可抗力不能履行合同的,根据不可抗力的影响,部分或者全部免除责任,但法律另有规定的除外。当事人迟延履行后发生不可抗力的,不能免除责任。

本法所称不可抗力,是指不能预见、不能避免并不能克服的客观情况。

第一百一十八条 当事人一方因不可抗力不能履行合同的,应当及时通知对方,以减轻可能给对方造成的损失,并应当在合理期限内提供证明。

第一百一十九条 当事人一方违约后,对方应当采取适当措施防止损失的扩大;没有采取适当措施致使损失扩大的,不得就扩大的损失要求赔偿。

当事人因防止损失扩大而支出的合理费用,由违约方承担。

第一百二十条 当事人双方都违反合同的,应当各自承担相应的责任。

第一百二十一条 当事人一方因第三人的原因造成违约的,应当向对方承担违约责任。当事人一方和第三人之间的纠纷,依照法律规定或者按照约定解决。

第一百二十二条 因当事人一方的违约行为,侵害对方人身、财产权益的,受损害方有权选择依照本法要求其承担违约责任或者依照其他法律要求其承担侵权责任。

《中华人民共和国侵权责任法》(节选)

发布:2009-12-26 实施:2010-07-01 时效性:现行有效

第一章 一般规定

第二条 侵害民事权益,应当依照本法承担侵权责任。

本法所称民事权益,包括生命权、健康权、姓名权、名誉权、荣誉权、肖像权、隐私权、婚姻自主权、监护权、所有权、用益物权、担保物权、著作权、专利权、商标专用权、发现权、股权、继承权等人身、财产权益。

第三条 被侵权人有权请求侵权人承担侵权责任。

第四条 侵权人因同一行为应当承担行政责任或者刑事责任的,不影响依法承担侵权责任。

因同一行为应当承担侵权责任和行政责任、刑事责任,侵权人的财产不足以支付的,先承担侵权责任。

第五条 其他法律对侵权责任另有特别规定的,依照其规定。

第二章　责任构成和责任方式

第六条　行为人因过错侵害他人民事权益，应当承担侵权责任。

根据法律规定推定行为人有过错，行为人不能证明自己没有过错的，应当承担侵权责任。

第七条　行为人损害他人民事权益，不论行为人有无过错，法律规定应当承担侵权责任的，依照其规定。

第八条　二人以上共同实施侵权行为，造成他人损害的，应当承担连带责任。

第九条　教唆、帮助他人实施侵权行为的，应当与行为人承担连带责任。

教唆、帮助无民事行为能力人、限制民事行为能力人实施侵权行为的，应当承担侵权责任；该无民事行为能力人、限制民事行为能力人的监护人未尽到监护责任的，应当承担相应的责任。

第十条　二人以上实施危及他人人身、财产安全的行为，其中一人或者数人的行为造成他人损害，能够确定具体侵权人的，由侵权人承担责任；不能确定具体侵权人的，行为人承担连带责任。

第十一条　二人以上分别实施侵权行为造成同一损害，每个人的侵权行为都足以造成全部损害的，行为人承担连带责任。

第十二条　二人以上分别实施侵权行为造成同一损害，能够确定责任大小的，各自承担相应的责任；难以确定责任大小的，平均承担赔偿责任。

第十三条　法律规定承担连带责任的，被侵权人有权请求部分或者全部连带责任人承担责任。

第十四条　连带责任人根据各自责任大小确定相应的赔偿数额；难以确定责任大小的，平均承担赔偿责任。

支付超出自己赔偿数额的连带责任人，有权向其他连带责任人追偿。

第十五条　承担侵权责任的方式主要有：

（一）停止侵害；

（二）排除妨碍；

（三）消除危险；

（四）返还财产；

（五）恢复原状；

（六）赔偿损失；

（七）赔礼道歉；

（八）消除影响、恢复名誉。

以上承担侵权责任的方式，可以单独适用，也可以合并适用。

第十六条　侵害他人造成人身损害的，应当赔偿医疗费、护理费、交通费等为治疗和康复支出的合理费用，以及因误工减少的收入。造成残疾的，还应当赔偿残疾生活辅助具费和残疾赔偿金。造成死亡的，还应当赔偿丧葬费和死亡赔偿金。

第十七条　因同一侵权行为造成多人死亡的，可以以相同数额确定死亡赔偿金。

第十八条　被侵权人死亡的，其近亲属有权请求侵权人承担侵权责任。被侵权人为单位，该单位分立、合并的，承继权利的单位有权请求侵权人承担侵权责任。

被侵权人死亡的，支付被侵权人医疗费、丧葬费等合理费用的人有权请求侵权人赔偿费用，但侵权人已支付该费用的除外。

第十九条　侵害他人财产的，财产损失按照损失发生时的市场价格或者其他方式计算。

第二十条　侵害他人人身权益造成财产损失的，按照被侵权人因此受到的损失赔偿；被侵权人的损失难以确定，侵权人因此获得利益的，按照其获得的利益赔偿；侵权人因此获得的利益难以确定，被侵权人和侵权人就赔偿数额协商不一致，向人民法院提起诉讼的，由人民法院根据实际情况确定赔偿数额。

第二十一条　侵权行为危及他人人身、财产安全的，被侵权人可以请求侵权人承担停止侵害、排除妨碍、消除危险等侵权责任。

第二十二条　侵害他人人身权益，造成他人严重精神损害的，被侵权人可以请求精神损害赔偿。

第二十三条　因防止、制止他人民事权益被侵害而使自己受到损害的，由侵权人承担责任。侵权人逃逸或者无力承担责任，被侵权人请求补偿的，受益人应当给予适当补偿。

第二十四条　受害人和行为人对损害的发生都没有过错的，可以根据实际情况，由双方分担损失。

第二十五条　损害发生后，当事人可以协商赔偿费用的支付方式。协商不一致的，赔偿费用应当一次性支付；一次性支付确有困难的，可以分期支付，但应当提供相应的担保。

第三章　不承担责任和减轻责任的情形

第二十六条　被侵权人对损害的发生也有过错的，可以减轻侵权人的责任。

第二十七条　损害是因受害人故意造成的，行为人不承担责任。

第二十八条　损害是因第三人造成的，第三人应当承担侵权责任。

第二十九条　因不可抗力造成他人损害的，不承担责任。法律另有规定的，依照其规定。

第三十条　因正当防卫造成损害的，不承担责任。正当防卫超过必要的限度，造成不应有的损害的，正当防卫人应当承担适当的责任。

第三十一条　因紧急避险造成损害的，由引起险情发生的人承担责任。如果危险是由自然原因引起的，紧急避险人不承担责任或者给予适当补偿。紧急避险采取措施不当或者超过必要的限度，造成不应有的损害的，紧急避险人应当承担适当的责任。

第四章　关于责任主体的特殊规定

第三十二条　无民事行为能力人、限制民事行为能力人造成他人损害的，由监护人承担侵权责任。监护人尽到监护责任的，可以减轻其侵权责任。

有财产的无民事行为能力人、限制民事行为能力人造成他人损害的，从本人财产中支付赔偿费用。不足部分，由监护人赔偿。

第三十三条　完全民事行为能力人对自己的行为暂时没有意识或者失去控制造成他人损害有过错的，应当承担侵权责任；没有过错的，根据行为人的经济状况对受害人适当补偿。

完全民事行为能力人因醉酒、滥用麻醉药品或者精神药品对自己的行为暂时没有意识或者失去控制造成他人损害的，应当承担侵权责任。

第三十四条　用人单位的工作人员因执行工作任务造成他人损害的，由用人单位承担侵权责任。

劳务派遣期间，被派遣的工作人员因执行工作任务造成他人损害的，由接受劳务派遣的用工单位承担侵权责任；劳务派遣单位有过错的，承担相应的补充责任。

第三十五条　个人之间形成劳务关系，提供劳务一方因劳务造成他人损害的，由接受劳务一方承担侵权责任。提供劳务一方因劳务自己受到损害的，根据双方各自的过错承担相应的责任。

第三十六条　网络用户、网络服务提供者利用网络侵害他人民事权益的，应当承担侵权责任。

网络用户利用网络服务实施侵权行为的，被侵权人有权通知网络服务提供者采取删除、屏蔽、断开链接等必要措施。网络服务提供者接到通知后未及时采取必要措施的，对损害的扩大部分与该网络用户承担连带责任。

网络服务提供者知道网络用户利用其网络服务侵害他人民事权益，未采取必要措施的，与该网络用户承担连带责任。

第三十七条　宾馆、商场、银行、车站、娱乐场所等公共场所的管理人或者群众性活动的组织者，未尽到安全保障义务，造成他人损害的，应当承担侵权责任。

因第三人的行为造成他人损害的，由第三人承担侵权责任；管理人或者组织者未尽到安全保障义务的，承担相应的补充责任。

第三十八条　无民事行为能力人在幼儿园、学校或者其他教育机构学习、生活期间受到人身损害的，幼儿园、学校或者其他教育机构应当承担责任，但能够证明尽到教育、管理职责的，不承担责任。

第三十九条　限制民事行为能力人在学校或者其他教育机构学习、生活期间受到人身损害，学校或者其他教育机构未尽到教育、管理职责的，应当承担责任。

第四十条　无民事行为能力人或者限制民事行为能力人在幼儿园、学校或者其他教育机构学习、生活期间，受到幼儿园、学校或者其他教育机构以外的人员人身损害的，由侵权人承担侵权责任；幼儿园、学校或者其他教育机构未尽到管理职责的,承担相应的补充责任。

第五章 产品责任

第四十一条 因产品存在缺陷造成他人损害的,生产者应当承担侵权责任。

第四十二条 因销售者的过错使产品存在缺陷,造成他人损害的,销售者应当承担侵权责任。

销售者不能指明缺陷产品的生产者也不能指明缺陷产品的供货者的,销售者应当承担侵权责任。

第四十三条 因产品存在缺陷造成损害的,被侵权人可以向产品的生产者请求赔偿,也可以向产品的销售者请求赔偿。

产品缺陷由生产者造成的,销售者赔偿后,有权向生产者追偿。

因销售者的过错使产品存在缺陷的,生产者赔偿后,有权向销售者追偿。

第四十四条 因运输者、仓储者等第三人的过错使产品存在缺陷,造成他人损害的,产品的生产者、销售者赔偿后,有权向第三人追偿。

第四十五条 因产品缺陷危及他人人身、财产安全的,被侵权人有权请求生产者、销售者承担排除妨碍、消除危险等侵权责任。

第四十六条 产品投入流通后发现存在缺陷的,生产者、销售者应当及时采取警示、召回等补救措施。未及时采取补救措施或者补救措施不力造成损害的,应当承担侵权责任。

第四十七条 明知产品存在缺陷仍然生产、销售,造成他人死亡或者健康严重损害的,被侵权人有权请求相应的惩罚性赔偿。

第六章 机动车交通事故责任

第四十八条 机动车发生交通事故造成损害的,依照道路交通安全法的有关规定承担赔偿责任。

第四十九条 因租赁、借用等情形机动车所有人与使用人不是同一人时,发生交通事故后属于该机动车一方责任的,由保险公司在机动车强制保险责任限额范围内予以赔偿。不足部分,由机动车使用人承担赔偿责任;机动车所有人对损害的发生有过错的,承担相应的赔偿责任。

第五十条 当事人之间已经以买卖等方式转让并交付机动车但未办理所

有权转移登记，发生交通事故后属于该机动车一方责任的，由保险公司在机动车强制保险责任限额范围内予以赔偿。不足部分，由受让人承担赔偿责任。

第五十一条　以买卖等方式转让拼装或者已达到报废标准的机动车，发生交通事故造成损害的，由转让人和受让人承担连带责任。

第五十二条　盗窃、抢劫或者抢夺的机动车发生交通事故造成损害的，由盗窃人、抢劫人或者抢夺人承担赔偿责任。保险公司在机动车强制保险责任限额范围内垫付抢救费用的，有权向交通事故责任人追偿。

第五十三条　机动车驾驶人发生交通事故后逃逸，该机动车参加强制保险的，由保险公司在机动车强制保险责任限额范围内予以赔偿；机动车不明或者该机动车未参加强制保险，需要支付被侵权人人身伤亡的抢救、丧葬等费用的，由道路交通事故社会救助基金垫付。道路交通事故社会救助基金垫付后，其管理机构有权向交通事故责任人追偿。

第七章　医疗损害责任

第五十四条　患者在诊疗活动中受到损害，医疗机构及其医务人员有过错的，由医疗机构承担赔偿责任。

第五十五条　医务人员在诊疗活动中应当向患者说明病情和医疗措施。需要实施手术、特殊检查、特殊治疗的，医务人员应当及时向患者说明医疗风险、替代医疗方案等情况，并取得其书面同意；不宜向患者说明的，应当向患者的近亲属说明，并取得其书面同意。

医务人员未尽到前款义务，造成患者损害的，医疗机构应当承担赔偿责任。

第五十六条　因抢救生命垂危的患者等紧急情况，不能取得患者或者其近亲属意见的，经医疗机构负责人或者授权的负责人批准，可以立即实施相应的医疗措施。

第五十七条　医务人员在诊疗活动中未尽到与当时的医疗水平相应的诊疗义务，造成患者损害的，医疗机构应当承担赔偿责任。

第五十八条　患者有损害，因下列情形之一的，推定医疗机构有过错：

（一）违反法律、行政法规、规章以及其他有关诊疗规范的规定；

（二）隐匿或者拒绝提供与纠纷有关的病历资料；

（三）伪造、篡改或者销毁病历资料。

第五十九条　因药品、消毒药剂、医疗器械的缺陷，或者输入不合格的血液造成患者损害的，患者可以向生产者或者血液提供机构请求赔偿，也可以向医疗机构请求赔偿。患者向医疗机构请求赔偿的，医疗机构赔偿后，有权向负有责任的生产者或者血液提供机构追偿。

第六十条　患者有损害，因下列情形之一的，医疗机构不承担赔偿责任：

（一）患者或者其近亲属不配合医疗机构进行符合诊疗规范的诊疗；

（二）医务人员在抢救生命垂危的患者等紧急情况下已经尽到合理诊疗义务；

（三）限于当时的医疗水平难以诊疗。

前款第一项情形中，医疗机构及其医务人员也有过错的，应当承担相应的赔偿责任。

第六十一条　医疗机构及其医务人员应当按照规定填写并妥善保管住院志、医嘱单、检验报告、手术及麻醉记录、病理资料、护理记录、医疗费用等病历资料。

患者要求查阅、复制前款规定的病历资料的，医疗机构应当提供。

第六十二条　医疗机构及其医务人员应当对患者的隐私保密。泄露患者隐私或者未经患者同意公开其病历资料，造成患者损害的，应当承担侵权责任。

第六十三条　医疗机构及其医务人员不得违反诊疗规范实施不必要的检查。

第六十四条　医疗机构及其医务人员的合法权益受法律保护。干扰医疗秩序，妨害医务人员工作、生活的，应当依法承担法律责任。

第八章　环境污染责任

第六十五条　因污染环境造成损害的，污染者应当承担侵权责任。

第六十六条　因污染环境发生纠纷，污染者应当就法律规定的不承担责任或者减轻责任的情形及其行为与损害之间不存在因果关系承担举证责任。

第六十七条　两个以上污染者污染环境，污染者承担责任的大小，根据污染物的种类、排放量等因素确定。

第六十八条　因第三人的过错污染环境造成损害的，被侵权人可以向污染者请求赔偿，也可以向第三人请求赔偿。污染者赔偿后，有权向第三人追偿。

第九章　高度危险责任

第六十九条　从事高度危险作业造成他人损害的，应当承担侵权责任。

第七十条　民用核设施发生核事故造成他人损害的，民用核设施的经营者应当承担侵权责任，但能够证明损害是因战争等情形或者受害人故意造成的，不承担责任。

第七十一条　民用航空器造成他人损害的，民用航空器的经营者应当承担侵权责任，但能够证明损害是因受害人故意造成的，不承担责任。

第七十二条　占有或者使用易燃、易爆、剧毒、放射性等高度危险物造成他人损害的，占有人或者使用人应当承担侵权责任，但能够证明损害是因受害人故意或者不可抗力造成的，不承担责任。被侵权人对损害的发生有重大过失的，可以减轻占有人或者使用人的责任。

第七十三条　从事高空、高压、地下挖掘活动或者使用高速轨道运输工具造成他人损害的，经营者应当承担侵权责任，但能够证明损害是因受害人故意或者不可抗力造成的，不承担责任。被侵权人对损害的发生有过失的，可以减轻经营者的责任。

第七十四条　遗失、抛弃高度危险物造成他人损害的，由所有人承担侵权责任。所有人将高度危险物交由他人管理的，由管理人承担侵权责任；所有人有过错的，与管理人承担连带责任。

第七十五条　非法占有高度危险物造成他人损害的，由非法占有人承担侵权责任。所有人、管理人不能证明对防止他人非法占有尽到高度注意义务的，与非法占有人承担连带责任。

第七十六条　未经许可进入高度危险活动区域或者高度危险物存放区域受到损害，管理人已经采取安全措施并尽到警示义务的，可以减轻或者不承担责任。

第七十七条　承担高度危险责任，法律规定赔偿限额的，依照其规定。

第十章　饲养动物损害责任

第七十八条　饲养的动物造成他人损害的，动物饲养人或者管理人应当承担侵权责任，但能够证明损害是因被侵权人故意或者重大过失造成的，可以不承担或者减轻责任。

第七十九条　违反管理规定，未对动物采取安全措施造成他人损害的，动物饲养人或者管理人应当承担侵权责任。

第八十条　禁止饲养的烈性犬等危险动物造成他人损害的，动物饲养人或者管理人应当承担侵权责任。

第八十一条　动物园的动物造成他人损害的，动物园应当承担侵权责任，但能够证明尽到管理职责的，不承担责任。

第八十二条　遗弃、逃逸的动物在遗弃、逃逸期间造成他人损害的，由原动物饲养人或者管理人承担侵权责任。

第八十三条　因第三人的过错致使动物造成他人损害的，被侵权人可以向动物饲养人或者管理人请求赔偿，也可以向第三人请求赔偿。动物饲养人或者管理人赔偿后，有权向第三人追偿。

第八十四条　饲养动物应当遵守法律，尊重社会公德，不得妨害他人生活。

第十一章　物件损害责任

第八十五条　建筑物、构筑物或者其他设施及其搁置物、悬挂物发生脱落、坠落造成他人损害，所有人、管理人或者使用人不能证明自己没有过错的，应当承担侵权责任。所有人、管理人或者使用人赔偿后，有其他责任人的，有权向其他责任人追偿。

第八十六条　建筑物、构筑物或者其他设施倒塌造成他人损害的，由建设单位与施工单位承担连带责任。建设单位、施工单位赔偿后，有其他责任人的，有权向其他责任人追偿。

因其他责任人的原因，建筑物、构筑物或者其他设施倒塌造成他人损害的，由其他责任人承担侵权责任。

第八十七条　从建筑物中抛掷物品或者从建筑物上坠落的物品造成他人损害，难以确定具体侵权人的，除能够证明自己不是侵权人的外，由可能加害的建筑物使用人给予补偿。

第八十八条　堆放物倒塌造成他人损害，堆放人不能证明自己没有过错的，应当承担侵权责任。

第八十九条　在公共道路上堆放、倾倒、遗撒妨碍通行的物品造成他人损害的，有关单位或者个人应当承担侵权责任。

第九十条　因林木折断造成他人损害，林木的所有人或者管理人不能证明自己没有过错的，应当承担侵权责任。

第九十一条　在公共场所或者道路上挖坑、修缮安装地下设施等，没有设置明显标志和采取安全措施造成他人损害的，施工人应当承担侵权责任。

窨井等地下设施造成他人损害，管理人不能证明尽到管理职责的，应当承担侵权责任。

第三节　律师办案的步骤

【技巧理论】

所谓律师办案的步骤，是指律师为维护委托人的合法权益，根据对现行法律规定的权利义务以及发生纠纷时的情况或者可能发生纠纷的未来情况，分析当事人所处的法律地位后提出的解决法律问题的思路，对预计的解决法律问题可能经历的过程，进行的阶段性工作安排。

律师办理法律事务，要根据具体法律事务的特点，选择最佳的阶段性工作安排，这就是律师办案的步骤。律师办理不同的个案的步骤是存在差异的。这种差异，不仅表现为不同种类的律师业务之间，而且表现在同种律师业务的不同案件之间。

首先，不同种类的律师业务，律师办案步骤存在差异。从律师法规定的律师业务种类来看，按照是否与法院、仲裁委员会发生关联为标准，我们可以把律师业务分为诉讼和非诉讼两大类。具体来看，诉讼业务和非诉讼业务的办案步骤是不一样的。

其次，同种律师业务的不同案件之间，律师办案的步骤存在不同。由于每个案件的具体情况不同，以及当事人提供给律师的证据材料不同，同样是诉讼的不同案件的律师办案步骤也可能不同。而非诉讼律师业务之间的律师办案步骤差异就更大了。比如担任企业法律顾问与担任政府法律顾问的情况不同,办案的步骤就差异很大了。

总之,律师谋划具体案件办案的步骤,一是要考虑当事人提供的证据材料情况,需要补充哪些证据;二是要考虑涉案的法律事实之间的逻辑推理关系,需要首先查清哪些事实;三是要考虑律师办案涉及的国家机关的工作作息时间,哪些证据必须在国家机关上班时才能取得。在全盘考虑了上述各种因素之后,找出一个最节约时间成本、金钱成本,同时又最可能成功的步骤。具体来说,可以采用列表的方式,将某项法律事务先细分为哪几项工作,然后对细分的几项工作,进行先后顺序的排列。表格的工作安排可以使律师办案的步骤一目了然。

【训练案例-4】

王某某来律师事务所,为他的儿子聘请辩护律师,因为他接到公安机关的通知,说他儿子被刑事拘留了,他也不知道他儿子为什么被抓。

【训练提示】

这是一个犯罪嫌疑人被采取强制措施后,其近亲属为其聘请辩护律师的案例。由于此类案例的突发性,使得前来律师事务所聘请律师的人对案件情况不是十分了解。有的犯罪嫌疑人的监护人、近亲属对律师讲述情况的时候,杂乱无章,情绪激动,对此,接待咨询的律师必须冷静、理性地告知来者不要激动,然后,辩护律师就需要了解的问题,向犯罪嫌疑人的监护人、近亲属询问。

对于辩护律师而言,向刑事案件当事人了解情况的目的是为了下一步工作的安排。本案中,王某某是犯罪嫌疑人的父亲,律师向他了解情况,必须首先安抚其冷静下来。

对于刑事辩护律师而言,了解前来咨询的人与犯罪嫌疑人的关系,可以为判断其是否具有聘请律师的资格提供依据;了解犯罪嫌疑人被哪个机关关押,可以知道该案件处在刑事诉讼的哪个阶段;了解犯罪嫌疑人的关押地点,可以知道案件的严重程度,也可以知道辩护律师的办案成本;了解办案单位的经办人电话,可以为辩护律师下一步联系办案单位提供可能。这些问题,接待咨询的辩护律师,要精心考虑其先后次序,逐个发问,仔细了解,认真记录。

【训练问题】

1.你作为接待王某某的律师,如何处理面前的事务?准备分几个步骤?

2.你准备询问王某某什么问题?这些问题的顺序如何?为什么?

3.如果王某某决定委托接待咨询的律师,该律师应该做什么?这些工作的步骤怎么安排?

【法规链接】

《中华人民共和国刑事诉讼法》(节选)

发布:2012-03-14 实施:2013-01-01 时效性:现行有效

第三十二条 犯罪嫌疑人、被告人除自己行使辩护权以外,还可以委托一至二人作为辩护人。下列的人可以被委托为辩护人:

(一)律师;

(二)人民团体或者犯罪嫌疑人、被告人所在单位推荐的人;

(三)犯罪嫌疑人、被告人的监护人、亲友。

正在被执行刑罚或者依法被剥夺、限制人身自由的人,不得担任辩护人。

第三十三条 犯罪嫌疑人自被侦查机关第一次讯问或者采取强制措施之日起,有权委托辩护人;在侦查期间,只能委托律师作为辩护人。被告人有权随时委托辩护人。

侦查机关在第一次讯问犯罪嫌疑人或者对犯罪嫌疑人采取强制措施的时候,应当告知犯罪嫌疑人有权委托辩护人。人民检察院自收到移送审查起诉的案件材料之日起三日以内,应当告知犯罪嫌疑人有权委托辩护人。人民法院自受理案件之日起三日以内,应当告知被告人有权委托辩护人。犯罪嫌疑人、被告人在押期间要求委托辩护人的,人民法院、人民检察院和公安机关应当及时转达其要求。

犯罪嫌疑人、被告人在押的,也可以由其监护人、近亲属代为委托辩护人。

辩护人接受犯罪嫌疑人、被告人委托后,应当及时告知办理案件的机关。

第三十四条 犯罪嫌疑人、被告人因经济困难或者其他原因没有委托辩护人的,本人及其近亲属可以向法律援助机构提出申请。对符合法律援助条件的,法律援助机构应当指派律师为其提供辩护。

犯罪嫌疑人、被告人是盲、聋、哑人,或者是尚未完全丧失辨认或者控制自己行为能力的精神病人，没有委托辩护人的，人民法院、人民检察院和公安机关应当通知法律援助机构指派律师为其提供辩护。

犯罪嫌疑人、被告人可能被判处无期徒刑、死刑，没有委托辩护人的，人民法院、人民检察院和公安机关应当通知法律援助机构指派律师为其提供辩护。

第三十五条　辩护人的责任是根据事实和法律，提出犯罪嫌疑人、被告人无罪、罪轻或者减轻、免除其刑事责任的材料和意见，维护犯罪嫌疑人、被告人的诉讼权利和其他合法权益。

第三十六条　辩护律师在侦查期间可以为犯罪嫌疑人提供法律帮助；代理申诉、控告；申请变更强制措施；向侦查机关了解犯罪嫌疑人涉嫌的罪名和案件有关情况，提出意见。

第三十七条　辩护律师可以同在押的犯罪嫌疑人、被告人会见和通信。其他辩护人经人民法院、人民检察院许可，也可以同在押的犯罪嫌疑人、被告人会见和通信。

辩护律师持律师执业证书、律师事务所证明和委托书或者法律援助公函要求会见在押的犯罪嫌疑人、被告人的，看守所应当及时安排会见，至迟不得超过四十八小时。

危害国家安全犯罪、恐怖活动犯罪、特别重大贿赂犯罪案件，在侦查期间辩护律师会见在押的犯罪嫌疑人，应当经侦查机关许可。上述案件，侦查机关应当事先通知看守所。

辩护律师会见在押的犯罪嫌疑人、被告人，可以了解案件有关情况，提供法律咨询等；自案件移送审查起诉之日起，可以向犯罪嫌疑人、被告人核实有关证据。辩护律师会见犯罪嫌疑人、被告人时不被监听。

辩护律师同被监视居住的犯罪嫌疑人、被告人会见、通信，适用第一款、第三款、第四款的规定。

第三十八条　辩护律师自人民检察院对案件审查起诉之日起，可以查阅、摘抄、复制本案的案卷材料。其他辩护人经人民法院、人民检察院许可，也可以查阅、摘抄、复制上述材料。

第三十九条　辩护人认为在侦查、审查起诉期间公安机关、人民检察院收集的证明犯罪嫌疑人、被告人无罪或者罪轻的证据材料未提交的，有权申请人民检察院、人民法院调取。

第四十条　辩护人收集的有关犯罪嫌疑人不在犯罪现场、未达到刑事责任年龄、属于依法不负刑事责任的精神病人的证据，应当及时告知公安机关、人民检察院。

第四十一条　辩护律师经证人或者其他有关单位和个人同意，可以向他们收集与本案有关的材料，也可以申请人民检察院、人民法院收集、调取证据，或者申请人民法院通知证人出庭作证。

辩护律师经人民检察院或者人民法院许可，并且经被害人或者其近亲属、被害人提供的证人同意，可以向他们收集与本案有关的材料。

第四十二条　辩护人或者其他任何人，不得帮助犯罪嫌疑人、被告人隐匿、毁灭、伪造证据或者串供，不得威胁、引诱证人作伪证以及进行其他干扰司法机关诉讼活动的行为。

违反前款规定的，应当依法追究法律责任，辩护人涉嫌犯罪的，应当由办理辩护人所承办案件的侦查机关以外的侦查机关办理。辩护人是律师的，应当及时通知其所在的律师事务所或者所属的律师协会。

第四十三条　在审判过程中，被告人可以拒绝辩护人继续为他辩护，也可以另行委托辩护人辩护。

《最高人民法院关于适用〈中华人民共和国刑事诉讼法〉的解释》(节选)

发布:2012-12-20　实施:2013-01-01　时效性:现行有效

第三十八条　一名被告人可以委托一至二人作为辩护人。

一名辩护人不得为两名以上的同案被告人，或者未同案处理但犯罪事实存在关联的被告人辩护。

第三十九条　被告人没有委托辩护人的，人民法院自受理案件之日起三日内，应当告知其有权委托辩护人；被告人因经济困难或者其他原因没有委托辩护人的，应当告知其可以申请法律援助；被告人属于应当提供法律援助情形的，应当告知其将依法通知法律援助机构指派律师为其提供辩护。

告知可以采取口头或者书面方式。

第四十条　审判期间，在押的被告人要求委托辩护人的，人民法院应当在三日内向其监护人、近亲属或者其指定的人员转达要求。被告人应当提供有关人员的联系方式。有关人员无法通知的，应当告知被告人。

第四十一条　人民法院收到在押被告人提出的法律援助申请，应当在二十四小时内转交所在地的法律援助机构。

第四十二条　对下列没有委托辩护人的被告人，人民法院应当通知法律援助机构指派律师为其提供辩护：

（一）盲、聋、哑人；

（二）尚未完全丧失辨认或者控制自己行为能力的精神病人；

（三）可能被判处无期徒刑、死刑的人。

高级人民法院复核死刑案件，被告人没有委托辩护人的，应当通知法律援助机构指派律师为其提供辩护。

第四十三条　具有下列情形之一，被告人没有委托辩护人的，人民法院可以通知法律援助机构指派律师为其提供辩护：

（一）共同犯罪案件中，其他被告人已经委托辩护人；

（二）有重大社会影响的案件；

（三）人民检察院抗诉的案件；

（四）被告人的行为可能不构成犯罪；

（五）有必要指派律师提供辩护的其他情形。

第四十四条　人民法院通知法律援助机构指派律师提供辩护的，应当将法律援助通知书、起诉书副本或者判决书送达法律援助机构；决定开庭审理的，除适用简易程序审理的以外，应当在开庭十五日前将上述材料送达法律援助机构。

法律援助通知书应当写明案由、被告人姓名、提供法律援助的理由、审判人员的姓名和联系方式；已确定开庭审理的，应当写明开庭的时间、地点。

第四节　律师办案的方法

【技巧理论】

律师办案的方法，是指律师接受当事人委托后，为维护当事人的合法权益，依据现行法律法规及司法解释的规定，根据当事人提供的证据材料和需要补充的证据材料情况或需要完善的管理制度情况，采取的解决当事人面临的法律问题切实可行的具体办法。律师办案的方法主要用于诉讼业务的律师取证工作或者非诉讼业务的法律文书的制作。

律师办案的方法，必须符合以下要求：一是必须的。即只有通过这种办法才能解决当事人面临的法律问题或法律风险。比如债权债务纠纷案件，债权人有债权发生的客观事实，但是，缺乏证明债权发生的证据，这就需要律师运用律师办案的方法收集证据。这是必须的。因为，如果没有这个证据，律师是无法代理当事人实现这一债权的。律师办案的方法有很多，比如电话录音、面谈录音、面谈签订还款协议等。二是可行的。这种方法符合实际情况，能够取得办案律师需要的证据材料，或者能够解决法律顾问单位的制度缺失问题。比如，债务人口头上还承认债务事实，并且能接听电话，那么就可以采取电话录音取证的方法。如果债务人不接听电话则不能采取这种方法。再比如，律师担任法律顾问的单位缺乏合同管理制度，导致合同法律风险时有发生，顾问单位希望解决这个问题，那么，律师就可能采取制定合同管理制度的方法。三是合法的。律师办案，必须采取法律没有禁止的办法，不能侵犯他人的合法权益，也不能损害社会公共利益，更不能破坏社会的公序良俗。

律师办案的方法，是指律师解决当事人面临的法律问题的具体做法。属于律师思考的微观层面的问题。在办案律师选择了解决问题的思路、步骤之后，就需要选择具体的做法了。

【训练案例-5】①

李某某是一家私营造纸企业(未办理营业执照)的老板，小张是这家企业的工人。2016年10月16日，小张因操作失误导致左手被机器压伤。事故发生后，李某某立刻将小张送往医院治疗，并且支付了小张的全部医疗费。小张住院28天，出院4个月后，小张经法医鉴定为八级伤残。小张找李某某索要除医疗费之外的赔偿金，李某某只答应支付2000元。无奈之下，小张找到律师事务所，寻求法律帮助。

---

①根据作者代理的真实案例改编。

据小张介绍，她来到这家造纸厂已经8个月了，但是，没有签订书面的劳动合同。老板发工资都是采取现金发放。工人之间互相都不知道工资情况。小张既没有工作证，也没有其他工人愿意为她作证证明她是在这家工厂工作时受伤的。现在小张只有住院的出院小结。

【训练提示】

本案是一起常见的私营企业员工因工作受伤索赔的案例。在这类索赔案例中，索赔者一般为打工的弱势群体。有的老板不与工人签订书面劳动合同，也不给工人发放工作证，更不发放工作服，甚至发放工资都不需要工人签字。

本案中李某某就是一个具有非常强的证据意识的私营企业主。所谓证据意识强，就是他不给自己雇佣的工人留下任何一点可以证明他们之间存在雇佣关系的证据。事故发生后，他在接听电话时，都具有反取证意识。所谓具有反取证意识，就是他在与人通话时，不谈论小张在他的造纸厂受伤的事情，也不谈论小张是他的员工，使别人难以对他电话录音取证。小张在李某某办的造纸厂工作受伤，因索赔聘请律师代理。对于代理律师而言，必须拿到能证明李某某与小张之间法律关系的证据。这些情况，对小张的代理律师是一个不小的考验。

参加本案训练的律师，必须调动自己的思维，运用一切合法的手段对李某某取证，以证明李某某与小张的法律关系，以及小张受伤的事实及原因。

【训练问题】

1. 如果小张委托你作为代理律师，你认为小张索赔需要证明哪些法律事实？需要证明什么法律关系？

2. 你准备采取什么方法收集证据，证明小张与李某某之间的法律关系？

3. 你认为小张可以索赔哪些项目？

【法规链接】

《中华人民共和国侵权责任法》（节选）

发布：2009-12-26　实施：2010-07-01　时效性：现行有效

第三十五条　个人之间形成劳务关系，提供劳务的一方因劳务造成他人损害的，由接受劳务一方承担侵权责任。提供劳务一方因劳务自己受到损害的，根据双方各自的过错承担责任。

《最高人民法院关于审理人身损害赔偿案件适用法律若干问题的解释》(节选)

发布:2003-12-26　实施:2004-05-01　时效性:现行有效

第一条　因生命、健康、身体遭受侵害,赔偿权利人起诉请求赔偿义务人赔偿财产损失和精神损害的,人民法院应予受理。

本条所称"赔偿权利人",是指因侵权行为或者其他致害原因直接遭受人身损害的受害人、依法由受害人承担扶养义务的被扶养人以及死亡受害人的近亲属。

本条所称"赔偿义务人",是指因自己或者他人的侵权行为以及其他致害原因依法应当承担民事责任的自然人、法人或者其他组织。

第二条　受害人对同一损害的发生或者扩大有故意、过失的,依照民法通则第一百三十一条的规定,可以减轻或者免除赔偿义务人的赔偿责任。但侵权人因故意或者重大过失致人损害,受害人只有一般过失的,不减轻赔偿义务人的赔偿责任。

适用民法通则第一百零六条第三款规定确定赔偿义务人的赔偿责任时,受害人有重大过失的,可以减轻赔偿义务人的赔偿责任。

第三条　二人以上共同故意或者共同过失致人损害,或者虽无共同故意、共同过失,但其侵害行为直接结合发生同一损害后果的,构成共同侵权,应当依照民法通则第一百三十条规定承担连带责任。

二人以上没有共同故意或者共同过失,但其分别实施的数个行为间接结合发生同一损害后果的,应当根据过失大小或者原因力比例各自承担相应的赔偿责任。

第四条　二人以上共同实施危及他人人身安全的行为并造成损害后果,不能确定实际侵害行为人的,应当依照民法通则第一百三十条规定承担连带责任。共同危险行为人能够证明损害后果不是由其行为造成的,不承担赔偿责任。

第五条　赔偿权利人起诉部分共同侵权人的,人民法院应当追加其他共同侵权人作为共同被告。赔偿权利人在诉讼中放弃对部分共同侵权人的诉讼请求的,其他共同侵权人对被放弃诉讼请求的被告应当承担的赔偿份额不承担连带责任。责任范围难以确定的,推定各共同侵权人承担同等责任。

人民法院应当将放弃诉讼请求的法律后果告知赔偿权利人,并将放弃诉讼请求的情况在法律文书中叙明。

第六条　从事住宿、餐饮、娱乐等经营活动或者其他社会活动的自然人、法人、其他组织,未尽合理限度范围内的安全保障义务致使他人遭受人身损害,赔偿权利人请求其承担相应赔偿责任的,人民法院应予支持。

因第三人侵权导致损害结果发生的,由实施侵权行为的第三人承担赔偿责任。安全保障义务人有过错的,应当在其能够防止或者制止损害的范围内承担相应的补充赔偿责任。安全保障义务人承担责任后,可以向第三人追偿。赔偿权利人起诉安全保障义务人的,应当将第三人作为共同被告,但第三人不能确定的除外。

第七条　对未成年人依法负有教育、管理、保护义务的学校、幼儿园或者其他教育机构,未尽职责范围内的相关义务致使未成年人遭受人身损害,或者未成年人致他人人身损害的,应当承担与其过错相应的赔偿责任。

第三人侵权致未成年人遭受人身损害的,应当承担赔偿责任。学校、幼儿园等教育机构有过错的,应当承担相应的补充赔偿责任。

第八条　法人或者其他组织的法定代表人、负责人以及工作人员,在执行职务中致人损害的,依照民法通则第一百二十一条的规定,由该法人或者其他组织承担民事责任。上述人员实施与职务无关的行为致人损害的,应当由行为人承担赔偿责任。

属于《国家赔偿法》赔偿事由的,依照《国家赔偿法》的规定处理。

第九条　雇员在从事雇佣活动中致人损害的,雇主应当承担赔偿责任;雇员因故意或者重大过失致人损害的,应当与雇主承担连带赔偿责任。雇主承担连带赔偿责任的,可以向雇员追偿。

前款所称“从事雇佣活动”,是指从事雇主授权或者指示范围内的生产经营活动或者其他劳务活动。雇员的行为超出授权范围,但其表现形式是履行职务或者与履行职务有内在联系的,应当认定为“从事雇佣活动”。

第十条　承揽人在完成工作过程中对第三人造成损害或者造成自身损害的,定作人不承担赔偿责任。但定作人对定作、指示或者选任有过失的,应当承担相应的赔偿责任。

第十一条 雇员在从事雇佣活动中遭受人身损害，雇主应当承担赔偿责任。雇佣关系以外的第三人造成雇员人身损害的，赔偿权利人可以请求第三人承担赔偿责任，也可以请求雇主承担赔偿责任。雇主承担赔偿责任后，可以向第三人追偿。

雇员在从事雇佣活动中因安全生产事故遭受人身损害，发包人、分包人知道或者应当知道接受发包或者分包业务的雇主没有相应资质或者安全生产条件的，应当与雇主承担连带赔偿责任。

属于《工伤保险条例》调整的劳动关系和工伤保险范围的，不适用本条规定。

第十二条 依法应当参加工伤保险统筹的用人单位的劳动者，因工伤事故遭受人身损害，劳动者或者其近亲属向人民法院起诉请求用人单位承担民事赔偿责任的，告知其按《工伤保险条例》的规定处理。

因用人单位以外的第三人侵权造成劳动者人身损害，赔偿权利人请求第三人承担民事赔偿责任的，人民法院应予支持。

第十三条 为他人无偿提供劳务的帮工人，在从事帮工活动中致人损害的，被帮工人应当承担赔偿责任。被帮工人明确拒绝帮工的，不承担赔偿责任。帮工人存在故意或者重大过失，赔偿权利人请求帮工人和被帮工人承担连带责任的，人民法院应予支持。

第十四条 帮工人因帮工活动遭受人身损害的，被帮工人应当承担赔偿责任。被帮工人明确拒绝帮工的，不承担赔偿责任；但可以在受益范围内予以适当补偿。

帮工人因第三人侵权遭受人身损害的，由第三人承担赔偿责任。第三人不能确定或者没有赔偿能力的，可以由被帮工人予以适当补偿。

第十五条 为维护国家、集体或者他人的合法权益而使自己受到人身损害，因没有侵权人、不能确定侵权人或者侵权人没有赔偿能力，赔偿权利人请求受益人在受益范围内予以适当补偿的，人民法院应予支持。

第十六条 下列情形，适用民法通则第一百二十六条的规定，由所有人或者管理人承担赔偿责任，但能够证明自己没有过错的除外：

（一）道路、桥梁、隧道等人工建造的构筑物因维护、管理瑕疵致人损害的；

（二）堆放物品滚落、滑落或者堆放物倒塌致人损害的；

（三）树木倾倒、折断或者果实坠落致人损害的。

前款第（一）项情形，因设计、施工缺陷造成损害的，由所有人、管理人与设计、施工者承担连带责任。

第十七条　受害人遭受人身损害，因就医治疗支出的各项费用以及因误工减少的收入，包括医疗费、误工费、护理费、交通费、住宿费、住院伙食补助费、必要的营养费，赔偿义务人应当予以赔偿。

受害人因伤致残的，其因增加生活上需要所支出的必要费用以及因丧失劳动能力导致的收入损失，包括残疾赔偿金、残疾辅助器具费、被扶养人生活费，以及因康复护理、继续治疗实际发生的必要的康复费、护理费、后续治疗费，赔偿义务人也应当予以赔偿。

受害人死亡的，赔偿义务人除应当根据抢救治疗情况赔偿本条第一款规定的相关费用外，还应当赔偿丧葬费、被扶养人生活费、死亡补偿费以及受害人亲属办理丧葬事宜支出的交通费、住宿费和误工损失等其他合理费用。

第十八条　受害人或者死者近亲属遭受精神损害，赔偿权利人向人民法院请求赔偿精神损害抚慰金的，适用《最高人民法院关于确定民事侵权精神损害赔偿责任若干问题的解释》予以确定。

精神损害抚慰金的请求权，不得让与或者继承。但赔偿义务人已经以书面方式承诺给予金钱赔偿，或者赔偿权利人已经向人民法院起诉的除外。

第十九条　医疗费根据医疗机构出具的医药费、住院费等收款凭证，结合病历和诊断证明等相关证据确定。赔偿义务人对治疗的必要性和合理性有异议的，应当承担相应的举证责任。

医疗费的赔偿数额，按照一审法庭辩论终结前实际发生的数额确定。器官功能恢复训练所必要的康复费、适当的整容费以及其他后续治疗费，赔偿权利人可以待实际发生后另行起诉。但根据医疗证明或者鉴定结论确定必然发生的费用，可以与已经发生的医疗费一并予以赔偿。

第二十条　误工费根据受害人的误工时间和收入状况确定。

误工时间根据受害人接受治疗的医疗机构出具的证明确定。受害人因伤致残持续误工的，误工时间可以计算至定残日前一天。

受害人有固定收入的，误工费按照实际减少的收入计算。受害人无固定收入的，按照其最近三年的平均收入计算；受害人不能举证证明其最近三年的平均收入状况的，可以参照受诉法院所在地相同或者相近行业上一年度职工的平均工资计算。

第二十一条　护理费根据护理人员的收入状况和护理人数、护理期限确定。

护理人员有收入的，参照误工费的规定计算；护理人员没有收入或者雇佣护工的，参照当地护工从事同等级别护理的劳务报酬标准计算。护理人员原则上为一人，但医疗机构或者鉴定机构有明确意见的，可以参照确定护理人员人数。

护理期限应计算至受害人恢复生活自理能力时止。受害人因残疾不能恢复生活自理能力的，可以根据其年龄、健康状况等因素确定合理的护理期限，但最长不超过二十年。

受害人定残后的护理，应当根据其护理依赖程度并结合配制残疾辅助器具的情况确定护理级别。

第二十二条　交通费根据受害人及其必要的陪护人员因就医或者转院治疗实际发生的费用计算。交通费应当以正式票据为凭；有关凭据应当与就医地点、时间、人数、次数相符合。

第二十三条　住院伙食补助费可以参照当地国家机关一般工作人员的出差伙食补助标准予以确定。

受害人确有必要到外地治疗，因客观原因不能住院，受害人本人及其陪护人员实际发生的住宿费和伙食费，其合理部分应予赔偿。

第二十四条　营养费根据受害人伤残情况参照医疗机构的意见确定。

第二十五条　残疾赔偿金根据受害人丧失劳动能力程度或者伤残等级，按照受诉法院所在地上一年度城镇居民人均可支配收入或者农村居民人均纯收入标准，自定残之日起按二十年计算。但六十周岁以上的，年龄每增加一岁减少一年；七十五周岁以上的，按五年计算。

受害人因伤致残但实际收入没有减少，或者伤残等级较轻但造成职业妨害严重影响其劳动就业的，可以对残疾赔偿金作相应调整。

第二十六条　残疾辅助器具费按照普通适用器具的合理费用标准计算。伤情有特殊需要的，可以参照辅助器具配制机构的意见确定相应的合理费用标准。

辅助器具的更换周期和赔偿期限参照配制机构的意见确定。

第二十七条　丧葬费按照受诉法院所在地上一年度职工月平均工资标准，以六个月总额计算。

第二十八条　被扶养人生活费根据扶养人丧失劳动能力程度，按照受诉法院所在地上一年度城镇居民人均消费性支出和农村居民人均年生活消费支出标准计算。被扶养人为未成年人的，计算至十八周岁；被扶养人无劳动能力又无其他生活来源的，计算二十年。但六十周岁以上的，年龄每增加一岁减少一年；七十五周岁以上的，按五年计算。

被扶养人是指受害人依法应当承担扶养义务的未成年人或者丧失劳动能力又无其他生活来源的成年近亲属。被扶养人还有其他扶养人的，赔偿义务人只赔偿受害人依法应当负担的部分。被扶养人有数人的，年赔偿总额累计不超过上一年度城镇居民人均消费性支出额或者农村居民人均年生活消费支出额。

第二十九条　死亡赔偿金按照受诉法院所在地上一年度城镇居民人均可支配收入或者农村居民人均纯收入标准，按二十年计算。但六十周岁以上的，年龄每增加一岁减少一年；七十五周岁以上的，按五年计算。

第三十条　赔偿权利人举证证明其住所地或者经常居住地城镇居民人均可支配收入或者农村居民人均纯收入高于受诉法院所在地标准的，残疾赔偿金或者死亡赔偿金可以按照其住所地或者经常居住地的相关标准计算。

被扶养人生活费的相关计算标准，依照前款原则确定。

第三十一条　人民法院应当按照民法通则第一百三十一条以及本解释第二条的规定，确定第十九条至第二十九条各项财产损失的实际赔偿金额。

前款确定的物质损害赔偿金与按照第十八条第一款规定确定的精神损害抚慰金，原则上应当一次性给付。

第三十二条　超过确定的护理期限、辅助器具费给付年限或者残疾赔偿金给付年限，赔偿权利人向人民法院起诉请求继续给付护理费、辅助器具费或者残疾赔偿金的，人民法院应予受理。赔偿权利人确需继续护理、配制辅助器具，或者没有劳动能力和生活来源的，人民法院应当判令赔偿义务人继续给付相关费用五至十年。

第三十三条　赔偿义务人请求以定期金方式给付残疾赔偿金、被扶养人生活费、残疾辅助器具费的，应当提供相应的担保。人民法院可以根据赔偿义务人的给付能力和提供担保的情况，确定以定期金方式给付相关费用。但一审法庭辩论终结前已经发生的费用、死亡赔偿金以及精神损害抚慰金，应当一次性给付。

第三十四条　人民法院应当在法律文书中明确定期金的给付时间、方式以及每期给付标准。执行期间有关统计数据发生变化的，给付金额应当适时进行相应调整。

定期金按照赔偿权利人的实际生存年限给付，不受本解释有关赔偿期限的限制。

第三十五条　本解释所称"城镇居民人均可支配收入"、"农村居民人均纯收入"、"城镇居民人均消费性支出"、"农村居民人均年生活消费支出"、"职工平均工资"，按照政府统计部门公布的各省、自治区、直辖市以及经济特区和计划单列市上一年度相关统计数据确定。

"上一年度"，是指一审法庭辩论终结时的上一统计年度。

《中华人民共和国民事诉讼法》(节选)

发布:2017-06-27　实施:2017-07-01　时效性:现行有效

第六十三条　证据包括:

(一) 当事人的陈述;

(二) 书证;

(三) 物证;

(四) 视听资料;

(五) 电子数据;

(六) 证人证言;

（七）鉴定意见；

（八）勘验笔录。

证据必须查证属实，才能作为认定事实的根据。

第六十四条　当事人对自己提出的主张，有责任提供证据。

当事人及其诉讼代理人因客观原因不能自行收集的证据，或者人民法院认为审理案件需要的证据，人民法院应当调查收集。

人民法院应当按照法定程序，全面地、客观地审查核实证据。

第六十五条　当事人对自己提出的主张应当及时提供证据。

人民法院根据当事人的主张和案件审理情况，确定当事人应当提供的证据及其期限。当事人在该期限内提供证据确有困难的，可以向人民法院申请延长期限，人民法院根据当事人的申请适当延长。当事人逾期提供证据的，人民法院应当责令其说明理由；拒不说明理由或者理由不成立的，人民法院根据不同情形可以不予采纳该证据，或者采纳该证据但予以训诫、罚款。

第六十六条　人民法院收到当事人提交的证据材料，应当出具收据，写明证据名称、页数、份数、原件或者复印件以及收到时间等，并由经办人员签名或者盖章。

第六十七条　人民法院有权向有关单位和个人调查取证，有关单位和个人不得拒绝。

人民法院对有关单位和个人提出的证明文书，应当辨别真伪，审查确定其效力。

第六十八条　证据应当在法庭上出示，并由当事人互相质证。对涉及国家秘密、商业秘密和个人隐私的证据应当保密，需要在法庭出示的，不得在公开开庭时出示。

第六十九条　经过法定程序公证证明的法律事实和文书，人民法院应当作为认定事实的根据，但有相反证据足以推翻公证证明的除外。

第七十条　书证应当提交原件。物证应当提交原物。提交原件或者原物确有困难的，可以提交复制品、照片、副本、节录本。

提交外文书证，必须附有中文译本。

第七十一条　人民法院对视听资料，应当辨别真伪，并结合本案的其他证据，审查确定能否作为认定事实的根据。

第七十二条　凡是知道案件情况的单位和个人，都有义务出庭作证。有关单位的负责人应当支持证人作证。

不能正确表达意思的人，不能作证。

第七十三条　经人民法院通知，证人应当出庭作证。有下列情形之一的，经人民法院许可，可以通过书面证言、视听传输技术或者视听资料等方式作证：

（一）因健康原因不能出庭的；

（二）因路途遥远，交通不便不能出庭的；

（三）因自然灾害等不可抗力不能出庭的；

（四）其他有正当理由不能出庭的。

第七十四条　证人因履行出庭作证义务而支出的交通、住宿、就餐等必要费用以及误工损失，由败诉一方当事人负担。当事人申请证人作证的，由该当事人先行垫付；当事人没有申请，人民法院通知证人作证的，由人民法院先行垫付。

第七十五条　人民法院对当事人的陈述，应当结合本案的其他证据，审查确定能否作为认定事实的根据。

当事人拒绝陈述的，不影响人民法院根据证据认定案件事实。

第七十六条　当事人可以就查明事实的专门性问题向人民法院申请鉴定。当事人申请鉴定的，由双方当事人协商确定具备资格的鉴定人；协商不成的，由人民法院指定。

当事人未申请鉴定，人民法院对专门性问题认为需要鉴定的，应当委托具备资格的鉴定人进行鉴定。

第七十七条　鉴定人有权了解进行鉴定所需要的案件材料，必要时可以询问当事人、证人。

鉴定人应当提出书面鉴定意见，在鉴定书上签名或者盖章。

第七十八条　当事人对鉴定意见有异议或者人民法院认为鉴定人有必要出庭的，鉴定人应当出庭作证。经人民法院通知，鉴定人拒不出庭作证的，鉴定意见不得作为认定事实的根据；支付鉴定费用的当事人可以要求返还鉴定费用。

第七十九条　当事人可以申请人民法院通知有专门知识的人出庭，就鉴定人作出的鉴定意见或者专业问题提出意见。

第八十条　勘验物证或者现场，勘验人必须出示人民法院的证件，并邀请当地基层组织或者当事人所在单位派人参加。当事人或者当事人的成年家属应当到场，拒不到场的，不影响勘验的进行。

有关单位和个人根据人民法院的通知，有义务保护现场，协助勘验工作。

勘验人应当将勘验情况和结果制作笔录，由勘验人、当事人和被邀参加人签名或者盖章。

第八十一条　在证据可能灭失或者以后难以取得的情况下，当事人可以在诉讼过程中向人民法院申请保全证据，人民法院也可以主动采取保全措施。

因情况紧急，在证据可能灭失或者以后难以取得的情况下，利害关系人可以在提起诉讼或者申请仲裁前向证据所在地、被申请人住所地或者对案件有管辖权的人民法院申请保全证据。

证据保全的其他程序，参照适用本法第九章保全的有关规定。

第二章

法律可视化

【导语】

法律可视化是近年来法律实务界热议的一种法律职业技能。本章讨论了法律可视化的概念、特征、作用、用途等问题，并且安排了法律可视化应用的训练内容。本章的学习重点是掌握运用法律可视化手段办理律师业务的基本技能。

第一节　法律可视化的概念

可视化是近年来出现的一个名词。它是指一种将人眼难以直接观察的对象，变为可以为人眼直接观察的对象的手段和方法。随着科学技术的不断发展，可视化方法被广泛运用于医学、法律服务等领域。医学借助仪器将人体的情况可视化，为医学诊断提供依据。比如X光透视、CT、B超检查等都是典型的可视化手段。

本教材所谓法律可视化，是特指律师办案过程中使用的一种办案手段，是将法律关系主体之间的权利义务关系、法律事实等采用图表、流程图等纸质材料直观呈现的一种交流表达方式。

一、法律可视化是一种人类交流表达方式

人类之间交流思想，必须借助一定的手段和工具。比如人类通过发出声音将信息传递到其他人的耳朵里，再进入对方的大脑之中；人类借助手势和其他肢体动作，向其他人传递信息，这种肢体动作被人们称为肢体语言；人类通过书面语言传递大量的信息，并且可以长期保存这种信息，因而是人类最常用的交流方式。法律可视化也是人类交流思想的一种表达方式。

二、法律可视化是采用纸质图表、流程图等纸质材料的一种表达方式

我们考察人类交流思想的所有手段和工具后，就会发现，人类交流思想的手段和工具，按照是否借助声音为标准，我们可以将其分为有声和无声两种；按照是否借助人们的视觉为标准，我们可以将其分为可视和不可视两种。

毫无疑问，法律可视化属于人类交流思想的可视手段和工具。但是，可视手段和工具不等于法律可视化。法律可视化只是人类借助视觉传递思想、交流信息的手段和工具之一。人类借助视觉传递思想、交流信息的手段和工具非常多，电视、电影、医学透视、医学影像、照相等都是借助人类视觉传递信息、交流思想的手段和工具。

法律可视化与其他可视化手段和工具的区别点，主要是可视化的媒介材料不同。法律可视化是特指借助纸质材料的图表、流程图的表达方式。

三、法律可视化是法律工作者的一种表达方式

作为交流思想的手段和工具，有声和无声手段和工具各有优缺点，可视和不可视手段和工具同样也各有优缺点。究竟应该选择什么手段和工具交流思想，取决于不同人群的不同需要。比如聋哑人之间只能选择可视手段和工具交流思想，手势和表情就是他们最佳的选择。地下工作者有时也只能选择无声交流手段和工具。但是，在法庭审理过程中，法官主持庭审只能借助有声语言指挥法庭的审理，不能选择无声方式，以便于录音录像。侦查人员询问证人或者讯问犯罪嫌疑人，只能选择有声手段和工具进行提问，不能选择无声手段和工具提问。

由于法律可视化不仅借助图表、流程图，而且使用法律术语，采用法律语言表述，非普通公民可以理解。因此，法律可视化只适合法律工作者使用，社会中的其他人群不适合这种交流方式。

第二节　法律可视化的特征

法律可视化是法官、检察官、律师等法律工作者新兴的交流表达方式。律师在其执业过程中大力推进使用法律可视化手段[①]，使得法律可视化引起了法律界的高度重视。对法律可视化特征的研究也在不断深入。我们认为，法律可视化这种交流表达方式，与口头语言交流、书面语言交流等其他传统的交流表达方式相比，具有如下特征：

一、法律可视化具有直观性

无论是民事案件、刑事案件还是行政案件，至少有一本案卷，有的案件甚至有几十本案卷。假如要从厚厚的案卷中去搞清楚案件当中当事人之间的法律关系，必须一页一页地阅卷。因此，案卷表达法律关系、法律事实不具有直观性。但是，法律可视化是律师将案件涉及的当事人之间的权利义务关系的发生、发展的过程，采用纸质图表或者流程图的方式表达出来，呈现给办案的法官、检察官。法律可视化将案卷记载的法律事实、法律关系展现在一张图表之中，非常直观，一目了然。因此，法律可视化具有直观性。

例如：笔者辩护的一起跨国电信诈骗案，犯罪嫌疑人达32人，作案达43起，涉案金额达四千多万。整个案件侦查终结后，公安机关移交给人民检察院审查起诉的侦查卷达26卷之多。笔者到法院阅卷足足花费了一个星期才将整个案件的26本案卷看完一遍。因此，案卷对法律事实、法律关系的表达方式不具有直观性。

而笔者阅卷后，将整个案件中涉及的作案情况，按照作案时间先后顺序制作了一个流程图。仅仅一张纸，就把整个案件的所有作案情况展现其中。其

---

①北京天同律师事务所推行的“诉讼可视化”就是典型的法律可视化，值得广大律师学习。

中每次诈骗的作案时间、参与人、组织者、诈骗金额、分赃等情况一目了然。从这张流程图可以清晰地看出笔者的委托人参与了几次诈骗，在每次诈骗中所起的作用，非常直观。在这起刑事案件的辩护中，法律可视化直观地表达了案件的法律事实和法律关系。

二、法律可视化具有简洁性

从直观性和简洁性的逻辑关系看，具有直观性的方法不一定具有简洁性。例如，采用视频拍摄的方法记录一个刑事案件的作案过程，具有直观性。但是，当人们看完这个视频后，要回答这个案件中的犯罪嫌疑人有几个？每个犯罪嫌疑人的犯罪事实有几个？这可能就比较困难了。原因就是因为视频虽然直观，但是不简洁。而法律可视化将案件情况清晰展现于几张纸上，使得法律事实、法律关系的表达具有鲜明的简洁性。

三、法律可视化具有很强的说服力

律师办理律师业务，直接的目的就是说服法官、检察官，使法官、检察官形成对自己的委托人有利的观点和判断，争取对自己的委托人最为有利的案件处理结果，进而维护委托人的合法权益。与采用口头语言、书面代理词、书面辩护词等法律文书相比，法律可视化具有更强的说服力。因为律师采用口头方法说服法官、检察官，当律师说完话后，法官、检察官听进去的信息往往不到50%。而律师采用代理词、辩护词等法律文书说服法官、检察官，往往因为篇幅太长，不利于法官、检察官提炼出对自己当事人有利的信息。而法律可视化则可以有效地消除这些弊端。

四、法律可视化材料便于存档保存

由于法律可视化采用纸质材料，它是律师提交给法官、检察官的法律文书的重要组成部分，可以随案件一起装订成册，从而得以长久保存。与光盘、优盘相比，纸质的图表、流程图更容易保存。

五、法律可视化具有便利性

由于法律可视化采用纸质材料表达，它不需要借助其他设备，可以直接发挥作用，因此，与视频资料要借助优盘、光盘、显示器等电子介质相比，法律可视化纸质材料具有阅读的便利性。由于其便于阅读，因此，对于法官、检察官办案也具有便利性，从而更容易为法官、检察官接受。

第三节　法律可视化的作用①

对于法官、检察官而言，他们均属于公权力机关的工作人员，他们不存在说服别人接受自己观点的问题，他们只需要自己梳理清楚法律关系，认清法律事实，从而作出正确的判断，为自己的职业行为提供法律事实的支撑，避免错案的发生。法律可视化对于法官、检察官而言，其作用在于，可以使需要讨论的案件中的主体的权利义务关系直观呈现。

法官认清了事实，可以为正确适用法律提供事实依据，从而作出正确的立案通知、财产保全裁定、支付令裁定、委托司法鉴定、判决等司法行为。检察官认清了事实，可以为正确适用法律奠定基础，从而作出正确的立案、批捕、退侦、起诉、抗诉等检察行为。

本书除非有特别说明的之外，讨论的法律可视化作用问题特指法律可视化对律师办案的作用。一般而言，律师正确地认清了法律事实，还要说服法官、检察官，争取法官、检察官的认同。因此，对于律师而言，法律可视化更加具有实用工具价值，它可以帮助律师说服法官、检察官，争取对委托人最为有利的处理结果，使委托人的合法利益最大化。具体来说，法律可视化对于律师办理律师业务具有如下作用：

一、清晰表达诉讼请求

律师代理民事案件当事人起诉，必须向法院提出明确的诉讼请求。根据《中华人民共和国民事诉讼法》第一百一十九条规定，起诉必须有具体的诉讼请求和事实、理由。每个案件的具体情况不同，要将案件具体的诉讼请求表达清楚，有的案件并非易事。例如，连续多年的借款合同纠纷案件的利息表达问

①本节部分观点参考了法官吴建民《律师新趋势之三可视化》中的观点。

题，就是一个难以表达的法律事实问题。在现实经济生活中，有的借款人连续多年借款，由于央行在不同年份的基准利率不同，导致借款的利息不同。要将连续多年的借款利息表达清晰，采用文字叙述，往往不容易让别人看明白。但是，如果采用图表的方式，则非常清晰。

例如，这是笔者代理的一起银行追讨贷款案件的诉讼。该笔贷款从2011年4月1日放贷到2012年7月26日起诉历时两年多。其间，借款人由于经营上暂时出现困难，不能及时归还贷款本金和利息。于是，借款人借新债还旧债。由于中国人民银行贷款基准利率的调整变化，导致利息计算出现阶段性不同的情况。为了清晰表达原告主张的利息的计算情况，笔者采取了法律可视化方法，使20万元贷款的不同时间段的利息一目了然。

20万本金不同时间段的利息计算情况

计息时间	贷款种类	贷款本金（元）	应还利息（元）	利率（%）
2011.4.1—2011.7.7	一年期	200000	3436.7	6.4
2011.7.8—2012.6.8	一年期	200000	13336.4	6.65
2012.6.9—2012.7.6	一年期	200000	1017	6.4
2012.7.7—2012.7.26	一年期	200000	674	6.15

【法规链接】

《中华人民共和国合同法》（节选）

发布：1999-03-15　实施：1999-10-01　时效性：现行有效

第十二章　借款合同

第一百九十六条　借款合同是借款人向贷款人借款，到期返还借款并支付利息的合同。

第一百九十七条　借款合同采用书面形式，但自然人之间借款另有约定的除外。

借款合同的内容包括借款种类、币种、用途、数额、利率、期限和还款方式等条款。

第一百九十八条　订立借款合同，贷款人可以要求借款人提供担保。担保依照《中华人民共和国担保法》的规定。

第一百九十九条　订立借款合同，借款人应当按照贷款人的要求提供与借款有关的业务活动和财务状况的真实情况。

第二百条　借款的利息不得预先在本金中扣除。利息预先在本金中扣除的，应当按照实际借款数额返还借款并计算利息。

第二百零一条　贷款人未按照约定的日期、数额提供借款，造成借款人损失的，应当赔偿损失。

借款人未按照约定的日期、数额收取借款的，应当按照约定的日期、数额支付利息。

第二百零二条　贷款人按照约定可以检查、监督借款的使用情况。借款人应当按照约定向贷款人定期提供有关财务会计报表等资料。

第二百零三条　借款人未按照约定的借款用途使用借款的，贷款人可以停止发放借款、提前收回借款或者解除合同。

第二百零四条　办理贷款业务的金融机构贷款的利率，应当按照中国人民银行规定的贷款利率的上下限确定。

第二百零五条　借款人应当按照约定的期限支付利息。对支付利息的期限没有约定或者约定不明确，依照本法第六十一条的规定仍不能确定，借款期间不满一年的，应当在返还借款时一并支付；借款期间一年以上的，应当在每届满一年时支付，剩余期间不满一年的，应当在返还借款时一并支付。

第二百零六条　借款人应当按照约定的期限返还借款。对借款期限没有约定或者约定不明确，依照本法第六十一条的规定仍不能确定的，借款人可以随时返还；贷款人可以催告借款人在合理期限内返还。

第二百零七条　借款人未按照约定的期限返还借款的，应当按照约定或者国家有关规定支付逾期利息。

第二百零八条　借款人提前偿还借款的，除当事人另有约定的以外，应当按照实际借款的期间计算利息。

第二百零九条　借款人可以在还款期限届满之前向贷款人申请展期。贷款人同意的，可以展期。

第二百一十条　自然人之间的借款合同，自贷款人提供借款时生效。

第二百一十一条　自然人之间的借款合同对支付利息没有约定或者约定

不明确的，视为不支付利息。自然人之间的借款合同约定支付利息的，借款的利率不得违反国家有关限制借款利率的规定。

二、简洁表达证据与待证事实之间的关系

在民事诉讼中，围绕案件的争议焦点事实，律师为了证明所代理当事人负有举证责任的待证事实，往往收集很多证据。律师采用可视化的表格，也就是证据目录，将证据名称、证明目的，按照待证事实的先后顺序编号排列，既清晰，又简洁。

【示范案例-6】[①]

2016年11月15日上午8时许，被告魏某某驾驶陕V号小轿车沿渭惠路南侧辅道由东向西行驶至安居路交叉路口，与原告汤某某驾驶的二轮摩托车由北向南行驶时发生碰撞，造成原告受重伤、车辆受损的交通事故。原告受伤后被送往杨凌示范区医院救治，医院以脑震荡、右侧多发肋骨骨折、肺挫伤、右侧气胸接收住院治疗，住院治疗45天，医院诊断为骨挫伤等18种伤病。出院时医院诊断为精神差、左眼上睑不能完全上提、左侧锁骨中段压痛、右侧下胸壁挤压疼痛、左侧膝关节及踝关节活动时疼痛等，留下较严重的后遗症。

杨凌示范区公安局交巡警支队二大队作出杨公交认字(2016)第01317号《道路交通事故认定书》认定：被告魏某某负本次事故的全部责任，原告汤某某无事故责任。原告对此事故造成的身体伤残程度，申请西北政法大学司法鉴定中心出具了《司法鉴定意见书》，鉴定意见为原告多发肋骨骨折、右侧气胸、肺挫伤构成十级伤残；左侧锁骨远端骨折导致左肩关节活动障碍评定为十级伤残；双侧耻骨上肢骨折，左侧耻骨下肢骨折，左侧额骨骨折，评定为十级伤残；后续治疗费为3000元；误工期限为120天；护理期限为60天；营养期限为90天。原告在交通事故受伤前为学生小饭桌工商户，每月误工损失7000元。

被告魏某某在被告某某保险公司投有商业险及责任强制保险，原告受伤，身体和精神均受到极大的损害，给家人造成精神和物质损失。为了原告的合法权益，特提起诉讼，请求支持原告的诉讼请求。

---

①引自中国裁判文书网，作者对内容作了调整。

下面是代理律师提交给法院的证据目录。其中证据的序号、名称、证明事实以及证据所在的页码一目了然。

原告汤某某提交证据目录

序号	证据名称	证明事实	页码
1	原告身份证、户口	原告情况	1
2	被告身份证、驾驶证	被告情况、事故车辆情况	2、3
3	行驶证	证明事故车辆系魏某某所有	4
4	事故认定书	被告负事故全部责任	5
5	出院小结、门诊治疗交费凭据	原告住院治疗45天、治疗费用情况	6、7
6	营业执照、社区证明、家长证明	原告受伤每月误工损失7000元	8—10
7	《司法鉴定意见书》	原告构成十级伤残	11、12
8	二轮摩托车发票	原告车损失2780元	13
9	交强险保单、商业险保单	某某保险股份有限公司与事故车主的关系	14、15

在刑事辩护中，律师的工作则是审查控方提交的证据能否证明控方指控的犯罪事实。控方提交给法庭的证据是否形成了完整的证据链，是否达到了刑事诉讼法规定的证明标准。因此，在刑事诉讼中，法律可视化对于律师辩护的作用则体现在帮助律师梳理控方证据与指控事实（待证事实）之间的关系。法律可视化可以帮助律师发现控方证据的缺陷，从而提出对辩方有力的辩护观点，提高辩护的有效性和质量。以下是刑事辩护中律师可以使用的两个法律可视化表格，它可以帮助辩护律师清晰地表达辩护观点，说服法官。

控方指控的犯罪事实(待证事实)与控方提供证据存在问题及证明效力的分析

待证事实	控方提供证据	存在问题及证明效力

控方提供证据之间存在的矛盾及其证明效力分析

控方提供证据	与其矛盾的控方证据	证明效力

三、清晰表达案件事实

在诉讼案件中,有些案件法律关系复杂,涉及很多诉讼主体,采用文字表达,往往让人容易混淆。但是,采用可视化的图表,则一目了然。

【示范案例-7】[①]

2008年12月15日,原告焦某某、被告甲旅行社签订《江苏省出境旅游合同》一份。合同约定:焦某某购买甲旅行社所销售的出境游旅游服务,游览点为泰国、新加坡、马来西亚,行程共计10晚11日,保险项目为:旅行社责任险、购航空险、赠意外险,团费为4560元。焦某某向甲旅行社交纳了4560元的团费。2008年12月21日出发时,系由第三人乙旅行社组团出境旅游,甲旅行社未就此征得焦某某同意。2008年12月26日23时许,焦某某等人乘坐的旅游

①引自《中华人民共和国最高人民法院公报》2012年第10期(总第192期)。

车在返回泰国曼谷途中发生侧翻,地点为泰国佛统府城关2组农顺丁村附近。该起交通事故导致1人死亡,焦某某等多人受伤,旅游车驾驶员负全部责任。事发后,焦某某被送往泰国当地医院治疗,伤情被诊断为:脾破裂、左锁骨闭合性骨折、胸腔积血、腰椎压缩性骨折等。2009年2月27日焦某某入住江苏省中医院治疗17天,由第三人乙旅行社垫付住院费1000元。后焦某某又入院行摘除肩部钢板手术,住院30天,甲旅行社给付焦某某20000元。经甲旅行社委托,2009年12月4日,南京金陵司法鉴定所对焦某某的伤残等级等进行鉴定后出具鉴定意见:被鉴定人焦某某脾切除构成八级伤残;腰1椎体三分之一以上压缩性骨折构成十级伤残;肋骨骨折构成十级伤残;左上肢功能部分丧失构成十级伤残;误工期限以伤后八个月为宜;护理期限以伤后六个月为宜;营养期限以伤后六个月为宜。甲旅行社为此支付鉴定费1743元。

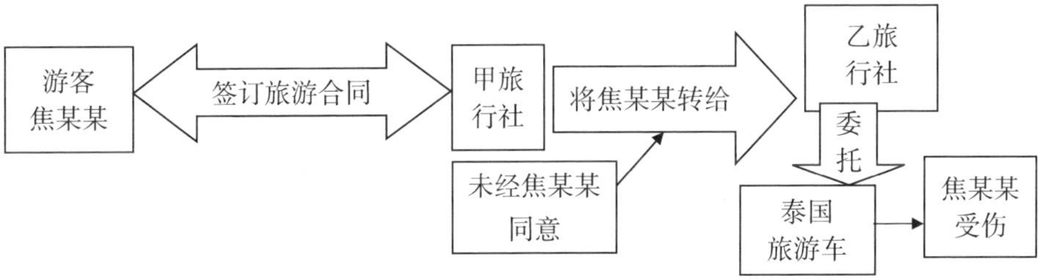

游客焦某某索赔,涉及多个诉讼主体,从以上文字表述看,不易看出涉案主体之间的法律关系。但是,采用法律可视化表达涉案主体的法律关系,则一目了然。

【示范案例-8】[①]

笔者在代理A房地产开发有限公司诉B房地产开发有限公司联营合同纠纷案时,由于联营纠纷历时十多年,权利义务的内容变化多,用文字很难说清楚,于是,提交了法律可视化的“权利义务流程图”给法院,起到了很好的作用,最终胜诉。

①作者代理的一起房地产公司联营合同纠纷案。

A房地产开发有限公司与B房地产开发有限公司联营开发某某市某某购物公园项目权利义务流程图

确定双方共同参与项目竞标及出资比例	2011年5月28日，双方签订《合作协议》，约定A公司出资70%，B公司出资30%，共同参与"某某市花鸟大市场项目"土地出让投标。
↓ 项目中标，开始项目运营	2002年3月4日，双方在项目中标后签订《某某购物公园开发合作协议》。确定：1.A公司投资70%，占70%股份；B公司投资30%，占30%股份。2.项目以A公司名义实施开发运营。
↓ 项目结束，利润分配	2003年6月2日，双方签订《关于某某购物公园项目剩余商铺的分割协议》。确定：1.项目利润分割比例，A公司70%，B公司30%。2.确定剩余商铺19间，按照可以办理产权证书的价值，折合成利润，按出资比例进行分配。
↓ 双方共同办理项目地下室产权证	2005年3月6日，双方共同将某某购物公园地下室办理产权证的材料提交某某市房屋产权交易管理局，某某市房屋产权交易管理局收下材料并出具了"某某市城镇房屋所有权登记收件收据"。双方等待领取某某购物公园地下室产权证。
↓ 因项目地下室未纳入项目容积率导致不能办理	2013年11月25日，某某市颁布《某某市城市地下空间开发利用管理办法》，规定，未纳入容积率的地下室不能办理产权证。
↓ 双方有义务按出资比例负担购买地下室容积率	根据某某市的规定，缴纳了地下室的上地出让金，可以将该地下室纳入项目容积率，然后可以办理产权证。 根据联营协议，共担风险，共享收益的原则，因缴纳地下室土地出让金而产生的费用，依法应由双方按出资比例分担。

四、说服法官、检察官

因为法律可视化表达案件当事人之间的法律关系、法律事实具有直观性、简洁性、便利性，因而可以更好地说服法官、检察官。因此，越来越多的律师采用法律可视化办理律师业务，提高办案质量和效率。

【示范案例-9】[①]

笔者接受被告人家属委托，并经其本人同意，担任高某某的刑事辩护律师。接受委托后，笔者到看守所会见了高某某，到法院查阅了本案案卷的侦查卷，将200多页案卷全部拍照带回律师事务所，然后仔细阅读、分析，审查人民检察院起诉书指控的犯罪事实，将这些指控的犯罪事实列表作为待证事实，然后审查这些待证事实是否有证据证明？这些证据是否存在瑕疵？这些证据的证明效力是否存在问题？然后将这些内容填进"控方指控犯罪事实及控方证据存在问题分析"表格，并在法院开庭审理的法庭上当庭提交主审法官。这张法律可视化的表格，将笔者作为辩护律师对控方证据存在的问题表达得非常具体而清晰，取得了理想的辩护效果。

下面是人民检察院起诉书指控的犯罪事实与人民法院刑事判决书认定的犯罪事实的对比图：

人民检察院起诉书指控犯罪事实	人民法院判决书认定犯罪事实	法律可视化效果分析
2017年1月初，朱某某将两台"老虎机"和一台具有六个独立操作单元的"捕鱼机"摆放在某某乡高某某经营的"龙头阁"网吧内，当时双方约定两台"老虎机"由朱某某卖给高某某，"捕鱼机"由两人合伙经营，朱某某分四成盈利所得，高某某分六成盈利所得。2017年1月16日，现场查获高某某容留未成年人张某某、吴某某玩"捕鱼机"。在经营期间，朱某某与高某某各分得500余元。	2017年1月初，朱某某将两台"老虎机"和一台具有六个独立操作单元的"捕鱼机"摆放在某某乡高某某经营的"龙头阁"网吧内，当时双方约定两台"老虎机"由朱某某以1000元的价格卖给高某某，"捕鱼机"由两人合伙经营，朱某某分四成盈利所得，高某某分六成盈利所得。2017年1月16日，现场查获高某某容留未成年人张某某、吴某某玩"捕鱼机"。	法院采信了高某某辩护律师对控方证据存在问题的观点，对控方证据中属于"不得采信证据"的证据，法院没有采信。对控方依据"不得采信证据"证明的事实："高某某各分得500余元"的事实，法院没有认定。

下面就是笔者提交给法院的"法律可视化"表格。这张表格体现了法律可视化在刑事辩护中的运用方法，体现了法律可视化具有直观性、简洁性的特征，也体现了法律可视化在刑事辩护中具有说服法官的很好作用。

①作者辩护的一起开设赌场罪案件。

高某某开设赌场罪控方指控犯罪事实及控方证据存在问题分析[1]

<table>
<tr><th>指控事实</th><th>控方提交法院的证据</th><th>存在问题
及其证明效力</th></tr>
<tr><td rowspan="4">经营期间，朱某某与高某某各分得五百余元</td><td>证据一：侦查卷P29笔录：问："龙头阁网吧平时上分是高方负责的吗？
朱某某答："我在龙头阁网吧就分了一次钱，分了五百左右（具体我记不清了），钱是高某某的嫂子（名字我不知道）给我的，因为龙头阁的网吧他们是兄弟合伙开的，账应该是他嫂子管理的，我们是按四六分成的，高某某得六成我得四成，因为在龙头阁网吧内我就放了一台捕鱼机，也就去查了一次上分记录。"</td><td>属于猜测性、推测性证人证言。《最高人民法院关于适用〈中华人民共和国刑事诉讼法〉的解释》第七十五条》规定：除根据一般生活经验判断符合事实的外，证人的猜测性、评论性、推断性的证言，不得作为证据使用。
属于不得采信证据。</td></tr>
<tr><td>证据二：侦查卷P29笔录：问：捕鱼机和赌博机到你手上前，厂家的测试的分值是保留了多少？
侦查卷P30笔录：朱某某答：我不记得了，但是厂家在测试的时候是上过分值的，因为时间久了，我记不清厂家测试保留了多少分了。</td><td>无法证明待证事实。</td></tr>
<tr><td>证据三：侦查卷P30笔录：问：你最后一次统计分值的纸在哪里？
朱某某答：后来网吧被查处的时候我就将那张纸扔掉了。</td><td>无法证明待证事实。</td></tr>
<tr><td>证据四：侦查卷P78笔录：朱某某答：到元月10日左右的时候，我就到龙头阁网吧去看了下经营情况，当时查看记录大概盈利了人民币1000元左右，我分了400元左右。</td><td>属于猜测性、推测性证人证言。与P29笔录矛盾。
属于不得采信证据。</td></tr>
</table>

①作者提交刑事庭法官的可视化材料。

续表:

指控事实	控方提交法院的证据	存在问题及其证明效力
	证据五:侦查卷P56笔录:高某某答:后来他1月13号来的那次我跟他重新商量了分成的事情,但他当时没答应也没有否定我,只是说到时候挣了钱再说,但我还没有和他分过钱,1月13号他来的时候我跟他说生意不好,没人玩,他也没问盈利了多少钱。那天他来的时候,我是用凳子把赌博机挡起来的。他叫我把凳子拿开还说没事的。	与朱某某证言矛盾,存在无法排除的矛盾和无法解释的疑问。 无法证明待证事实。
	证据六:侦查卷P67笔录:问:你说一下赌博机在你网吧盈利情况? 高某某答:捕鱼机摆放到今天,我总共收了400元至500元,老虎机里的钱我就不知道。	与朱某某证言矛盾,存在无法排除的矛盾和无法解释的疑问。 无法证明待证事实。
	证据七:侦查卷P99:检查笔录。 这个检查笔录,没有当场记录捕鱼机的相关数据,没有记录当场拍照的侦查人员姓名,也没有当场拍照的照片,更没有涉案嫌疑人高某某的签字确认。 证据八:侦查卷P101:龙头阁网吧捕鱼机分数照片。 系2017年1月18日拍照,不是案发现场照片。没有捕鱼机出厂原始数据,无法比对查获时数据。	存在明显不符合法律、有关规定的情形,不能作出合理解释或者说明的勘验、检查笔录。(《最高人民法院关于适用〈中华人民共和国刑事诉讼法〉的解释》第八十九条》) 属于不得采信证据。

【法规链接】

《中华人民共和国刑法》(节选)

发布:2015-08-29　实施:2015-11-01　时效性:现行有效

第三百零三条　以营利为目的,聚众赌博或者以赌博为业的,处三年以下有期徒刑、拘役或者管制,并处罚金。

开设赌场的,处三年以下有期徒刑、拘役或者管制,并处罚金;情节严重的,处三年以上十年以下有期徒刑,并处罚金。

《最高人民法院、最高人民检察院、公安部关于办理利用赌博机开设赌场案件适用法律若干问题的意见》(节选)

发布:2014-03-26　实施:2014-03-26　时效性:现行有效

一、关于利用赌博机组织赌博的性质认定

设置具有退币、退分、退钢珠等赌博功能的电子游戏设施设备,并以现金、有价证券等贵重款物作为奖品,或者以回购奖品方式给予他人现金、有价证券等贵重款物(以下简称设置赌博机)组织赌博活动的,应当认定为刑法第三百零三条第二款规定的"开设赌场"行为。

二、关于利用赌博机开设赌场的定罪处罚标准

设置赌博机组织赌博活动,具有下列情形之一的,应当按照刑法第三百零三条第二款规定的开设赌场罪定罪处罚:

(一)设置赌博机10台以上的;

(二)设置赌博机2台以上,容留未成年人赌博的;

(三)在中小学校附近设置赌博机2台以上的;

(四)违法所得累计达到5000元以上的;

(五)赌资数额累计达到5万元以上的;

(六)参赌人数累计达到20人以上的;

(七)因设置赌博机被行政处罚后,两年内再设置赌博机5台以上的;

(八)因赌博、开设赌场犯罪被刑事处罚后,五年内再设置赌博机5台以上的;

(九)其他应当追究刑事责任的情形。

设置赌博机组织赌博活动,具有下列情形之一的,应当认定为刑法第三百零三条第二款规定的"情节严重":

(一)数量或者数额达到第二条第一款第一项至第六项规定标准六倍以上的;

(二)因设置赌博机被行政处罚后,两年内再设置赌博机30台以上的;

(三)因赌博、开设赌场犯罪被刑事处罚后,五年内再设置赌博机30台以上的;

(四)其他情节严重的情形。

可同时供多人使用的赌博机，台数按照能够独立供一人进行赌博活动的操作基本单元的数量认定。

在两个以上地点设置赌博机，赌博机的数量、违法所得、赌资数额、参赌人数等均合并计算。

三、关于共犯的认定

明知他人利用赌博机开设赌场，具有下列情形之一的，以开设赌场罪的共犯论处：

（一）提供赌博机、资金、场地、技术支持、资金结算服务的；

（二）受雇参与赌场经营管理并分成的；

（三）为开设赌场者组织客源，收取回扣、手续费的；

（四）参与赌场管理并领取高额固定工资的；

（五）提供其他直接帮助的。

四、关于生产、销售赌博机的定罪量刑标准

以提供给他人开设赌场为目的，违反国家规定，非法生产、销售具有退币、退分、退钢珠等赌博功能的电子游戏设施设备或者其专用软件，情节严重的，依照刑法第二百二十五条的规定，以非法经营罪定罪处罚。

实施前款规定的行为，具有下列情形之一的，属于非法经营行为"情节严重"：

（一）个人非法经营数额在五万元以上，或者违法所得数额在一万元以上的；

（二）单位非法经营数额在五十万元以上，或者违法所得数额在十万元以上的；

（三）虽未达到上述数额标准，但两年内因非法生产、销售赌博机行为受过二次以上行政处罚，又进行同种非法经营行为的；

（四）其他情节严重的情形。

具有下列情形之一的，属于非法经营行为"情节特别严重"：

（一）个人非法经营数额在二十五万元以上，或者违法所得数额在五万元以上的；

（二）单位非法经营数额在二百五十万元以上，或者违法所得数额在五十万元以上的。

五、关于赌资的认定

本意见所称赌资包括：

（一）当场查获的用于赌博的款物；

（二）代币、有价证券、赌博积分等实际代表的金额；

（三）在赌博机上投注或赢取的点数实际代表的金额。

六、关于赌博机的认定

对于涉案的赌博机，公安机关应当采取拍照、摄像等方式及时固定证据，并予以认定。对于是否属于赌博机难以确定的，司法机关可以委托地市级以上公安机关出具检验报告。司法机关根据检验报告，并结合案件具体情况作出认定。必要时，人民法院可以依法通知检验人员出庭作出说明。

七、关于宽严相济刑事政策的把握

办理利用赌博机开设赌场的案件，应当贯彻宽严相济刑事政策，重点打击赌场的出资者、经营者。对受雇佣为赌场从事接送参赌人员、望风看场、发牌坐庄、兑换筹码等活动的人员，除参与赌场利润分成或者领取高额固定工资的以外，一般不追究刑事责任，可由公安机关依法给予治安管理处罚。对设置游戏机，单次换取少量奖品的娱乐活动，不以违法犯罪论处。

八、关于国家机关工作人员渎职犯罪的处理

负有查禁赌博活动职责的国家机关工作人员，徇私枉法，包庇、放纵开设赌场违法犯罪活动，或者为违法犯罪分子通风报信、提供便利、帮助犯罪分子逃避处罚，构成犯罪的，依法追究刑事责任。

国家机关工作人员参与利用赌博机开设赌场犯罪的，从重处罚。

【训练案例-10】①

陈某于2014年10月27日出具借条向沈某某借款120000元，借款期限自2014年10月27日起至2014年11月10日止，并约定未按时全款归还，从借款日起按照法定范围内最高利率计算；如有任何纠纷产生，一切开销费用牵连损失由借款人无条件全部承担。陈某又于2014年11月17日出具借条向沈某某

①引自中国裁判文书网，作者对内容作了调整。

借款10000元，并约定还款期限为2014年12月17日前，借款的年利率为0.5%。借款后，陈某未偿还借款，其于2016年7月21日出具承诺书1份，其内容为"……，于2014年10月27号向沈某某借款人民币壹拾贰万元整（¥120000.00元），现利息和本金都没有付，今天承诺每月还本金叁仟元整（¥3000.00元），如果有壹个月没有付，就必须本金和两分利息全部付清，特立此据为凭"。之后，陈某仅支付利息2700元，未偿还借款本金及其余利息。

【训练提示】

这是一起典型的民间借贷案件。民间借贷纠纷案，是近年来人民法院受理案件数量排在前几位的案件种类。有的法院受理的民间借贷案件，占据了法院受理案件数量的50%以上。因此，民间借贷案件的代理业务也成为律师的主要业务之一。

在民间借贷案件的代理业务中，对于借贷利息的计算及表达，成为律师的基本功之一。本案中，借贷双方在不同的借款期间约定了不同的利息。对于利息的文字表达，难以让法官看清楚，但是，采用可视化的表格式表达则一目了然。这种可视化手段，可以帮助法官准确地掌握案情，及时审理案件。

【训练问题】

根据以上案情，请将陈某依法依约应该偿还的借款本金和利息，用法律可视化的方法，在一张纸上表达出来。

【法规链接】

《中华人民共和国民法总则》（节选）

发布：2017-03-15　实施：2017-10-01　时效性：现行有效

第一百七十六条　民事主体依照法律规定和当事人约定，履行民事义务，承担民事责任。

第一百七十七条　二人以上依法承担按份责任，能够确定责任大小的，各自承担相应的责任；难以确定责任大小的，平均承担责任。

第一百七十八条　二人以上依法承担连带责任的，权利人有权请求部分或者全部连带责任人承担责任。

连带责任人的责任份额根据各自责任大小确定；难以确定责任大小的，平均承担责任。实际承担责任超过自己责任份额的连带责任人，有权向其他连带责任人追偿。

连带责任，由法律规定或者当事人约定。

第一百七十九条　承担民事责任的方式主要有：

（一）停止侵害；

（二）排除妨碍；

（三）消除危险；

（四）返还财产；

（五）恢复原状；

（六）修理、重作、更换；

（七）继续履行；

（八）赔偿损失；

（九）支付违约金；

（十）消除影响、恢复名誉；

（十一）赔礼道歉。

法律规定惩罚性赔偿的，依照其规定。

本条规定的承担民事责任的方式，可以单独适用，也可以合并适用。

《最高人民法院关于审理民间借贷案件适用法律若干问题的规定》（节选）

发布：2015-08-06　实施：2015-09-01　时效性：现行有效

第一条　本规定所称的民间借贷，是指自然人、法人、其他组织之间及其相互之间进行资金融通的行为。

经金融监管部门批准设立的从事贷款业务的金融机构及其分支机构，因发放贷款等相关金融业务引发的纠纷，不适用本规定。

第二条　出借人向人民法院起诉时，应当提供借据、收据、欠条等债权凭证以及其他能够证明借贷法律关系存在的证据。

当事人持有的借据、收据、欠条等债权凭证没有载明债权人，持有债权凭证的当事人提起民间借贷诉讼的，人民法院应予受理。被告对原告的债权人资格提出有事实依据的抗辩，人民法院经审理认为原告不具有债权人资格的，裁定驳回起诉。

第三条　借贷双方就合同履行地未约定或者约定不明确，事后未达成补充协议,按照合同有关条款或者交易习惯仍不能确定的,以接受货币一方所在地为合同履行地。

第四条 保证人为借款人提供连带责任保证,出借人仅起诉借款人的,人民法院可以不追加保证人为共同被告;出借人仅起诉保证人的,人民法院可以追加借款人为共同被告。

保证人为借款人提供一般保证,出借人仅起诉保证人的,人民法院应当追加借款人为共同被告;出借人仅起诉借款人的,人民法院可以不追加保证人为共同被告。

第五条 人民法院立案后,发现民间借贷行为本身涉嫌非法集资犯罪的,应当裁定驳回起诉,并将涉嫌非法集资犯罪的线索、材料移送公安或者检察机关。

公安或者检察机关不予立案,或者立案侦查后撤销案件,或者检察机关作出不起诉决定,或者经人民法院生效判决认定不构成非法集资犯罪,当事人又以同一事实向人民法院提起诉讼的,人民法院应予受理。

第六条 人民法院立案后,发现与民间借贷纠纷案件虽有关联但不是同一事实的涉嫌非法集资等犯罪的线索、材料的,人民法院应当继续审理民间借贷纠纷案件,并将涉嫌非法集资等犯罪的线索、材料移送公安或者检察机关。

第七条 民间借贷的基本案件事实必须以刑事案件审理结果为依据,而该刑事案件尚未审结的,人民法院应当裁定中止诉讼。

第八条 借款人涉嫌犯罪或者生效判决认定其有罪,出借人起诉请求担保人承担民事责任的,人民法院应予受理。

第九条 具有下列情形之一,可以视为具备合同法第二百一十条关于自然人之间借款合同的生效要件:

(一)以现金支付的,自借款人收到借款时;

(二)以银行转账、网上电子汇款或者通过网络贷款平台等形式支付的,自资金到达借款人账户时;

(三)以票据交付的,自借款人依法取得票据权利时;

(四)出借人将特定资金账户支配权授权给借款人的,自借款人取得对该账户实际支配权时;

（五）出借人以与借款人约定的其他方式提供借款并实际履行完成时。

第十条 除自然人之间的借款合同外，当事人主张民间借贷合同自合同成立时生效的，人民法院应予支持，但当事人另有约定或者法律、行政法规另有规定的除外。

第十一条 法人之间、其他组织之间以及它们相互之间为生产、经营需要订立的民间借贷合同，除存在合同法第五十二条、本规定第十四条规定的情形外，当事人主张民间借贷合同有效的，人民法院应予支持。

第十二条 法人或者其他组织在本单位内部通过借款形式向职工筹集资金，用于本单位生产、经营，且不存在合同法第五十二条、本规定第十四条规定的情形，当事人主张民间借贷合同有效的，人民法院应予支持。

第十三条 借款人或者出借人的借贷行为涉嫌犯罪，或者已经生效的判决认定构成犯罪，当事人提起民事诉讼的，民间借贷合同并不当然无效。人民法院应当根据合同法第五十二条、本规定第十四条之规定，认定民间借贷合同的效力。

担保人以借款人或者出借人的借贷行为涉嫌犯罪或者已经生效的判决认定构成犯罪为由，主张不承担民事责任的，人民法院应当依据民间借贷合同与担保合同的效力、当事人的过错程度，依法确定担保人的民事责任。

第十四条 具有下列情形之一，人民法院应当认定民间借贷合同无效：

（一）套取金融机构信贷资金又高利转贷给借款人，且借款人事先知道或者应当知道的；

（二）以向其他企业借贷或者向本单位职工集资取得的资金又转贷给借款人牟利，且借款人事先知道或者应当知道的；

（三）出借人事先知道或者应当知道借款人借款用于违法犯罪活动仍然提供借款的；

（四）违背社会公序良俗的；

（五）其他违反法律、行政法规效力性强制性规定的。

第十五条 原告以借据、收据、欠条等债权凭证为依据提起民间借贷诉讼，被告依据基础法律关系提出抗辩或者反诉，并提供证据证明债权纠纷非民间借贷行为引起的，人民法院应当依据查明的案件事实，按照基础法律关系审理。

当事人通过调解、和解或者清算达成的债权债务协议,不适用前款规定。

第十六条 原告仅依据借据、收据、欠条等债权凭证提起民间借贷诉讼,被告抗辩已经偿还借款,被告应当对其主张提供证据证明。被告提供相应证据证明其主张后,原告仍应就借贷关系的成立承担举证证明责任。

被告抗辩借贷行为尚未实际发生并能作出合理说明,人民法院应当结合借贷金额、款项交付、当事人的经济能力、当地或者当事人之间的交易方式、交易习惯、当事人财产变动情况以及证人证言等事实和因素,综合判断查证借贷事实是否发生。

第十七条 原告仅依据金融机构的转账凭证提起民间借贷诉讼,被告抗辩转账系偿还双方之前借款或其他债务,被告应当对其主张提供证据证明。被告提供相应证据证明其主张后,原告仍应就借贷关系的成立承担举证证明责任。

第十八条 根据《关于适用〈中华人民共和国民事诉讼法〉的解释》第一百七十四条第二款之规定,负有举证证明责任的原告无正当理由拒不到庭,经审查现有证据无法确认借贷行为、借贷金额、支付方式等案件主要事实,人民法院对其主张的事实不予认定。

第十九条 人民法院审理民间借贷纠纷案件时发现有下列情形,应当严格审查借贷发生的原因、时间、地点、款项来源、交付方式、款项流向以及借贷双方的关系、经济状况等事实,综合判断是否属于虚假民事诉讼:

(一) 出借人明显不具备出借能力;

(二) 出借人起诉所依据的事实和理由明显不符合常理;

(三) 出借人不能提交债权凭证或者提交的债权凭证存在伪造的可能;

(四) 当事人双方在一定期间内多次参加民间借贷诉讼;

(五) 当事人一方或者双方无正当理由拒不到庭参加诉讼,委托代理人对借贷事实陈述不清或者陈述前后矛盾;

(六) 当事人双方对借贷事实的发生没有任何争议或者诉辩明显不符合常理;

(七) 借款人的配偶或合伙人、案外人的其他债权人提出有事实依据的异议;

（八）当事人在其他纠纷中存在低价转让财产的情形；

（九）当事人不正当放弃权利；

（十）其他可能存在虚假民间借贷诉讼的情形。

第二十条　经查明属于虚假民间借贷诉讼，原告申请撤诉的，人民法院不予准许，并应当根据民事诉讼法第一百一十二条之规定，判决驳回其请求。

诉讼参与人或者其他人恶意制造、参与虚假诉讼，人民法院应当依照民事诉讼法第一百一十一条、第一百一十二条和第一百一十三条之规定，依法予以罚款、拘留；构成犯罪的，应当移送有管辖权的司法机关追究刑事责任。

单位恶意制造、参与虚假诉讼的，人民法院应当对该单位进行罚款，并可以对其主要负责人或者直接责任人员予以罚款、拘留；构成犯罪的，应当移送有管辖权的司法机关追究刑事责任。

第二十一条　他人在借据、收据、欠条等债权凭证或者借款合同上签字或者盖章，但未表明其保证人身份或者承担保证责任，或者通过其他事实不能推定其为保证人，出借人请求其承担保证责任的，人民法院不予支持。

第二十二条　借贷双方通过网络贷款平台形成借贷关系，网络贷款平台的提供者仅提供媒介服务，当事人请求其承担担保责任的，人民法院不予支持。

网络贷款平台的提供者通过网页、广告或者其他媒介明示或者有其他证据证明其为借贷提供担保，出借人请求网络贷款平台的提供者承担担保责任的，人民法院应予支持。

第二十三条　企业法定代表人或负责人以企业名义与出借人签订民间借贷合同，出借人、企业或者其股东能够证明所借款项用于企业法定代表人或负责人个人使用，出借人请求将企业法定代表人或负责人列为共同被告或者第三人的，人民法院应予准许。

企业法定代表人或负责人以个人名义与出借人签订民间借贷合同，所借款项用于企业生产经营，出借人请求企业与个人共同承担责任的，人民法院应予支持。

第二十四条　当事人以签订买卖合同作为民间借贷合同的担保，借款到期后借款人不能还款，出借人请求履行买卖合同的，人民法院应当按照民间借贷法律关系审理，并向当事人释明变更诉讼请求。当事人拒绝变更的，人民法院裁定驳回起诉。

按照民间借贷法律关系审理作出的判决生效后，借款人不履行生效判决确定的金钱债务，出借人可以申请拍卖买卖合同标的物，以偿还债务。就拍卖所得的价款与应偿还借款本息之间的差额，借款人或者出借人有权主张返还或补偿。

第二十五条　借贷双方没有约定利息，出借人主张支付借期内利息的，人民法院不予支持。

自然人之间借贷对利息约定不明，出借人主张支付利息的，人民法院不予支持。除自然人之间借贷的外，借贷双方对借贷利息约定不明，出借人主张利息的，人民法院应当结合民间借贷合同的内容，并根据当地或者当事人的交易方式、交易习惯、市场利率等因素确定利息

第二十六条　借贷双方约定的利率未超过年利率24%，出借人请求借款人按照约定的利率支付利息的，人民法院应予支持。

借贷双方约定的利率超过年利率36%，超过部分的利息约定无效。借款人请求出借人返还已支付的超过年利率36%部分的利息的，人民法院应予支持。

第二十七条　借据、收据、欠条等债权凭证载明的借款金额，一般认定为本金。预先在本金中扣除利息的，人民法院应当将实际出借的金额认定为本金。

第二十八条　借贷双方对前期借款本息结算后将利息计入后期借款本金并重新出具债权凭证，如果前期利率没有超过年利率24%，重新出具的债权凭证载明的金额可认定为后期借款本金；超过部分的利息不能计入后期借款本金。约定的利率超过年利率24%，当事人主张超过部分的利息不能计入后期借款本金的，人民法院应予支持。

按前款计算，借款人在借款期间届满后应当支付的本息之和，不能超过最初借款本金与以最初借款本金为基数，以年利率24%计算的整个借款期间的利息之和。出借人请求借款人支付超过部分的，人民法院不予支持。

第二十九条　借贷双方对逾期利率有约定的，从其约定，但以不超过年利率24%为限。

未约定逾期利率或者约定不明的，人民法院可以区分不同情况处理：

（一）既未约定借期内的利率，也未约定逾期利率，出借人主张借款人自逾期还款之日起按照年利率6%支付资金占用期间利息的，人民法院应予支持；

（二）约定了借期内的利率但未约定逾期利率，出借人主张借款人自逾期还款之日起按照借期内的利率支付资金占用期间利息的，人民法院应予支持。

第三十条 出借人与借款人既约定了逾期利率，又约定了违约金或者其他费用，出借人可以选择主张逾期利息、违约金或者其他费用，也可以一并主张，但总计超过年利率24%的部分，人民法院不予支持。

第三十一条 没有约定利息但借款人自愿支付，或者超过约定的利率自愿支付利息或违约金，且没有损害国家、集体和第三人利益，借款人又以不当得利为由要求出借人返还的，人民法院不予支持，但借款人要求返还超过年利率36%部分的利息除外。

第三十二条 借款人可以提前偿还借款，但当事人另有约定的除外。

借款人提前偿还借款并主张按照实际借款期间计算利息的，人民法院应予支持。

【训练案例-11】①

2012年11月22日，张某某、成某某二人合伙，借用甲公司的资质，以甲公司名义承包了中科旅游开发有限公司在金堂县淮口成阿工业园的成阿新城A标段2号、3号、6号楼工程。2012年12月22日，张某某、成某某与孙某签订《钢筋班组承包协议书》，将成阿新城A标段2号、3号、6号楼钢筋工程分包给孙某，双方对施工范围、价款等进行了约定。2014年1月14日、9月28日，双方分别对已完成工程量及停工损失进行了结算，扣除已付款项，张某某、成某某尚欠孙某工程款共计1036409元。2015年9月6日，张某某、成某某（甲方）与孙某（乙方）签订《钢筋承包补充协议》，其中约定包括：1.甲方在2015年9月20日前向乙方预付复工费用3万元；2.甲方在2015年10月20日前支付乙方工程款

①引自中国裁判文书网，作者对部分内容作了修改。

40万元，2016年1月31日前支付乙方工程款48万元；3.甲方在2016年3月31日前付清剩余的工程款；4.若甲方不能按期付清工程款，乙方可按月利率2%向甲方主张欠付工程款利息，从实际欠款之日起计算。签订补充协议之后，孙某组织复工，张某某、成某某支付工程款54200元，尚欠前期工程款982209元。

另外，甲公司在《钢筋班组承包协议书》上加盖了公章；孙某知道张某某、成某某借用甲公司资质承包工程。

【训练提示】

本案是对可视化手段进行训练的案例。案件中，当事人相对较多，参加训练的人要仔细将各方当事人梳理清楚，准确把握各方的权利义务，正确判断纠纷的法律关系。这对于原告的代理律师设计诉讼请求、确定起诉案件的案由具有非常重要的实用价值。

准确把握各方权利义务的前提，是把握案件纠纷的种类。本案是建筑工程领域的纠纷，但是，建筑工程领域的纠纷，又可以细分为设计纠纷、施工质量纠纷、工程款纠纷等。本案的训练就是要求参训着把握本案的细分种类。

参训者可以根据本案当事人之间的权利义务，制作可视化的图表，使当事人权利义务一目了然。

【训练问题】

1.本案系什么纠纷？法律规定案件中当事人之间的权利与义务内容有哪些？

2.请采用法律可视化手段，将案件中当事人之间的权利义务关系表达出来。

【法规链接】

《中华人民共和国合同法》（节选）

发布：1999-03-15　实施：1999-10-01　时效性：现行有效

第十六章　建设工程合同

第二百六十九条　建设工程合同是承包人进行工程建设，发包人支付价款的合同。

建设工程合同包括工程勘察、设计、施工合同。

第二百七十条　建设工程合同应当采用书面形式。

第二百七十一条 建设工程的招标投标活动，应当依照有关法律的规定公开、公平、公正进行。

第二百七十二条 发包人可以与总承包人订立建设工程合同，也可以分别与勘察人、设计人、施工人订立勘察、设计、施工承包合同。发包人不得将应当由一个承包人完成的建设工程肢解成若干部分发包给几个承包人。

总承包人或者勘察、设计、施工承包人经发包人同意，可以将自己承包的部分工作交由第三人完成。第三人就其完成的工作成果与总承包人或者勘察、设计、施工承包人向发包人承担连带责任。承包人不得将其承包的全部建设工程转包给第三人或者将其承包的全部建设工程肢解以后以分包的名义分别转包给第三人。

禁止承包人将工程分包给不具备相应资质条件的单位。禁止分包单位将其承包的工程再分包。建设工程主体结构的施工必须由承包人自行完成。

第二百七十三条 国家重大建设工程合同，应当按照国家规定的程序和国家批准的投资计划、可行性研究报告等文件订立。

第二百七十四条 勘察、设计合同的内容包括提交有关基础资料和文件（包括概预算）的期限、质量要求、费用以及其他协作条件等条款。

第二百七十五条 施工合同的内容包括工程范围、建设工期、中间交工工程的开工和竣工时间、工程质量、工程造价、技术资料交付时间、材料和设备供应责任、拨款和结算、竣工验收、质量保修范围和质量保证期、双方相互协作等条款。

第二百七十六条 建设工程实行监理的，发包人应当与监理人采用书面形式订立委托监理合同。发包人与监理人的权利和义务以及法律责任，应当依照本法委托合同以及其他有关法律、行政法规的规定。

第二百七十七条 发包人在不妨碍承包人正常作业的情况下，可以随时对作业进度、质量进行检查。

第二百七十八条 隐蔽工程在隐蔽以前，承包人应当通知发包人检查。发包人没有及时检查的，承包人可以顺延工程日期，并有权要求赔偿停工、窝工等损失。

第二百七十九条 建设工程竣工后，发包人应当根据施工图纸及说明书、国家颁发的施工验收规范和质量检验标准及时进行验收。验收合格的，发包人应当按照约定支付价款，并接收该建设工程。

建设工程竣工经验收合格后，方可交付使用；未经验收或者验收不合格的，不得交付使用。

第二百八十条　勘察、设计的质量不符合要求或者未按照期限提交勘察、设计文件拖延工期，造成发包人损失的，勘察人、设计人应当继续完善勘察、设计，减收或者免收勘察、设计费并赔偿损失。

第二百八十一条　因施工人的原因致使建设工程质量不符合约定的，发包人有权要求施工人在合理期限内无偿修理或者返工、改建。经过修理或者返工、改建后，造成逾期交付的，施工人应当承担违约责任。

第二百八十二条　因承包人的原因致使建设工程在合理使用期限内造成人身和财产损害的，承包人应当承担损害赔偿责任。

第二百八十三条　发包人未按照约定的时间和要求提供原材料、设备、场地、资金、技术资料的，承包人可以顺延工程日期，并有权要求赔偿停工、窝工等损失。

第二百八十四条　因发包人的原因致使工程中途停建、缓建的，发包人应当采取措施弥补或者减少损失，赔偿承包人因此造成的停工、窝工、倒运、机械设备调迁、材料和构件积压等损失和实际费用。

第二百八十五条　因发包人变更计划，提供的资料不准确，或者未按照期限提供必需的勘察、设计工作条件而造成勘察、设计的返工、停工或者修改设计，发包人应当按照勘察人、设计人实际消耗的工作量增付费用。

第二百八十六条　发包人未按照约定支付价款的，承包人可以催告发包人在合理期限内支付价款。发包人逾期不支付的，除按照建设工程的性质不宜折价、拍卖的以外，承包人可以与发包人协议将该工程折价，也可以申请人民法院将该工程依法拍卖。建设工程的价款就该工程折价或者拍卖的价款优先受偿。

《中华人民共和国建筑法》（节选）

发布：2011-04-22　实施：2011-07-01　时效性：现行有效

第二十八条　禁止承包单位将其承包的全部建筑工程转包给他人，禁止承包单位将其承包的全部建筑工程肢解以后以分包的名义分别转包给他人。

第二十九条　建筑工程总承包单位可以将承包工程中的部分工程发包给具有相应资质条件的分包单位;但是,除总承包合同中约定的分包外,必须经建设单位认可。施工总承包的,建筑工程主体结构的施工必须由总承包单位自行完成。

建筑工程总承包单位按照总承包合同的约定对建设单位负责;分包单位按照分包合同的约定对总承包单位负责。总承包单位和分包单位就分包工程对建设单位承担连带责任。

禁止总承包单位将工程分包给不具备相应资质条件的单位。禁止分包单位将其承包的工程再分包。

《最高人民法院关于审理建设工程施工合同纠纷案件适用法律问题的解释》(节选)

发布:2004-10-25　实施:2005-01-01　时效性:现行有效

第一条　建设工程施工合同具有下列情形之一的,应当根据合同法第五十二条第(五)项的规定,认定无效:

(一)承包人未取得建筑施工企业资质或者超越资质等级的;

(二)没有资质的实际施工人借用有资质的建筑施工企业名义的;

(三)建设工程必须进行招标而未招标或者中标无效的。

第二条　建设工程施工合同无效,但建设工程经竣工验收合格,承包人请求参照合同约定支付工程价款的,应予支持。

第三条　建设工程施工合同无效,且建设工程经竣工验收不合格的,按照以下情形分别处理:

(一)修复后的建设工程经竣工验收合格,发包人请求承包人承担修复费用的,应予支持;

(二)修复后的建设工程经竣工验收不合格,承包人请求支付工程价款的,不予支持。

因建设工程不合格造成的损失,发包人有过错的,也应承担相应的民事责任。

第四条　承包人非法转包、违法分包建设工程或者没有资质的实际施工人借用有资质的建筑施工企业名义与他人签订建设工程施工合同的行为无效。人民法院可以根据民法通则第一百三十四条规定，收缴当事人已经取得的非法所得。

第五条　承包人超越资质等级许可的业务范围签订建设工程施工合同，在建设工程竣工前取得相应资质等级，当事人请求按照无效合同处理的，不予支持。

第六条　当事人对垫资和垫资利息有约定，承包人请求按照约定返还垫资及其利息的，应予支持，但是约定的利息计算标准高于中国人民银行发布的同期同类贷款利率的部分除外。

当事人对垫资没有约定的，按照工程欠款处理。

当事人对垫资利息没有约定，承包人请求支付利息的，不予支持。

第七条　具有劳务作业法定资质的承包人与总承包人、分包人签订的劳务分包合同，当事人以转包建设工程违反法律规定为由请求确认无效的，不予支持。

第八条　承包人具有下列情形之一，发包人请求解除建设工程施工合同的，应予支持：

（一）明确表示或者以行为表明不履行合同主要义务的；

（二）合同约定的期限内没有完工，且在发包人催告的合理期限内仍未完工的；

（三）已经完成的建设工程质量不合格，并拒绝修复的；

（四）将承包的建设工程非法转包、违法分包的。

第九条　发包人具有下列情形之一，致使承包人无法施工，且在催告的合理期限内仍未履行相应义务，承包人请求解除建设工程施工合同的，应予支持：

（一）未按约定支付工程价款的；

（二）提供的主要建筑材料、建筑构配件和设备不符合强制性标准的；

（三）不履行合同约定的协助义务的。

第十条　建设工程施工合同解除后,已经完成的建设工程质量合格的,发包人应当按照约定支付相应的工程价款;已经完成的建设工程质量不合格的,参照本解释第三条规定处理。

因一方违约导致合同解除的,违约方应当赔偿因此而给对方造成的损失。

第十一条　因承包人的过错造成建设工程质量不符合约定,承包人拒绝修理、返工或者改建,发包人请求减少支付工程价款的,应予支持。

第十二条　发包人具有下列情形之一,造成建设工程质量缺陷,应当承担过错责任:

(一)提供的设计有缺陷;

(二)提供或者指定购买的建筑材料、建筑构配件、设备不符合强制性标准;

(三)直接指定分包人分包专业工程。

承包人有过错的,也应当承担相应的过错责任。

第十三条　建设工程未经竣工验收,发包人擅自使用后,又以使用部分质量不符合约定为由主张权利的,不予支持;但是承包人应当在建设工程的合理使用寿命内对地基基础工程和主体结构质量承担民事责任。

第十四条　当事人对建设工程实际竣工日期有争议的,按照以下情形分别处理。

(一)建设工程经竣工验收合格的,以竣工验收合格之日为竣工日期;

(二)承包人已经提交竣工验收报告,发包人拖延验收的,以承包人提交验收报告之日为竣工日期;

(三)建设工程未经竣工验收,发包人擅自使用的,以转移占有建设工程之日为竣工日期。

第十五条　建设工程竣工前,当事人对工程质量发生争议,工程质量经鉴定合格的,鉴定期间为顺延工期期间。

第十六条　当事人对建设工程的计价标准或者计价方法有约定的,按照约定结算工程价款。

因设计变更导致建设工程的工程量或者质量标准发生变化,当事人对该部分工程价款不能协商一致的,可以参照签订建设工程施工合同时当地建设行政主管部门发布的计价方法或者计价标准结算工程价款。

建设工程施工合同有效,但建设工程经竣工验收不合格的,工程价款结算参照本解释第三条规定处理。

第十七条　当事人对欠付工程价款利息计付标准有约定的,按照约定处理;没有约定的,按照中国人民银行发布的同期同类贷款利率计息。

第十八条　利息从应付工程价款之日计付。当事人对付款时间没有约定或者约定不明的,下列时间视为应付款时间:

(一)建设工程已实际交付的,为交付之日;

(二)建设工程没有交付的,为提交竣工结算文件之日;

(三)建设工程未交付,工程价款也未结算的,为当事人起诉之日。

第十九条　当事人对工程量有争议的,按照施工过程中形成的签证等书面文件确认。承包人能够证明发包人同意其施工,但未能提供签证文件证明工程量发生的,可以按照当事人提供的其他证据确认实际发生的工程量。

第二十条　当事人约定,发包人收到竣工结算文件后,在约定期限内不予答复,视为认可竣工结算文件的,按照约定处理。承包人请求按照竣工结算文件结算工程价款的,应予支持。

第二十一条　当事人就同一建设工程另行订立的建设工程施工合同与经过备案的中标合同实质性内容不一致的,应当以备案的中标合同作为结算工程价款的根据。

第二十二条　当事人约定按照固定价结算工程价款,一方当事人请求对建设工程造价进行鉴定的,不予支持。

第二十三条　当事人对部分案件事实有争议的,仅对有争议的事实进行鉴定,但争议事实范围不能确定,或者双方当事人请求对全部事实鉴定的除外。

第二十四条　建设工程施工合同纠纷以施工行为地为合同履行地。

第二十五条　因建设工程质量发生争议的,发包人可以以总承包人、分包人和实际施工人为共同被告提起诉讼。

第二十六条　实际施工人以转包人、违法分包人为被告起诉的,人民法院应当依法受理。

实际施工人以发包人为被告主张权利的，人民法院可以追加转包人或者违法分包人为本案当事人。发包人只在欠付工程价款范围内对实际施工人承担责任。

第二十七条　因保修人未及时履行保修义务，导致建筑物毁损或者造成人身、财产损害的，保修人应当承担赔偿责任。

保修人与建筑物所有人或者发包人对建筑物毁损均有过错的，各自承担相应的责任。

第三章

律师代理民事诉讼基本技巧[①]

【导语】

本章介绍律师代理民事诉讼的基本技巧。学习者需要通过学习技巧理论,参加技巧训练,获得代理民事诉讼案件基本技能的能力。

第一节　律师如何参与诉讼

一、法律咨询

当事人遇到法律纠纷,往往会找律师咨询。律师代理的诉讼案件中,几乎百分之九十以上是通过法律咨询获得代理机会的,只有不到百分之十的案件代理是通过熟人介绍直接获得律师代理机会。

当事人咨询律师的主要目的,首先是了解自己案件的相关法律信息,搞清楚自己的权利义务,弄明白自己是否可能胜诉。其次,当事人通过咨询律师,是想选择一个自己满意的代理(辩护)律师。当事人往

①本章内容参考:郭振忠:律师承办民事案件基本技能,中国律师培训网,2016-06-14。

往通过与律师的接触、谈话、观察,可以在最短的时间内了解咨询律师的业务水平、工作能力与人品等重要信息。由于现代网络发达,互联网新媒体为当事人咨询提供了更为便捷的途径。当事人通过咨询,可以找到自己需要的律师。

律师通过法律咨询,可以展示自己的专业能力和人格魅力,从而获得案件当事人的信任和委托。

二、律师在法律咨询中应该做什么①

律师接待当事人的目的,在于通过咨询获得案件的代理机会。而当事人咨询律师的目的五花八门。有的当事人是希望通过咨询,了解自己面临的法律问题的解决途径,以及问题解决的可能性。有的当事人是要当面考查律师的能力和水平,为自己选择一个最好的代理律师。也有的当事人不是要聘请律师,而是通过咨询律师了解相关法律规定,然后自己直接去法院起诉。面对当事人如此复杂的咨询目的,接待咨询的律师,应该怎么做呢?

(一)一定要让自己有律师样

众所周知,一个人给陌生人的印象,往往取决于第一次见面时留下的印象。律师在当事人心目中的形象很大程度取决于"第一印象"。因此,作为律师,必须认真考虑怎样与当事人见面和会谈。

让自己有律师样,首先就要注重自己的着装。俗话说,佛要金装,人要衣装。事实上,一个穿着得体的人往往能给人很好的印象。一个人的服装、鞋帽和佩戴饰品,往往能传递很多信息。不同的着装,体现出人的不同气质。军人穿军装,显得庄重、威严,神圣不可侵犯。演员穿着演出服,既可以妩媚,也可以搞笑,还可以使人感到讨厌。

当事人带着问题和希望来找律师,他不希望看到一个衣冠不整、举止随便、谈吐浮躁的人。律师要向当事人展示自己的专业、自信、老练、稳重、细致、整洁。

因此,不论男女律师,职业正装是会见当事人的最佳选择。

在会见当事人之前,律师一定要面对镜子检视一下自己的着装,就像演员

---

①韩德云、彭瑶:《法律咨询的策略与技巧》,法律出版社2015年版。

出场之前那样整理自己的外观。

（二）安排恰当的欢迎仪式

在什么地方接待当事人，这是律师必须考虑的重要问题。经验告诉我们，律师接待当事人较为适当的地方，是在律师事务所。正规的律师事务所一般有专门的洽谈室，便于保护当事人的隐私，而且还有专门的接待人员，使当事人感到自己受到了足够的重视。尤其是实行团队化运作的律师事务所，接待当事人的，往往是一个团队，这样可以使当事人有一种安全感。无论从当事人的感受，还是从提高律师获得案件代理机率来看，律师事务所是接待当事人的最佳地点。

当事人来到律师事务所时，律师事务所要有一个恰当的欢迎仪式。所谓恰当，就是要有专门的工作人员引导当事人，了解当事人是否约了指定的律师，如果有约定，则马上通知当事人约定的律师出面接待面谈。然后，安排当事人就坐。假如当事人约定的律师正在外面办事，那么在当事人等待约定律师时，律师事务所必须有专门的工作人员给当事人端茶倒水，并且安排当事人在等待区等候。这样的仪式，就是恰当的欢迎仪式。

（三）智慧地回答当事人的提问

律师在接待当事人咨询时，往往会被当事人问及有关案件涉及的法律问题以及法律服务的报价。那么，作为执业律师，在咨询中应该做些什么呢？

首先，要搞清楚当事人面临的问题属于何种法律关系。当事人在陈述案情的时候，可能并不知道自己纠纷的法律关系，他们可能将自己案件的情况按照他自己的理解向律师陈述。律师必须从杂乱无章的事实中提炼出法律关系。

其次，律师要回答当事人关于能否胜诉的问题。在回答能否胜诉的问题时，律师只能基于当事人咨询时提供的案件事实，作出基于法律规定的判断。值得一提的是，律师不能承诺包打赢，这是律师执业纪律的要求。律师只能对胜诉的可能性进行分析。

最后，接待咨询的律师不能成为“三拍”律师。所谓“三拍”，就是接受委托时拍胸脯；办理案件时，拍脑袋；办完案件时，拍屁股。

三、当事人决定委托后，律师应该做什么

（一）让委托人在风险提示书上签字

当事人在咨询后如果决定委托律师，律师则应该告知当事人诉讼的风险，并且让当事人阅读诉讼风险的提示，然后在风险提示的书面材料上签字。正规的律师事务所都会印制专门的诉讼法律风险提示书面材料。这些材料办案律师必须让当事人阅读并且在上面签字。这既是对当事人负责，也是对律师自己负责。

由于律师是提供法律服务的专业人员，律师能够决定的是自己对当事人面临的法律问题的判断，但是，律师不能决定案件的裁判结果，因为律师没有司法裁判权。律师不能决定案件的裁判结果的原因，不仅是因为律师没有司法裁判权，还有很多因素影响着案件的裁判结果。比如案件的对方当事人提交证据的不确定性、对方当事人对原告起诉的答辩态度的不确定性、自己当事人需要补充的证据的可能性等因素，都会直接影响案件的裁判结果。

因此，律师从防范执业风险的角度，最佳的选择，就是告知当事人诉讼法律风险，然后让当事人签字。一旦当事人的案件出现败诉，当事人就不能以律师包打赢为由投诉律师。

（二）签订委托代理合同

律师应当以律师事务所的名义，让当事人签订委托代理合同，明确约定当事人与律师事务所的权利与义务。虽然接待咨询的是律师个人，但是，根据我国《律师法》第四十条规定，律师在执业活动中不得私自接受委托、收取费用，接受委托人的财物或者其他利益，因此，律师只能以律师事务所的名义接受委托。

（三）要求当事人交纳律师费

要求当事人根据合同约定交纳律师费，从而使委托代理合同生效。通常的惯例是当事人交纳律师费之后，律师事务所才能加盖公章，委托代理（辩护）合同才能生效。当然，也有先签订委托代理合同，然后再交纳律师费的。比如，聘请律师担任法律顾问就是先签订合同，然后交纳律师顾问费。无论是何种形式交纳律师费，有一项原则是承办律师必须把握的，即凡是当事人没有依约交纳律师费的，律师都不得开展服务。一定要在当事人交纳律师费之后，才

能提供法律服务。

（四）签署授权委托书

《中华人民共和国民事诉讼法》第五十九条规定，委托他人代为诉讼，必须向人民法院提交由委托人签名或者盖章的授权委托书。授权委托书必须记明委托事项和权限。律师代理民事案件的代理权，分为一般代理和特别授权两种。

诉讼代理人代为承认、放弃、变更诉讼请求，进行和解，提起反诉或者上诉，必须有委托人的特别授权。

侨居在国外的中华人民共和国公民从国外寄交或者托交的授权委托书，必须经中华人民共和国驻该国的使领馆证明；没有使领馆的，由与中华人民共和国有外交关系的第三国驻该国的使领馆证明，再转由中华人民共和国驻该第三国使领馆证明，或者由当地的爱国华侨团体证明。

当事人交纳律师费之后，律师应该让当事人在授权委托书上签字。明确律师的代理权限。民事诉讼案件，如果是一般代理，则只需要写明代理权限：一般代理。如果是特别授权，必须写明授权的具体范围。如代为放弃、承认、变更诉讼请求，进行和解，提起反诉或上诉的权利，必须明确注明。否则，法院有可能认定为一般代理。

值得注意的是，上述步骤不能改变顺序，但可以同时进行，不能遗漏步骤，尤其是不能忘记让当事人在风险告知书上签字，以免产生不必要的纠纷。

第二节　律师代理民事诉讼的注意事项

一、避免主观臆断

律师面对的每一个案件，可能都是一个新的问题。即使是相同案由的案件，案件事实的证据也可能是千差万别。作为执业律师，切不可先入为主，主观臆断。在没有正式接受委托之前，切记不可根据自己的执业经验、生活经验和价值取向，对当事人的案件作出结论性的断定。

法律服务的质量，取决于当事人的满意度。在接受法律咨询的过程中，要使当事人满意，律师首先应从当事人的角度判断问题，把当事人带入讨论解决问题的方案过程中，鼓励当事人就那些可能产生法律后果的和非法律后果的问题作出决定；其次，要根据当事人的价值观提出建议，始终理解和尊重当事人的情感。[①]

二、勤勉尽责

绝大多数的律师，在正式接受委托后，会为当事人的利益最大化而竭尽全力。但是，也有个别律师，往往在当事人正式委托之前，对当事人十分热情，当事人交纳律师费之后，则对当事人的态度发生较大转变。这种情况，作为一个想在法律服务市场长期执业的律师，是应该杜绝的。

做律师，首先要学会做人。俗话说，人无信而不立。如今，法律服务市场竞争白热化，买方市场早已形成。当事人要聘请律师，可以在众多的律师中选择自己满意的律师。而律师则需要在众多的竞争者中争取业务的机会。因此，律师只有对已经承办的业务竭尽全力，才有可能在法律服务市场中赢得声誉，使自己成为法律服务市场的成功者。

三、有自知之明

常言道，了解别人难，了解自己更难。人贵在有自知之明。事实上，能够真正认识自己的人并不多。这里说的认识自己，主要是指一个人不仅要了解自己的长处和短处，而且要了解自己较他人的优势和劣势。执业律师要了解自己是一件非常重要的事，也是一件难以做到的事。

比如，一个律师擅长于公司治理，但是他却极力去开拓婚姻民事诉讼业务。再比如，另一个律师，他擅长于合同法律事务，但是，他却花大量精力去开拓侵权纠纷业务。这些情况，均属于不了解自己而采取的错误策略。

①韩德云、彭瑶：《法律咨询的策略与技巧》，法律出版社2015年版。

第三节　起诉状制作技巧

一、选择适格的当事人

【技巧理论】

当事人适格，也称正当当事人，是指就特定的诉讼，有资格以自己的名义成为原告或者被告或者第三人，因而受本案判决拘束的当事人。[①]

民事诉讼原告依法需要向法院提交起诉状。如果有代理律师，这项工作是要由律师完成的。在制作民事起诉状之前，首先要考虑的问题，就是当事人的适格问题。律师必须选择适格的当事人做原告或者被告或者第三人。

【训练案例-12】[②]

某房屋开发公司拖欠某银行借款本金近1.6亿元。某银行将某房屋开发公司起诉至人民法院，人民法院判决某房屋开发公司偿还借款、利息及滞纳金。判决生效后，某银行申请人民法院强制执行，并查封了开发公司的房屋，价值9000余万元。后经调查，某房屋开发公司已经被吊销营业执照，停止经营多年。银行在人民法院多次拍卖流拍后，将该笔债权整体以8500万元转让给某投资公司。

某房屋开发公司遂提起诉讼，认为：银行系国有企业，银行放弃回收债务的权利，违背国有企业处置资产的规定，请求宣告银行及投资公司的债权转让合同无效。

【训练提示】

本案是关于正当当事人识别能力的一个训练案例。实践中，有的人对当事人与正当当事人这两个概念含糊不清。所谓正当当事人，是指就特定的案件有资格起诉或应诉，成为原告或被告，并受人民法院裁判约束的当事人。正当当事人，从理论上说，他是诉讼标的的法律关系的主体。准确判断正当当事人，对于代理律师而言是一项诉讼业务基本技能。

---

①江伟：《民事诉讼法》，中国人民大学出版社2013年版，第120页。

②作者根据真实案例改编。

准确识别正当当事人的前提,是要准确判断案件当事人之间争议的民事实体法律关系,也就是案由。最高人民法院关于案由的司法解释,采用的是法律关系说理论。只有准确把握了案由,才能准确识别正当当事人。本案中,房屋开发公司与银行是什么关系?银行与某投资公司又是什么关系?这些问题,参训者必须认真思考,仔细甄别。

【训练问题】

1.某开发公司是否属于适格的原告?为什么?

2.本案涉及的案由(法律关系)是什么?

【法规链接】

《中华人民共和国民事诉讼法》(节选)

发布:2017-06-27 实施:2017-07-01 时效性:现行有效

第一百一十九条 起诉必须符合下列条件:

(一)原告是与本案有直接利害关系的公民、法人和其他组织;

(二)有明确的被告;

(三)有具体的诉讼请求和事实、理由;

(四)属于人民法院受理民事诉讼的范围和受诉人民法院管辖。

第一百二十条 起诉应当向人民法院递交起诉状,并按照被告人数提出副本。

书写起诉状确有困难的,可以口头起诉,由人民法院记入笔录,并告知对方当事人。

第一百二十一条 起诉状应当记明下列事项:

(一)原告的姓名、性别、年龄、民族、职业、工作单位、住所、联系方式,法人或者其他组织的名称、住所和法定代表人或者主要负责人的姓名、职务、联系方式;

(二)被告的姓名、性别、工作单位、住所等信息,法人或者其他组织的名称、住所等信息;

(三)诉讼请求和所根据的事实与理由;

(四)证据和证据来源,证人姓名和住所。

第一百二十二条 当事人起诉到人民法院的民事纠纷,适宜调解的,先行调解,但当事人拒绝调解的除外。

第一百二十三条　人民法院应当保障当事人依照法律规定享有的起诉权利。对符合本法第一百一十九条的起诉,必须受理。符合起诉条件的,应当在七日内立案,并通知当事人;不符合起诉条件的,应当在七日内作出裁定书,不予受理;原告对裁定不服的,可以提起上诉。

第一百二十四条　人民法院对下列起诉,分别情形,予以处理:

(一)依照行政诉讼法的规定,属于行政诉讼受案范围的,告知原告提起行政诉讼;

(二)依照法律规定,双方当事人达成书面仲裁协议申请仲裁、不得向人民法院起诉的,告知原告向仲裁机构申请仲裁;

(三)依照法律规定,应当由其他机关处理的争议,告知原告向有关机关申请解决;

(四)对不属于本院管辖的案件,告知原告向有管辖权的人民法院起诉;

(五)对判决、裁定、调解书已经发生法律效力的案件,当事人又起诉的,告知原告申请再审,但人民法院准许撤诉的裁定除外;

(六)依照法律规定,在一定期限内不得起诉的案件,在不得起诉的期限内起诉的,不予受理;

(七)判决不准离婚和调解和好的离婚案件,判决、调解维持收养关系的案件,没有新情况、新理由,原告在六个月内又起诉的,不予受理。

二、选择最佳的案由

【技巧理论】

民事案件案由是民事案件名称的重要组成部分,反映案件所涉及的民事法律关系的性质,是将诉讼争议所包含的法律关系进行的概括,是人民法院进行民事案件管理的重要手段。[①]

对于律师而言,选择最佳的案由,其目的在于使当事人的合法利益最大化,并且使当事人为救济合法利益的成本最小化。因为不同的案由,当事人要

①最高人民法院关于印发修改后的《民事案件案由规定》的通知,2011-02-18。

承担的举证责任是不同的。《中华人民共和国民事诉讼法》第六十四条规定，当事人对自己提出的主张，有责任提供证据。《中华人民共和国民事诉讼法》第六十五条规定，当事人对自己提出的主张应当及时提供证据。依据《最高人民法院关于民事诉讼证据的若干规定》需要提供的证据是不同的。当事人对自己提出的诉讼请求所依据的事实或者反驳对方诉讼请求所依据的事实有责任提供证据加以证明。

当事人对自己提出的主张不仅要提供证据，而且要及时提供证据。这个要求对于律师而言，不同的案由，也就是不同的民事实体法律关系，收集证据的成本是不一样的。

【示范案例-13】[①]

吾提汗与安巴特、吾邓哥任民间借贷纠纷案

［当事人］

吾某甲，女，1957年5月1日出生，蒙古族，住新疆维吾尔自治区昌吉回族自治州。

安某某，男，1976年3月6日出生，蒙古族，住新疆维吾尔自治区昌吉回族自治州。

吾某乙，女，1982年3月30日出生，蒙古族，住新疆维吾尔自治区昌吉回族自治州。

［基本案情］

吾某甲与吾某乙为母女关系，安某某与吾某乙为夫妻关系。2016年3月，安某某与吾某乙想要购买商品房，但是，还差20万首付款。于是，安某某与吾某乙找到吾某甲借款，吾某甲当即答应。随后，吾某甲将20万元人民币转入安某某的银行卡。2017年2月，安某某与吾某乙因家庭琐事闹翻，随时可能离婚。随后，吾某甲向安某某要求其归还借款20万元。经多次协商未果。于是，吾某甲以民间借贷为案由，向人民法院提起民事诉讼，将安某某与吾某乙告上法庭。但是，她手中只有一张银行的20万元转账凭证，没有其他证据。

---

①引自中国裁判文书网，作者对内容作了调整。

在诉讼中，安某某答辩称，吾某甲转账给他的20万元，系吾某甲赠与他们夫妻的购房款，不需要归还。

由于在诉讼中吾某甲未能提供能证明她与安某某与吾某乙存在债权债务关系的证据，法院依法驳回了她的诉讼请求。之后，吾某甲不服一审法院判决，提起上诉。

吾某甲在上诉状中变更了诉讼请求，以不当得利要求返还该款。二审法院经书面审理，依法驳回了吾某甲的上诉请求。二审判决送达吾某甲之后，她依然不服，继续申诉，要求法院对此案再审。

［法院认为］

经审查认为，吾某甲以民间借贷为由提起本案诉讼，其在第二审期间又提出将涉案的民事法律关系变更为不得当利的请求，这超出了其在第一审中提出的诉讼请求和事实、理由的范围，不符合法律规定。吾某甲在本案中提供的证据并不能证明其与安某某与吾某乙之间就涉案款项存在借款合同民事法律关系的事实，其要求安某某与吾某乙返还借款、支付利息的诉讼请求不能得到人民法院的支持，人民法院驳回其在本案中的诉讼请求并无不当。《中华人民共和国婚姻法》第十九条规定夫妻可以约定婚姻关系存续期间所得的财产以及婚前财产归各自所有、共同所有或部分各自所有、部分共同所有，夫妻对婚姻关系存续期间所得的财产以及婚前财产的约定对双方具有约束力。《最高人民法院关于适用〈中华人民共和国婚姻法〉若干问题的解释（三）》第七条第一款规定：婚后由一方父母出资为子女购买的不动产，产权登记在出资人子女名下的，可按照婚姻法第十八条第（三）项的规定，视为只对自己子女一方的赠与，该不动产应认定为夫妻一方的个人财产。在本案中，吾某乙的母亲吾某甲为安某某与吾某乙夫妇所购买的涉案房屋交纳了部分款项，安某某与吾某乙亦明确约定该涉案房屋属于吾某乙的个人财产而不属于夫妻共同财产，吾某甲也与安某某和吾某乙夫妇一同前往公证机构办理公证事宜，故原判决认定吾某甲的行为符合赠与的性质并无不当。综上，吾某甲的再审申请不符合《中华人民共和国民事诉讼法》第二百条规定的情形，本院对其再审申请不予支持。

【案例点评】

这是一起典型的因起诉选择的案由错误导致败诉的案例。

根据我国《民事诉讼法》的规定，当事人对自己主张的事实负有举证责任。

本案中，原告吾某某在安、吾夫妇买房时，支付了部分房款。后安某某、吾某某因家庭琐事离婚。原告吾某某提出索要为安、吾夫妇购房支付的款项，经协商未果，转而选择诉讼。在一审起诉时，原告吾某某手中只有她在银行转账的凭证，该证据能证明她给安、吾夫妇购买的商品房付款的事实，但是，她没有安、吾夫妇向她借款的证据。

在一审起诉时，原告吾某某选择了民间借贷案由起诉。法院受理后，原告吾某某不能提供被告向她借款的证据，不能证明她转给安、吾夫妇购买的商品房付款属于借款的事实，法院驳回了她的诉讼请求。她在第二审期间又提出将涉案的民事法律关系变更为不得当利的请求。根据我国《民事诉讼法》规定，二审法院审理的范围不能超出一审法院受案时原告提出的诉讼请求范围。因上诉人超出了其在第一审中提出的诉讼请求和事实、理由的范围，不符合法律规定。因此，二审法院驳回了原告的诉讼请求。

本裁定书是按照审判监督程序作出的生效法律文书。该裁定书对人民法院一审、二审的事实认定、法律适用均作出了审查后的表态。

本案对我们学习民事办案技巧的启示：原告在起诉时，一定要选择与自己掌握的证据能够证明的法律事实一致的民事诉讼案由。如果原告选择的案由，没有相应的证据证明相关的法律关系，原告将面临败诉的风险。

【训练案例-14】[①]

某房产公司与某广告公司签订房屋租赁协议，约定租金每年36万，签订合同时交纳36万元，以后每一年租期届满前一个月交纳下一年租金。合同履行最后一年，广告公司将房屋转租给汽车出租公司，租期3年，并收取租金。合同到期前，广告公司要求继续签订租赁合同，被房产公司拒绝。合同到期后，房产公司聘请律师起诉，要求收回房屋。

---

①作者根据真实案例改编。

【训练提示】

这是一起如何收回出租房的训练案例。作为房东的某房产公司,要收回自己的房产,以什么法律关系作为请求权的基础,直接关系到原告需要提供什么样的证据。而原告手中的证据,却反过来决定了原告可以选择的法律关系。原告的代理律师只有准确选择了法律关系,才能使原告的诉讼请求得到法院的支持。

特别需要提示参训者的,是要以能够收回出租房为目的。要权衡原告主张约定的权利还是主张法定的权利的不同的举证责任。要选择原告最容易举证的案由。

【训练问题】

1.律师以什么案由起诉为最佳?

2.除了最佳案由之外,还可以什么案由起诉?试比较各种案由原告的举证责任?

【法规链接】

《中华人民共和国合同法》(节选)

发布:1999-03-15　实施:1999-10-01　时效性:现行有效

第六条　当事人行使权利、履行义务应当遵循诚实信用原则。

第七条　当事人订立、履行合同,应当遵守法律、行政法规,尊重社会公德,不得扰乱社会经济秩序,损害社会公共利益。

第八条　依法成立的合同,对当事人具有法律约束力。当事人应当按照约定履行自己的义务,不得擅自变更或者解除合同。

依法成立的合同,受法律保护。

第九十一条　有下列情形之一的,合同的权利义务终止:

(一)债务已经按照约定履行;

(二)合同解除;

(三)债务相互抵销;

(四)债务人依法将标的物提存;

(五)债权人免除债务;

(六)债权债务同归于一人;

（七）法律规定或者当事人约定终止的其他情形。

第九十二条　合同的权利义务终止后，当事人应当遵循诚实信用原则，根据交易习惯履行通知、协助、保密等义务。

《中华人民共和国物权法》（节选）

发布：2007-03-16　实施：2007-10-01　时效性：现行有效

第三章　物权的保护

第三十二条　物权受到侵害的，权利人可以通过和解、调解、仲裁、诉讼等途径解决。

第三十三条　因物权的归属、内容发生争议的，利害关系人可以请求确认权利。

第三十四条　无权占有不动产或者动产的，权利人可以请求返还原物。

第三十五条　妨害物权或者可能妨害物权的，权利人可以请求排除妨害或者消除危险。

第三十六条　造成不动产或者动产毁损的，权利人可以请求修理、重作、更换或者恢复原状。

第三十七条　侵害物权，造成权利人损害的，权利人可以请求损害赔偿，也可以请求承担其他民事责任。

第三十八条　本章规定的物权保护方式，可以单独适用，也可以根据权利被侵害的情形合并适用。

侵害物权，除承担民事责任外，违反行政管理规定的，依法承担行政责任；构成犯罪的，依法追究刑事责任。

【训练案例-15】[①]

某品牌家电专卖店开展促销活动，出售冰箱赠送玩具手枪，因玩具手枪有瑕疵，导致儿童眼睛受伤。家长要求该家电专卖店赔偿。但是，双方对赔偿的项目及金额难以达成一致，协商未果，欲聘请律师代理索赔。

---

①作者根据真实案例改编。

【训练提示】

本案是一起商家促销赠品伤害消费者的索赔案例。参训者只有准确把握某品牌家电专卖店与消费者之间的法律关系,才能选择最佳的法律关系作为起诉的案由。

由于在不同的法律关系中,原告可以主张的权利范围和赔偿标准是不一样的。比如合同纠纷中,原告只能根据合同约定的权利义务主张自己的权利;侵权纠纷中,原告则可以根据法律规定的权利以及损害的事实主张自己的权利。这两种法律关系,一个是约定的权利义务关系 ,另一个则是法定的权利义务关系。

因此,原告代理律师必须慎重选择起诉的案由。在本案中,由于是赠与的物品伤人,与一般的买卖商品伤人是不同的。对此,参训者必须高度注意相关规范性文件的规定,尤其是可能导致家电专卖店免责的法律规定,以防止败诉情况的发生。

【训练问题】

1.律师代理儿童索赔,选择什么案由最为有利?

2.除了最佳案由之外,还可以什么案由起诉?试比较各种案由原告的举证责任?

【法规链接】

《民事案件案由规定》(节选)

发布:2011-02-18　实施:2011-04-01　时效性:现行有效

第一部分　人格权纠纷

一、人格权纠纷

1.生命权、健康权、身体权纠纷

2.姓名权纠纷

3.肖像权纠纷

4.名誉权纠纷

5.荣誉权纠纷

6.隐私权纠纷

7.婚姻自主权纠纷

8.人身自由权纠纷

9.一般人格权纠纷

第二部分 婚姻家庭、继承纠纷

二、婚姻家庭纠纷

10.婚约财产纠纷

11.离婚纠纷

12.离婚后财产纠纷

13.离婚后损害责任纠纷

14.婚姻无效纠纷

15.撤销婚姻纠纷

16.夫妻财产约定纠纷

17.同居关系纠纷

(1)同居关系析产纠纷

(2)同居关系子女抚养纠纷

18.抚养纠纷

(1)抚养费纠纷

(2)变更抚养关系纠纷

19.扶养纠纷

(1)扶养费纠纷

(2)变更扶养关系纠纷

20.赡养纠纷

(1)赡养费纠纷

(2)变更赡养关系纠纷

21.收养关系纠纷

(1)确认收养关系纠纷

(2)解除收养关系纠纷

22.监护权纠纷

23.探望权纠纷

24.分家析产纠纷

三、继承纠纷

25.法定继承纠纷

(1)转继承纠纷

(2)代位继承纠纷

26.遗嘱继承纠纷

27.被继承人债务清偿纠纷

28.遗赠纠纷

29.遗赠扶养协议纠纷

《中华人民共和国合同法》(节选)

发布:1999-03-15 实施:1999-10-01 时效性:现行有效

第一百八十五条 赠与合同是赠与人将自己的财产无偿给予受赠人,受赠人表示接受赠与的合同。

第一百八十六条 赠与人在赠与财产的权利转移之前可以撤销赠与。

具有救灾、扶贫等社会公益、道德义务性质的赠与合同或者经过公证的赠与合同,不适用前款规定。

第一百八十七条 赠与的财产依法需要办理登记等手续的,应当办理有关手续。

第一百八十八条 具有救灾、扶贫等社会公益、道德义务性质的赠与合同或者经过公证的赠与合同,赠与人不交付赠与的财产的,受赠人可以要求交付。

第一百八十九条 因赠与人故意或者重大过失致使赠与的财产毁损、灭失的,赠与人应当承担损害赔偿责任。

第一百九十条 赠与可以附义务。

赠与附义务的,受赠人应当按照约定履行义务。

第一百九十一条 赠与的财产有瑕疵的,赠与人不承担责任。附义务的赠与,赠与的财产有瑕疵的,赠与人在附义务的限度内承担与出卖人相同的责任。

赠与人故意不告知瑕疵或者保证无瑕疵,造成受赠人损失的,应当承担损害赔偿责任。

三、选择诉讼成本最低的管辖法院

【技巧理论】

所谓诉讼成本，是指当事人为维护自己的合法权益，通过诉讼途径所需要支付的货币费用以及所要花费的时间。诉讼成本包括金钱成本和时间成本两部分。

这些需要支付的货币费用主要包括法院案件受理费、财产保全费、律师费、诉讼差旅费、诉讼通信费等费用。

所需要花费的时间，主要包括案件立案花费的时间、案件开庭花费的时间、证据交换花费的时间，以及在诉讼过程中必须到法院去获取对方证据及其他诉讼文书花费的时间。对于同样一个民事诉讼案件而言，选择不同的法院，诉讼成本则不同。如果选择本地法院诉讼，则比选择外地法院诉讼成本要低很多。一般而言，选择离原告越远的法院，则原告的诉讼成本则越大。

根据我国《民事诉讼法》规定的地域管辖制度，有的案件可能有两个或者两个以上的管辖法院。

《中华人民共和国民事诉讼法》第二十一条规定，对公民提起的民事诉讼，由被告住所地人民法院管辖。对法人或者其他组织提起的民事诉讼，由被告住所地人民法院管辖。同一诉讼的几个被告住所地、经常居住地在两个以上人民法院辖区的，各该人民法院都有管辖权。根据这条规定，一个民事诉讼案件可能存在两个以上的法院有管辖权。

《中华人民共和国民事诉讼法》第二十三条规定，因合同纠纷提起的诉讼，由被告住所地或者合同履行地人民法院管辖。第二十四条规定，因保险合同纠纷提起的诉讼，由被告住所地或者保险标的物所在地人民法院管辖。第二十五条规定，因票据纠纷提起的诉讼，由票据支付地或者被告住所地人民法院管辖。第二十七条规定，因铁路、公路、水上、航空运输和联合运输合同纠纷提起的诉讼，由运输始发地、目的地或者被告住所地人民法院管辖。第二十八条规定，因侵权行为提起的诉讼，由侵权行为地或者被告住所地人民法院管辖。第二十九条规定，因铁路、公路、水上和航空事故请求损害赔偿提起的诉讼，由事故发生地或者车辆、船舶最先到达地、航空器最先降落地或者被告住所地人民法院管辖。第三十条规定，因船舶碰撞或者其他海事损害事故请求损害赔偿提起的诉讼，由碰撞发生地、碰撞船舶最先到达地、加害船舶被扣留地或者被告住所地人民法院管辖。第三十一条规定，因海难救助费用提起的诉讼，由救助地或者被救助船舶最先到达地人民法院管辖。第三十二条规定，因共同海损提起的诉讼，由船舶最先到达地、共同海损理算地或者航程终止地的人民法院管辖。

根据第三十五条规定，两个以上人民法院都有管辖权的诉讼，原告可以向其中一个人民法院起诉。因此，在起诉时，律师必须在两个以上的法院中，选择一个诉讼成本最低的法院起诉。

【训练案例-16】[①]

昆山某运动器材有限公司，住所地江苏省昆山市开发区瓦浦河路某号2号房。

北京某贸易有限公司，住所地北京市丰台区西四环中路某号1-1幢一层F13。

厦门市某体育用品有限公司，住所地福建省厦门市同安工业集中区思明园某某号。

昆山某运动器材有限公司在市场调查中发现，北京某贸易有限公司在网络销售厦门某体育用品有限公司生产的健身器材。该健身器材上采用的“健身器材用踏脚曲柄与传动盘连接的改良结构”，系昆山某运动器材有限公司的发明专利。专利号为ZL20091021××××.6。但是，昆山某运动器材有限公司未授权厦门某体育用品有限公司生产该产品，也未授权北京某贸易有限公司销售该产品。

【训练提示】

本案系专利侵权纠纷案例。根据我国法律规定，专利纠纷、注册商标专用权纠纷、著作权纠纷属于知识产权纠纷。最高人民法院对知识产权纠纷案件的管辖法院发布了相关的司法解释。我国《民事诉讼法》及相关司法解释也对知识产权纠纷案件的管辖做出了相关规定。对此，参训者必须全面进行检索，

①引自中国裁判文书网，作者对内容作了调整。

以准确掌握本案的管辖规定。

当发现本案的有管辖权的法院为两家以上时，代理律师必须综合考虑办案的成本，从中选择一家成本最低的受案法院作为起诉的法院。

【训练问题】

1. 为维护自己的专利权，昆山某运动器材有限公司聘请你做律师代理。你会选择哪家法院受理此案，诉讼成本最低？

2. 你准备怎么做？为什么？

【法规链接】

《最高人民法院关于审理专利纠纷案件适用法律问题的若干规定》（节选）

发布：2015-01-29　实施：2015-02-01　时效性：现行有效

第二条　专利纠纷第一审案件，由各省、自治区、直辖市人民政府所在地的中级人民法院和最高人民法院指定的中级人民法院管辖。

最高人民法院根据实际情况，可以指定基层人民法院管辖第一审专利纠纷案件。

第三条　当事人对专利复审委员会于2001年7月1日以后作出的关于实用新型、外观设计专利权撤销请求复审决定不服向人民法院起诉的，人民法院不予受理。

第四条　当事人对专利复审委员会于2001年7月1日以后作出的关于维持驳回实用新型、外观设计专利申请的复审决定，或者关于实用新型、外观设计专利权无效宣告请求的决定不服向人民法院起诉的，人民法院应当受理。

第五条　因侵犯专利权行为提起的诉讼，由侵权行为地或者被告住所地人民法院管辖。

侵权行为地包括：被诉侵犯发明、实用新型专利权的产品的制造、使用、许诺销售、销售、进口等行为的实施地；专利方法使用行为的实施地，依照该专利方法直接获得的产品的使用、许诺销售、销售、进口等行为的实施地；外观设计专利产品的制造、许诺销售、销售、进口等行为的实施地；假冒他人专利的行为实施地。上述侵权行为的侵权结果发生地。

第六条　原告仅对侵权产品制造者提起诉讼，未起诉销售者，侵权产品制造地与销售地不一致的，制造地人民法院有管辖权；以制造者与销售者为共同被告起诉的,销售地人民法院有管辖权。

销售者是制造者分支机构,原告在销售地起诉侵权产品制造者制造、销售行为的,销售地人民法院有管辖权。

第七条 原告根据1993年1月1日以前提出的专利申请和根据该申请授予的方法发明专利权提起的侵权诉讼,参照本规定第五条、第六条的规定确定管辖。

人民法院在上述案件实体审理中依法适用方法发明专利权不延及产品的规定。

第八条 对申请日在2009年10月1日前(不含该日)的实用新型专利提起侵犯专利权诉讼,原告可以出具由国务院专利行政部门作出的检索报告;对申请日在2009年10月1日以后的实用新型或者外观设计专利提起侵犯专利权诉讼,原告可以出具由国务院专利行政部门作出的专利权评价报告。根据案件审理需要,人民法院可以要求原告提交检索报告或者专利权评价报告。原告无正当理由不提交的,人民法院可以裁定中止诉讼或者判令原告承担可能的不利后果。

侵犯实用新型、外观设计专利权纠纷案件的被告请求中止诉讼的,应当在答辩期内对原告的专利权提出宣告无效的请求。

第二十三条 侵犯专利权的诉讼时效为二年,自专利权人或者利害关系人知道或者应当知道侵权行为之日起计算。权利人超过二年起诉的,如果侵权行为在起诉时仍在继续,在该项专利权有效期内,人民法院应当判决被告停止侵权行为,侵权损害赔偿数额应当自权利人向人民法院起诉之日起向前推算二年计算。

第二十四条 专利法第十一条、第六十九条所称的许诺销售,是指以做广告、在商店橱窗中陈列或者在展销会上展出等方式作出销售商品的意思表示。

第二十五条 人民法院受理的侵犯专利权纠纷案件,已经过管理专利工作的部门作出侵权或者不侵权认定的,人民法院仍应当就当事人的诉讼请求进行全面审查。

《中华人民共和国民事诉讼法》(节选)

发布:2017-06-27 实施:2017-07-01 时效性:现行有效

第二章 管辖

第一节 级别管辖

第十七条 基层人民法院管辖第一审民事案件,但本法另有规定的除外。

第十八条 中级人民法院管辖下列第一审民事案件:

(一)重大涉外案件;

(二)在本辖区有重大影响的案件;

(三)最高人民法院确定由中级人民法院管辖的案件。

第十九条 高级人民法院管辖在本辖区有重大影响的第一审民事案件。

第二十条 最高人民法院管辖下列第一审民事案件:

(一)在全国有重大影响的案件;

(二)认为应当由本院审理的案件。

第二节 地域管辖

第二十一条 对公民提起的民事诉讼,由被告住所地人民法院管辖;被告住所地与经常居住地不一致的,由经常居住地人民法院管辖。

对法人或者其他组织提起的民事诉讼,由被告住所地人民法院管辖。

同一诉讼的几个被告住所地、经常居住地在两个以上人民法院辖区的,各该人民法院都有管辖权。

第二十二条 下列民事诉讼,由原告住所地人民法院管辖;原告住所地与经常居住地不一致的,由原告经常居住地人民法院管辖:

(一)对不在中华人民共和国领域内居住的人提起的有关身份关系的诉讼;

(二)对下落不明或者宣告失踪的人提起的有关身份关系的诉讼;

(三)对被采取强制性教育措施的人提起的诉讼;

(四)对被监禁的人提起的诉讼。

第二十三条 因合同纠纷提起的诉讼,由被告住所地或者合同履行地人民法院管辖。

第二十四条 因保险合同纠纷提起的诉讼,由被告住所地或者保险标的物所在地人民法院管辖。

第二十五条 因票据纠纷提起的诉讼，由票据支付地或者被告住所地人民法院管辖。

第二十六条 因公司设立、确认股东资格、分配利润、解散等纠纷提起的诉讼，由公司住所地人民法院管辖。

第二十七条 因铁路、公路、水上、航空运输和联合运输合同纠纷提起的诉讼，由运输始发地、目的地或者被告住所地人民法院管辖。

第二十八条 因侵权行为提起的诉讼，由侵权行为地或者被告住所地人民法院管辖。

第二十九条 因铁路、公路、水上和航空事故请求损害赔偿提起的诉讼，由事故发生地或者车辆、船舶最先到达地、航空器最先降落地或者被告住所地人民法院管辖。

第三十条 因船舶碰撞或者其他海事损害事故请求损害赔偿提起的诉讼，由碰撞发生地、碰撞船舶最先到达地、加害船舶被扣留地或者被告住所地人民法院管辖。

第三十一条 因海难救助费用提起的诉讼，由救助地或者被救助船舶最先到达地人民法院管辖。

第三十二条 共同海损提起的诉讼，由船舶最先到达地、共同海损理算地或者航程终止地的人民法院管辖。

第三十三条 下列案件，由本条规定的人民法院专属管辖：

（一）因不动产纠纷提起的诉讼，由不动产所在地人民法院管辖；

（二）因港口作业中发生纠纷提起的诉讼，由港口所在地人民法院管辖；

（三）因继承遗产纠纷提起的诉讼，由被继承人死亡时住所地或者主要遗产所在地人民法院管辖。

第三十四条 合同或者其他财产权益纠纷的当事人可以书面协议选择被告住所地、合同履行地、合同签订地、原告住所地、标的物所在地等与争议有实际联系的地点的人民法院管辖，但不得违反本法对级别管辖和专属管辖的规定。

第三十五条 两个以上人民法院都有管辖权的诉讼，原告可以向其中一个人民法院起诉；原告向两个以上有管辖权的人民法院起诉的，由最先立案的人民法院管辖。

第三节 移送管辖和指定管辖

第三十六条 人民法院发现受理的案件不属于本院管辖的,应当移送有管辖权的人民法院,受移送的人民法院应当受理。受移送的人民法院认为受移送的案件依照规定不属于本院管辖的,应当报请上级人民法院指定管辖,不得再自行移送。

第三十七条 有管辖权的人民法院由于特殊原因,不能行使管辖权的,由上级人民法院指定管辖。

人民法院之间因管辖权发生争议,由争议双方协商解决;协商解决不了的,报请它们的共同上级人民法院指定管辖。

第三十八条 上级人民法院有权审理下级人民法院管辖的第一审民事案件;确有必要将本院管辖的第一审民事案件交下级人民法院审理的,应当报请其上级人民法院批准。

下级人民法院对它所管辖的第一审民事案件,认为需要由上级人民法院审理的,可以报请上级人民法院审理

【训练案例-17】①

A建设工程有限公司南京分公司(简称A公司南京分公司),住所;江苏省南京市秦淮区。

B集团第二建筑有限公司(简称B公司),住所:北京市大兴区。

B集团第二建筑有限公司苏州分公司(简称B公司苏州分公司),住所:江苏省苏州市。

2011年8月1日,A公司南京分公司与B公司苏州分公司签订一份《技术咨询协议》约定,A公司南京分公司(乙方)为B公司苏州分公司(甲方)就沈阳世茂五里河商业广场T3-T5及S3楼工程招标提供服务,乙方协助甲方与业主沟通,参与业主关于合同条件的洽谈,通过乙方的服务,使甲方通过正式招标程序获得该工程施工总承包资格;协议还约定通过乙方工作使甲方获得涉案工程总承包后,甲方按合同总价的1.5%支付乙方酬金。

---

①引自中国裁判文书网,作者对内容作了调整。

本案《技术咨询协议》订立后，在谈判、签约过程中，A公司南京分公司提供了全程服务。B公司苏州分公司如意中标，并于2011年11月16日签订了施工合同，但却始终未能履行支付酬金的合同义务。

案涉工程项目在沈阳，A公司南京分公司的住所地在南京，案涉当事人之间的商谈主要集中于这两地。合同签订地在沈阳。

A公司南京分公司为追索《技术咨询协议》约定的酬金，多次找B公司苏州分公司及B公司协商，未果。A公司南京分公司欲起诉B公司苏州分公司及B公司，追讨《技术咨询协议》约定的酬金，并且聘请律师代理诉讼。

【训练提示】

本案中的南京A公司与苏州B公司签订了《技术咨询协议》，约定了双方的权利与义务。合同履行过程中，发生纠纷。参训者要根据双方在合同中约定的权利义务，判断本案纠纷系什么合同纠纷。同时，参训者要根据相关法律法规、司法解释的规定，以及本案中双方签订合同、履行合同的具体情况，确定合同的履行地。

在确定起诉的法院时，要考虑办案的成本因素，选择成本最低的法院。

【训练问题】

1.本案系什么合同纠纷？

2.本案如何确定合同履行地？

3.你准备在哪家法院起诉？为什么？

【法规链接】

《最高人民法院关于适用〈中华人民共和国民事诉讼法〉的解释》（节选）

发布：2015-01-30　实施：2015-02-04　时效性：现行有效

一、管辖

第一条　民事诉讼法第十八条第一项规定的重大涉外案件，包括争议标的额大的案件、案情复杂的案件，或者一方当事人人数众多等具有重大影响的案件。

第二条　专利纠纷案件由知识产权法院、最高人民法院确定的中级人民法院和基层人民法院管辖。

海事、海商案件由海事法院管辖。

第三条　公民的住所地是指公民的户籍所在地,法人或者其他组织的住所地是指法人或者其他组织的主要办事机构所在地。

法人或者其他组织的主要办事机构所在地不能确定的,法人或者其他组织的注册地或者登记地为住所地。

第四条　公民的经常居住地是指公民离开住所地至起诉时已连续居住一年以上的地方,但公民住院就医的地方除外。

第五条　对没有办事机构的个人合伙、合伙型联营体提起的诉讼,由被告注册登记地人民法院管辖。没有注册登记,几个被告又不在同一辖区的,被告住所地的人民法院都有管辖权。

第六条　被告被注销户籍的,依照民事诉讼法第二十二条规定确定管辖;原告、被告均被注销户籍的,由被告居住地人民法院管辖。

第七条　当事人的户籍迁出后尚未落户,有经常居住地的,由该地人民法院管辖;没有经常居住地的,由其原户籍所在地人民法院管辖。

第八条　双方当事人都被监禁或者被采取强制性教育措施的,由被告原住所地人民法院管辖。被告被监禁或者被采取强制性教育措施一年以上的,由被告被监禁地或者被采取强制性教育措施地人民法院管辖。

第九条　追索赡养费、抚育费、扶养费案件的几个被告住所地不在同一辖区的,可以由原告住所地人民法院管辖。

第十条　不服指定监护或者变更监护关系的案件,可以由被监护人住所地人民法院管辖。

第十一条　双方当事人均为军人或者军队单位的民事案件由军事法院管辖。

第十二条　夫妻一方离开住所地超过一年,另一方起诉离婚的案件,可以由原告住所地人民法院管辖。

夫妻双方离开住所地超过一年,一方起诉离婚的案件,由被告经常居住地人民法院管辖;没有经常居住地的,由原告起诉时被告居住地人民法院管辖。

第十三条　在国内结婚并定居国外的华侨,如定居国法院以离婚诉讼须由婚姻缔结地法院管辖为由不予受理,当事人向人民法院提出离婚诉讼的,由婚姻缔结地或者一方在国内的最后居住地人民法院管辖。

第十四条　在国外结婚并定居国外的华侨,如定居国法院以离婚诉讼须由国籍所属国法院管辖为由不予受理，当事人向人民法院提出离婚诉讼的，由一方原住所地或者在国内的最后居住地人民法院管辖。

第十五条　中国公民一方居住在国外，一方居住在国内，不论哪一方向人民法院提起离婚诉讼，国内一方住所地人民法院都有权管辖。国外一方在居住国法院起诉，国内一方向人民法院起诉的，受诉人民法院有权管辖。

第十六条　中国公民双方在国外但未定居，一方向人民法院起诉离婚的，应由原告或者被告原住所地人民法院管辖。

第十七条　已经离婚的中国公民，双方均定居国外，仅就国内财产分割提起诉讼的，由主要财产所在地人民法院管辖。

第十八条　合同约定履行地点的，以约定的履行地点为合同履行地。

合同对履行地点没有约定或者约定不明确，争议标的为给付货币的，接收货币一方所在地为合同履行地；交付不动产的，不动产所在地为合同履行地；其他标的，履行义务一方所在地为合同履行地。即时结清的合同，交易行为地为合同履行地。

合同没有实际履行，当事人双方住所地都不在合同约定的履行地的，由被告住所地人民法院管辖。

第十九条　财产租赁合同、融资租赁合同以租赁物使用地为合同履行地。合同对履行地有约定的，从其约定。

第二十条　以信息网络方式订立的买卖合同，通过信息网络交付标的的，以买受人住所地为合同履行地；通过其他方式交付标的的，收货地为合同履行地。合同对履行地有约定的，从其约定。

第二十一条　因财产保险合同纠纷提起的诉讼，如果保险标的物是运输工具或者运输中的货物，可以由运输工具登记注册地、运输目的地、保险事故发生地人民法院管辖。

因人身保险合同纠纷提起的诉讼，可以由被保险人住所地人民法院管辖。

第二十二条　因股东名册记载、请求变更公司登记、股东知情权、公司决议、公司合并、公司分立、公司减资、公司增资等纠纷提起的诉讼，依照民事诉讼法第二十六条规定确定管辖。

第二十三条　债权人申请支付令，适用民事诉讼法第二十一条规定，由债务人住所地基层人民法院管辖。

第二十四条 民事诉讼法第二十八条规定的侵权行为地，包括侵权行为实施地、侵权结果发生地。

第二十五条 信息网络侵权行为实施地包括实施被诉侵权行为的计算机等信息设备所在地，侵权结果发生地包括被侵权人住所地。

第二十六条 因产品、服务质量不合格造成他人财产、人身损害提起的诉讼，产品制造地、产品销售地、服务提供地、侵权行为地和被告住所地人民法院都有管辖权。

第二十七条 当事人申请诉前保全后没有在法定期间起诉或者申请仲裁，给被申请人、利害关系人造成损失引起的诉讼，由采取保全措施的人民法院管辖。

当事人申请诉前保全后在法定期间内起诉或者申请仲裁，被申请人、利害关系人因保全受到损失提起的诉讼，由受理起诉的人民法院或者采取保全措施的人民法院管辖。

第二十八条 民事诉讼法第三十三条第一项规定的不动产纠纷是指因不动产的权利确认、分割、相邻关系等引起的物权纠纷。

农村土地承包经营合同纠纷、房屋租赁合同纠纷、建设工程施工合同纠纷、政策性房屋买卖合同纠纷，按照不动产纠纷确定管辖。

不动产已登记的，以不动产登记簿记载的所在地为不动产所在地；不动产未登记的，以不动产实际所在地为不动产所在地。

第二十九条 民事诉讼法第三十四条规定的书面协议，包括书面合同中的协议管辖条款或者诉讼前以书面形式达成的选择管辖的协议。

第三十条 根据管辖协议，起诉时能够确定管辖法院的，从其约定；不能确定的，依照民事诉讼法的相关规定确定管辖。

管辖协议约定两个以上与争议有实际联系的地点的人民法院管辖，原告可以向其中一个人民法院起诉。

第三十一条 经营者使用格式条款与消费者订立管辖协议，未采取合理方式提请消费者注意，消费者主张管辖协议无效的，人民法院应予支持。

第三十二条 管辖协议约定由一方当事人住所地人民法院管辖，协议签订后当事人住所地变更的，由签订管辖协议时的住所地人民法院管辖，但当事人另有约定的除外。

第三十三条　合同转让的，合同的管辖协议对合同受让人有效，但转让时受让人不知道有管辖协议，或者转让协议另有约定且原合同相对人同意的除外。

第三十四条　当事人因同居或者在解除婚姻、收养关系后发生财产争议，约定管辖的，可以适用民事诉讼法第三十四条规定确定管辖。

第三十五条　当事人在答辩期间届满后未应诉答辩，人民法院在一审开庭前，发现案件不属于本院管辖的，应当裁定移送有管辖权的人民法院。

第三十六条　两个以上人民法院都有管辖权的诉讼，先立案的人民法院不得将案件移送给另一个有管辖权的人民法院。人民法院在立案前发现其他有管辖权的人民法院已先立案的，不得重复立案；立案后发现其他有管辖权的人民法院已先立案的，裁定将案件移送给先立案的人民法院。

第三十七条　案件受理后，受诉人民法院的管辖权不受当事人住所地、经常居住地变更的影响。

第三十八条　有管辖权的人民法院受理案件后，不得以行政区域变更为由，将案件移送给变更后有管辖权的人民法院。判决后的上诉案件和依审判监督程序提审的案件，由原审人民法院的上级人民法院进行审判；上级人民法院指令再审、发回重审的案件，由原审人民法院再审或者重审。

第三十九条　人民法院对管辖异议审查后确定有管辖权的，不因当事人提起反诉、增加或者变更诉讼请求等改变管辖，但违反级别管辖、专属管辖规定的除外。

人民法院发回重审或者按第一审程序再审的案件，当事人提出管辖异议的，人民法院不予审查。

第四十条　依照民事诉讼法第三十七条第二款规定，发生管辖权争议的两个人民法院因协商不成报请它们的共同上级人民法院指定管辖时，双方为同属一个地、市辖区的基层人民法院的，由该地、市的中级人民法院及时指定管辖；同属一个省、自治区、直辖市的两个人民法院的，由该省、自治区、直辖市的高级人民法院及时指定管辖；双方为跨省、自治区、直辖市的人民法院，高级人民法院协商不成的，由最高人民法院及时指定管辖。

依照前款规定报请上级人民法院指定管辖时，应当逐级进行。

第四十一条　人民法院依照民事诉讼法第三十七条第二款规定指定管辖的，应当作出裁定。

对报请上级人民法院指定管辖的案件，下级人民法院应当中止审理。指定管辖裁定作出前，下级人民法院对案件作出判决、裁定的，上级人民法院应当在裁定指定管辖的同时，一并撤销下级人民法院的判决、裁定。

四、诉讼请求设计技巧

诉讼请求是民事诉讼的原告向人民法院提出的民事实体权利或者民事程序权利的裁判请求。在制作民事起诉状时，诉讼请求是否有请求权基础，是否明确、具体，直接影响着当事人诉讼的成败。因此，代理律师对于民事诉讼请求的设计，必须高度重视。诉讼请求的设计主要应注意以下几点：

（一）诉讼请求必须有请求权基础

【技巧理论】

所谓请求权基础，是指支持一方当事人向他方当事人诉请的法律规范，或者是支持一方当事人向他方当事人诉请的合同约定的权利。[①]

请求权基础的来源有两种，一种是来源于法律规范，法律明确规定了实施侵权行为的一方应承担的责任，或者是法律明确规定了违反合同约定应承担的责任；另一种是来源于当事人合同的约定，明确约定了违约的一方应承担的违约责任。

【训练案例-18】[②]

张某某于2010年10月22日与某房产开发有限公司签订《内部认购协议书》。协议书约定：项目小区位于东至九台路、南至三辅街、西至四达街、北至三步街，楼栋号为1号，房间号为1-502，面积约为101.86平方米。认购价为每平方米3550元，双方签订认购书时，付总房款的60%认购保证金，房屋交付后结清余款；某房产开发有限公司如不能在规定时间内竣工，每逾期一天付给张

①李宗胜：律师办理合同法律业务实务问题，中国律师培训网，2015-06-10。

②引自中国裁判文书网，作者对内容作了调整。

某某已交房款万分之三的违约金，某房产开发有限公司不得以任何理由涨价或不交付房屋；房屋竣工时间为2011年12月30日前。合同签订后，张某某向某房产开发有限公司指定的收款账号交付60%购房款216962元，某房产开发有限公司出具了收据。但该房屋某房产开发有限公司至今未能交付，故张某某诉至法院。请求判令某房产开发有限公司继续履行2010年10月22日签订的《内部认购协议书》，向张某某交付面积为101.86平方米的房屋。据查，某房产开发有限公司至诉讼时未取得本案诉争房屋的商品房预售许可证。

【训练提示】

本案系商品房买卖合同纠纷。本案中的购房者张某某与某房产开发有限公司签订了《内部认购协议书》之后，张某某依约履行了付款义务，但是，某房产开发有限公司没有依约履行交房义务。

作为张某某聘请的律师，不仅要仔细研究双方签订的协议内容，而且必须对商品房预售的法定条件有清楚的了解。这就需要本案的参训者，对商品房预售相关的法律、行政法规及司法解释进行全面的检索，了解开发商预售房屋的行政许可条件。在此基础上，参训者才能做出对本案合同效力的准确判断，从而对双方当事人的义务做出有根据的分析、判断。

只有对双方应履行的义务做出了准确的判断，才能确定原告张某某的请求权基础，才能准确地提出原告的诉讼请求。

【训练问题】

本案原告的诉讼请求，是否具有请求权基础？

【法规链接】

《最高人民法院关于审理商品房买卖合同纠纷案件适用法律若干问题的解释》(节选)

发布:2003-04-28　实施:2003-06-01　时效性:现行有效

第一条　本解释所称的商品房买卖合同，是指房地产开发企业(以下统称为出卖人)将尚未建成或者已竣工的房屋向社会销售并转移房屋所有权于买受人，买受人支付价款的合同。

第二条　出卖人未取得商品房预售许可证明，与买受人订立的商品房预售合同，应当认定无效，但是在起诉前取得商品房预售许可证明的，可以认定有效。

第三条　商品房的销售广告和宣传资料为要约邀请，但是出卖人就商品房开发规划范围内的房屋及相关设施所作的说明和允诺具体确定，并对商品房买卖合同的订立以及房屋价格的确定有重大影响的，应当视为要约。该说明和允诺即使未载入商品房买卖合同，亦应当视为合同内容，当事人违反的，应当承担违约责任。

第四条　出卖人通过认购、订购、预订等方式向买受人收受定金作为订立商品房买卖合同担保的，如果因当事人一方原因未能订立商品房买卖合同，应当按照法律关于定金的规定处理；因不可归责于当事人双方的事由，导致商品房买卖合同未能订立的，出卖人应当将定金返还买受人。

第五条　商品房的认购、订购、预订等协议具备《商品房销售管理办法》第十六条规定的商品房买卖合同的主要内容，并且出卖人已经按照约定收受购房款的，该协议应当认定为商品房买卖合同。

第六条　当事人以商品房预售合同未按照法律、行政法规规定办理登记备案手续为由，请求确认合同无效的，不予支持。

当事人约定以办理登记备案手续为商品房预售合同生效条件的，从其约定，但当事人一方已经履行主要义务，对方接受的除外。

第七条　拆迁人与被拆迁人按照所有权调换形式订立拆迁补偿安置协议，明确约定拆迁人以位置、用途特定的房屋对被拆迁人予以补偿安置，如果拆迁人将该补偿安置房屋另行出卖给第三人，被拆迁人请求优先取得补偿安置房屋的，应予支持。

被拆迁人请求解除拆迁补偿安置协议的，按照本解释第八条的规定处理。

第八条　具有下列情形之一，导致商品房买卖合同目的不能实现的，无法取得房屋的买受人可以请求解除合同、返还已付购房款及利息、赔偿损失，并可以请求出卖人承担不超过已付购房款一倍的赔偿责任：

（一）商品房买卖合同订立后，出卖人未告知买受人又将该房屋抵押给第三人。

（二）商品房买卖合同订立后，出卖人又将该房屋出卖给第三人。

第九条　出卖人订立商品房买卖合同时，具有下列情形之一，导致合同无效或者被撤销、解除的，买受人可以请求返还已付购房款及利息、赔偿损失，并可以请求出卖人承担不超过已付购房款一倍的赔偿责任：

（一）故意隐瞒没有取得商品房预售许可证明的事实或者提供虚假商品房预售许可证明；

（二）故意隐瞒所售房屋已经抵押的事实；

（三）故意隐瞒所售房屋已经出卖给第三人或者为拆迁补偿安置房屋的事实。

第十条　买受人以出卖人与第三人恶意串通，另行订立商品房买卖合同并将房屋交付使用，导致其无法取得房屋为由，请求确认出卖人与第三人订立的商品房买卖合同无效的，应予支持。

第十一条　对房屋的转移占有，视为房屋的交付使用，但当事人另有约定的除外。

房屋毁损、灭失的风险，在交付使用前由出卖人承担，交付使用后由买受人承担；买受人接到出卖人的书面交房通知，无正当理由拒绝接收的，房屋毁损、灭失的风险自书面交房通知确定的交付使用之日起由买受人承担，但法律另有规定或者当事人另有约定的除外。

第十二条　因房屋主体结构质量不合格不能交付使用，或者房屋交付使用后，房屋主体结构质量经核验确属不合格，买受人请求解除合同和赔偿损失的，应予支持。

第十三条　因房屋质量问题严重影响正常居住使用，买受人请求解除合同和赔偿损失的，应予支持。

交付使用的房屋存在质量问题，在保修期内，出卖人应当承担修复责任；出卖人拒绝修复或者在合理期限内拖延修复的，买受人可以自行或者委托他人修复。修复费用及修复期间造成的其他损失由出卖人承担。

第十四条　出卖人交付使用的房屋套内建筑面积或者建筑面积与商品房买卖合同约定面积不符，合同有约定的，按照约定处理；合同没有约定或者约定不明确的，按照以下原则处理：

（一）面积误差比绝对值在3%以内（含3%），按照合同约定的价格据实结算，买受人请求解除合同的，不予支持；

（二）面积误差比绝对值超出3%，买受人请求解除合同、返还已付购房款及利息的，应予支持。买受人同意继续履行合同，房屋实际面积大于合同约定面积的，面积误差比在3%以内（含3%）部分的房价款由买受人按照约定的价格补足，面积误差比超出3%部分的房价款由出卖人承担，所有权归买受人；房屋实际面积小于合同约定面积的，面积误差比在3%以内（含3%）部分的房价款及利息由出卖人返还买受人，面积误差比超过3%部分的房价款由出卖人双倍返还买受人。

第十五条 根据《合同法》第九十四条的规定，出卖人迟延交付房屋或者买受人迟延支付购房款，经催告后在三个月的合理期限内仍未履行，当事人一方请求解除合同的，应予支持，但当事人另有约定的除外。

法律没有规定或者当事人没有约定，经对方当事人催告后，解除权行使的合理期限为三个月。对方当事人没有催告的，解除权应当在解除权发生之日起一年内行使；逾期不行使的，解除权消灭。

第十六条 当事人以约定的违约金过高为由请求减少的，应当以违约金超过造成的损失30%为标准适当减少；当事人以约定的违约金低于造成的损失为由请求增加的，应当以违约造成的损失确定违约金数额。

第十七条 商品房买卖合同没有约定违约金数额或者损失赔偿额计算方法，违约金数额或者损失赔偿额可以参照以下标准确定：

逾期付款的，按照未付购房款总额，参照中国人民银行规定的金融机构计收逾期贷款利息的标准计算。

逾期交付使用房屋的，按照逾期交付使用房屋期间有关主管部门公布或者有资格的房地产评估机构评定的同地段同类房屋租金标准确定。

第十八条 由于出卖人的原因，买受人在下列期限届满未能取得房屋权属证书的，除当事人有特殊约定外，出卖人应当承担违约责任：

（一）商品房买卖合同约定的办理房屋所有权登记的期限；

（二）商品房买卖合同的标的物为尚未建成房屋的，自房屋交付使用之日起90日；

（三）商品房买卖合同的标的物为已竣工房屋的，自合同订立之日起90日。

合同没有约定违约金或者损失数额难以确定的，可以按照已付购房款总额,参照中国人民银行规定的金融机构计收逾期贷款利息的标准计算。

第十九条 商品房买卖合同约定或者《城市房地产开发经营管理条例》第三十三条规定的办理房屋所有权登记的期限届满后超过一年,由于出卖人的原因,导致买受人无法办理房屋所有权登记,买受人请求解除合同和赔偿损失的,应予支持。

第二十条 出卖人与包销人订立商品房包销合同,约定出卖人将其开发建设的房屋交由包销人以出卖人的名义销售的,包销期满未销售的房屋,由包销人按照合同约定的包销价格购买,但当事人另有约定的除外。

第二十一条 出卖人自行销售已经约定由包销人包销的房屋,包销人请求出卖人赔偿损失的,应予支持,但当事人另有约定的除外。

第二十二条 对于买受人因商品房买卖合同与出卖人发生的纠纷,人民法院应当通知包销人参加诉讼;出卖人、包销人和买受人对各自的权利义务有明确约定的,按照约定的内容确定各方的诉讼地位。

第二十三条 商品房买卖合同约定,买受人以担保贷款方式付款、因当事人一方原因未能订立商品房担保贷款合同并导致商品房买卖合同不能继续履行的,对方当事人可以请求解除合同和赔偿损失。因不可归责于当事人双方的事由未能订立商品房担保贷款合同并导致商品房买卖合同不能继续履行的,当事人可以请求解除合同,出卖人应当将收受的购房款本金及其利息或者定金返还买受人。

第二十四条 因商品房买卖合同被确认无效或者被撤销、解除,致使商品房担保贷款合同的目的无法实现,当事人请求解除商品房担保贷款合同的,应予支持。

第二十五条 以担保贷款为付款方式的商品房买卖合同的当事人一方请求确认商品房买卖合同无效或者撤销、解除合同的,如果担保权人作为有独立请求权第三人提出诉讼请求,应当与商品房担保贷款合同纠纷合并审理;未提出诉讼请求的,仅处理商品房买卖合同纠纷。担保权人就商品房担保贷款合同纠纷另行起诉的,可以与商品房买卖合同纠纷合并审理。

商品房买卖合同被确认无效或者被撤销、解除后,商品房担保贷款合同也被解除的、出卖人应当将收受的购房贷款和购房款的本金及利息分别返还担保权人和买受人。

第二十六条　买受人未按照商品房担保贷款合同的约定偿还贷款，亦未与担保权人办理商品房抵押登记手续，担保权人起诉买受人，请求处分商品房买卖合同项下买受人合同权利的，应当通知出卖人参加诉讼；担保权人同时起诉出卖人时，如果出卖人为商品房担保贷款合同提供保证的，应当列为共同被告。

第二十七条　买受人未按照商品房担保贷款合同的约定偿还贷款，但是已经取得房屋权属证书并与担保权人办理了商品房抵押登记手续，抵押权人请求买受人偿还贷款或者就抵押的房屋优先受偿的，不应当追加出卖人为当事人，但出卖人提供保证的。

《商品房销售管理办法》（节选）

发布：2001-04-04　实施：2001-06-01　时效性：现行有效

第三条　商品房销售包括商品房现售和商品房预售。

本办法所称商品房现售，是指房地产开发企业将竣工验收合格的商品房出售给买受人，并由买受人支付房价款的行为。

本办法所称商品房预售，是指房地产开发企业将正在建设中的商品房预先出售给买受人，并由买受人支付定金或者房价款的行为。

第四条　房地产开发企业可以自行销售商品房，也可以委托房地产中介服务机构销售商品房。

第二章　销售条件

第六条　商品房预售实行预售许可制度。商品房预售条件及商品房预售许可证明的办理程序，按照《城市房地产开发经营管理条例》和《城市商品房预售管理办法》的有关规定执行。

第七条　商品房现售，应当符合以下条件：

（一）现售商品房的房地产开发企业应当具有企业法人营业执照和房地产开发企业资质证书；

（二）取得土地使用权证书或者使用土地的批准文件；

（三）持有建设工程规划许可证和施工许可证；

（四）已通过竣工验收；

（五）拆迁安置已经落实；

（六）供水、供电、供热、燃气、通讯等配套基础设施具备交付使用条件，其他配套基础设施和公共设施具备交付使用条件或者已确定施工进度和交付日期；

（七）物业管理方案已经落实。

第八条　房地产开发企业应当在商品房现售前将房地产开发项目手册及符合商品房现售条件的有关证明文件报送房地产开发主管部门备案。

第九条　房地产开发企业销售设有抵押权的商品房，其抵押权的处理按照《中华人民共和国担保法》、《城市房地产抵押管理办法》的有关规定执行。

第十条　房地产开发企业不得在未解除商品房买卖合同前，将作为合同标的物的商品房再行销售给他人。

第十一条　房地产开发企业不得采取返本销售或者变相返本销售的方式销售商品房。

房地产开发企业不得采取售后包租或者变相售后包租的方式销售未竣工商品房。

第十二条　商品住宅按套销售，不得分割拆零销售。

第十三条　商品房销售时，房地产开发企业选聘了物业管理企业的，买受人应当在订立商品房买卖合同时与房地产开发企业选聘的物业管理企业订立有关物业管理的协议。

第三章　广告与合同

第十四条　房地产开发企业、房地产中介服务机构发布商品房销售宣传广告，应当执行《中华人民共和国广告法》《房地产广告发布暂行规定》等有关规定，广告内容必须真实、合法、科学、准确。

第十五条　房地产开发企业、房地产中介服务机构发布的商品房销售广告和宣传资料所明示的事项，当事人应当在商品房买卖合同中约定。

第十六条　商品房销售时，房地产开发企业和买受人应当订立书面商品房买卖合同。

商品房买卖合同应当明确以下主要内容：

（一）当事人名称或者姓名和住所；

（二）商品房基本状况；

（三）商品房的销售方式；

（四）商品房价款的确定方式及总价款、付款方式、付款时间；

（五）交付使用条件及日期；

（六）装饰、设备标准承诺；

（七）供水、供电、供热、燃气、通讯、道路、绿化等配套基础设施和公共设施的交付承诺和有关权益、责任；

（八）公共配套建筑的产权归属；

（九）面积差异的处理方式；

（十）办理产权登记有关事宜；

（十一）解决争议的方法；

（十二）违约责任；

（十三）双方约定的其他事项。

第十七条　商品房销售价格由当事人协商议定，国家另有规定的除外。

第十八条　商品房销售可以按套（单元）计价，也可以按套内建筑面积或者建筑面积计价。

商品房建筑面积由套内建筑面积和分摊的共有建筑面积组成，套内建筑面积部分为独立产权，分摊的共有建筑面积部分为共有产权，买受人按照法律、法规的规定对其享有权利，承担责任。

按套（单元）计价或者按套内建筑面积计价的，商品房买卖合同中应当注明建筑面积和分摊的共有建筑面积。

第十九条　按套（单元）计价的现售房屋，当事人对现售房屋实地勘察后可以在合同中直接约定总价款。

按套（单元）计价的预售房屋，房地产开发企业应当在合同中附所售房屋的平面图。平面图应当标明详细尺寸，并约定误差范围。房屋交付时，套型与设计图纸一致，相关尺寸也在约定的误差范围内，维持总价款不变；套型与设计图纸不一致或者相关尺寸超出约定的误差范围，合同中未约定处理方式的，买受人可以退房或者与房地产开发企业重新约定总价款。买受人退房的，由房地产开发企业承担违约责任。

第二十条　按套内建筑面积或者建筑面积计价的，当事人应当在合同中载明合同约定面积与产权登记面积发生误差的处理方式。

合同未作约定的，按以下原则处理：

（一）面积误差比绝对值在3%以内（含3%）的，据实结算房价款；

（二）面积误差比绝对值超出3%时，买受人有权退房。买受人退房的，房地产开发企业应当在买受人提出退房之日起30日内将买受人已付房价款退还给买受人，同时支付已付房价款利息。买受人不退房的，产权登记面积大于合同约定面积时，面积误差比在3%以内（含3%）部分的房价款由买受人补足；超出3%部分的房价款由房地产开发企业承担，产权归买受人。产权登记面积小于合同约定面积时，面积误差比绝对值在3%以内（含3%）部分的房价款由房地产开发企业返还买受人；绝对值超出3%部分的房价款由房地产开发企业双倍返还买受人。

$$\text{面积误差比}=\frac{\text{产权登记面积}-\text{合同约定面积}}{\text{合同约定面积}}\times 100\%$$

因本办法第二十四条规定的规划设计变更造成面积差异，当事人不解除合同的，应当签署补充协议。

第二十一条　按建筑面积计价的，当事人应当在合同中约定套内建筑面积和分摊的共有建筑面积，并约定建筑面积不变而套内建筑面积发生误差以及建筑面积与套内建筑面积均发生误差时的处理方式。

第二十二条　不符合商品房销售条件的，房地产开发企业不得销售商品房，不得向买受人收取任何预订款性质费用。

符合商品房销售条件的，房地产开发企业在订立商品房买卖合同之前向买受人收取预订款性质费用的，订立商品房买卖合同时，所收费用应当抵作房价款；当事人未能订立商品房买卖合同的，房地产开发企业应当向买受人返还所收费用；当事人之间另有约定的，从其约定。

第二十三条　房地产开发企业应当在订立商品房买卖合同之前向买受人明示《商品房销售管理办法》和《商品房买卖合同示范文本》；预售商品房的，还必须明示《城市商品房预售管理办法》。

第二十四条　房地产开发企业应当按照批准的规划、设计建设商品房。商品房销售后，房地产开发企业不得擅自变更规划、设计。

经规划部门批准的规划变更、设计单位同意的设计变更导致商品房的结构型式、户型、空间尺寸、朝向变化，以及出现合同当事人约定的其他影响商品房质量或者使用功能情形的，房地产开发企业应当在变更确立之日起10日内，书面通知买受人。

买受人有权在通知到达之日起15日内做出是否退房的书面答复。买受人在通知到达之日起15日内未作书面答复的，视同接受规划、设计变更以及由此引起的房价款的变更。房地产开发企业未在规定时限内通知买受人的，买受人有权退房；买受人退房的，由房地产开发企业承担违约责任。

第五章　交付

第三十一条　房地产开发企业销售商品房时设置样板房的，应当说明实际交付的商品房质量、设备及装修与样板房是否一致，未作说明的，实际交付的商品房应当与样板房一致。

第三十二条　销售商品住宅时，房地产开发企业应当根据《商品住宅实行质量保证书和住宅使用说明书制度的规定》（以下简称《规定》），向买受人提供《住宅质量保证书》《住宅使用说明书》。

第三十三条　房地产开发企业应当对所售商品房承担质量保修责任。当事人应当在合同中就保修范围、保修期限、保修责任等内容做出约定。保修期从交付之日起计算。

商品住宅的保修期限不得低于建设工程承包单位向建设单位出具的质量保修书约定保修期的存续期；存续期少于《规定》中确定的最低保修期限的，保修期不得低于《规定》中确定的最低保修期限。

非住宅商品房的保修期限不得低于建设工程承包单位向建设单位出具的质量保修书约定保修期的存续期。

在保修期限内发生的属于保修范围的质量问题，房地产开发企业应当履行保修义务，并对造成的损失承担赔偿责任。因不可抗力或者使用不当造成的损坏，房地产开发企业不承担责任。

第三十四条　房地产开发企业应当在商品房交付使用前按项目委托具有房产测绘资格的单位实施测绘，测绘成果报房地产行政主管部门审核后用于房屋权属登记。

房地产开发企业应当在商品房交付使用之日起60日内,将需要由其提供的办理房屋权属登记的资料报送房屋所在地房地产行政主管部门。

房地产开发企业应当协助商品房买受人办理土地使用权变更和房屋所有权登记手续。

第三十五条　商品房交付使用后,买受人认为主体结构质量不合格的,可以依照有关规定委托工程质量检测机构重新核验。经核验,确属主体结构质量不合格的,买受人有权退房;给买受人造成损失的,房地产开发企业应当依法承担赔偿责任。

(二)诉讼请求必须明确、具体

所谓诉讼请求明确是指诉的种类要明确,是确认之诉、给付之诉还是变更之诉?所谓诉讼请求具体,是指诉讼请求必须具有可裁判性。如果是确认之诉,要具体到请求确认什么?如果是给付之诉,要具体到请求给付的数额和单位。如果是变更之诉,要具体到变更什么法律关系?

【训练案例-19】①

2007年,韩某某从于某某处购买坐落在北市场院里的房屋一处(房产证号为乾房权证发字第2004××××号),预交定金2万元,但未签订房屋买卖协议书。后于某某又将此房卖给朱某某,而该房仍然登记在于某某名下,朱某某占据该房产。故韩某某起诉至法院。

【训练提示】

本案是一起典型的一房二卖纠纷。韩某某向于某某交付了定金,于某某收取了韩某某的定金。双方达成了买卖房屋的口头协议,但是,没有签订书面的房屋买卖协议。之后,于某某又将此房卖给朱某某,并将该房交付朱某某占有,可是,房产没有办理产权变更手续。

本案的参训者,要准确了解定金法则的内涵,从而确定韩某某与于某某之间的权利义务。同时,也要搞清楚本案中两起交易之间的法律关系。为此,参训者必须认真检索与本案有关的法律、法规及司法解释的相关内容。在此基

①引自中国裁判文书网,作者对内容作了调整。

础上，才能找到韩某某作为原告的请求权基础。

在确定了原告的请求权基础之后，原告的代理律师，还应该从使原告合法利益最大化的角度，设计出原告的诉讼请求。

【训练问题】

根据本案情况，你作为原告的代理律师，应该如何提出原告的诉讼请求？

【法规链接】

《中华人民共和国合同法》（节选）

发布：1999-03-15　实施：1999-10-01　时效性：现行有效

第九十四条　有下列情形之一的，当事人可以解除合同：

（一）因不可抗力致使不能实现合同目的；

（二）在履行期限届满之前，当事人一方明确表示或者以自己的行为表明不履行主要债务；

（三）当事人一方迟延履行主要债务，经催告后在合理期限内仍未履行；

（四）当事人一方迟延履行债务或者有其他违约行为致使不能实现合同目的；

（五）法律规定的其他情形。

《最高人民法院关于审理商品房买卖合同纠纷案件适用法律若干问题的解释》（节选）

发布：2003-04-28　实施：2003-06-01　时效性：现行有效

第八条　具有下列情形之一，导致商品房买卖合同目的不能实现的，无法取得房屋的买受人可以请求解除合同、返还已付购房款及利息、赔偿损失，并可以请求出卖人承担不超过已付购房款一倍的赔偿责任：

（一）商品房买卖合同订立后，出卖人未告知买受人又将该房屋抵押给第三人；

（二）商品房买卖合同订立后，出卖人又将该房屋出卖给第三人。

（三）一个诉讼请求单独列一点

如果有两个以上的诉讼请求，必须一个请求单独列一点，不能两个或两个以上请求列在一点之中。民事诉讼中，常常有两个以上的诉讼请求。如果将一个请求列一点，则明确而具体，不容易造成歧义。一个请求列一点，便于法官裁判。

【训练案例-20】[①]

曲某与央某于1989年相识，并办理结婚登记手续，系自主婚姻，婚后生育两个女儿，长女出生于1994年9月23日，在北京就读大学；小女出生于1998年3月26日，在武汉就读高级中学。曲某与央某夫妻感情一直尚好，自2008年起央某发现曲某有婚外情，为此双方经常发生争执，致使夫妻关系更加紧张，2015年底至今双方分居生活已有半年。现曲某以双方感情完全破裂为由诉至法院请求判决离婚。

【训练提示】

本案是一起离婚纠纷案例。离婚诉讼，法院通常要审查原告起诉离婚的理由是否达到法定的离婚标准，是否存在调解和好的可能性等问题。作为代理离婚诉讼的律师，在提出原告诉讼请求的时候，不仅要考虑婚姻关系的解除，而且要考虑夫妻共同财产的分割问题，夫妻共同债务的偿还以及未成年子女的抚养问题等问题。

本案的参训者，要使原告的诉讼请求清晰，而且能够让法官一目了然，最简单有效的办法就是一个诉讼请求写一点。

【训练问题】

你作为曲某的代理律师，请依据法律和事实将原告的诉讼请求分别列出。

【法规链接】

《中华人民共和国婚姻法》（节选）

发布：2001-04-28　实施：2001-04-28　时效性：现行有效

第三章　家庭关系

第十七条　夫妻在婚姻关系存续期间所得的下列财产，归夫妻共同所有：

（一）工资、奖金；

（二）生产、经营的收益；

（三）知识产权的收益；

①作者根据真实案例改编。

(四)继承或赠与所得的财产,但本法第十八条第三项规定的除外;

(五)其他应当归共同所有的财产。

夫妻对共同所有的财产,有平等的处理权。

第十八条　有下列情形之一的,为夫妻一方的财产:

(一)一方的婚前财产;

(二)一方因身体受到伤害获得的医疗费、残疾人生活补助费等费用;

(三)遗嘱或赠与合同中确定只归夫或妻一方的财产;

(四)一方专用的生活用品;

(五)其他应当归一方的财产。

第十九条　夫妻可以约定婚姻关系存续期间所得的财产以及婚前财产归各自所有、共同所有或部分各自所有、部分共同所有。约定应当采用书面形式。没有约定或约定不明确的,适用本法第十七条、第十八条的规定。

夫妻对婚姻关系存续期间所得的财产以及婚前财产的约定,对双方具有约束力。

夫妻对婚姻关系存续期间所得的财产约定归各自所有的,夫或妻一方对外所负的债务,第三人知道该约定的,以夫或妻一方所有的财产清偿。

第三十二条　男女一方要求离婚的,可由有关部门进行调解或直接向人民法院提出离婚诉讼。

人民法院审理离婚案件,应当进行调解;如感情确已破裂,调解无效,应准予离婚。

有下列情形之一,调解无效的,应准予离婚:

(一)重婚或有配偶者与他人同居的;

(二)实施家庭暴力或虐待、遗弃家庭成员的;

(三)有赌博、吸毒等恶习屡教不改的;

(四)因感情不和分居满二年的;

(五)其他导致夫妻感情破裂的情形。

一方被宣告失踪,另一方提出离婚诉讼的,应准予离婚。

第三十三条　现役军人的配偶要求离婚,须得军人同意,但军人一方有重大过错的除外。

第三十四条　女方在怀孕期间、分娩后一年内或中止妊娠后六个月内，男方不得提出离婚。女方提出离婚的，或人民法院认为确有必要受理男方离婚请求的，不在此限。

第三十五条　离婚后，男女双方自愿恢复夫妻关系的，必须到婚姻登记机关进行复婚登记。

第三十六条　父母与子女间的关系，不因父母离婚而消除。离婚后，子女无论由父或母直接抚养，仍是父母双方的子女。

离婚后，父母对于子女仍有抚养和教育的权利和义务。

离婚后，哺乳期内的子女，以随哺乳的母亲抚养为原则。哺乳期后的子女，如双方因抚养问题发生争执不能达成协议时，由人民法院根据子女的权益和双方的具体情况判决。

第四十条　夫妻书面约定婚姻关系存续期间所得的财产归各自所有，一方因抚育子女、照料老人、协助另一方工作等付出较多义务的，离婚时有权向另一方请求补偿，另一方应当予以补偿。

第四十一条　离婚时，原为夫妻共同生活所负的债务，应当共同偿还。共同财产不足清偿的，或财产归各自所有的，由双方协议清偿；协议不成时，由人民法院判决。

第四十二条　离婚时，如一方生活困难，另一方应从其住房等个人财产中给予适当帮助。具体办法由双方协议；协议不成时，由人民法院判决。

第四十六条　有下列情形之一，导致离婚的，无过错方有权请求损害赔偿：

（一）重婚的；

（二）有配偶者与他人同居的；

（三）实施家庭暴力的；

（四）虐待、遗弃家庭成员的。

第四十七条　离婚时，一方隐藏、转移、变卖、毁损夫妻共同财产，或伪造债务企图侵占另一方财产的，分割夫妻共同财产时，对隐藏、转移、变卖、毁损夫妻共同财产或伪造债务的一方，可以少分或不分。离婚后，另一方发现有上述行为的，可以向人民法院提起诉讼，请求再次分割夫妻共同财产。

人民法院对前款规定的妨害民事诉讼的行为，依照民事诉讼法的规定予以制裁。

第四节 事实与理由的设计

民事诉讼请求需要请求权基础,这个基础就是事实与理由。律师代理原告提起诉讼,需要事实与理由的支撑。这个事实就是法律事实,这个理由就是法律规范。法律事实需要律师收集证据加以证明,法律规范需要律师选择适用。

一、法律事实的证明

诉讼请求根据的事实只能是能够通过证据证明的事实,即法律事实。法律事实与客观事实不是一个概念。客观事实是指客观存在的事实,或者是实际发生的事实。

众所周知,客观存在的事实,或者实际发生过的事实,如果能够通过证据证明它的存在,那么,这个事实就上升为法律事实,可以在民事诉讼中作为诉讼请求依据的事实。但是,如果客观存在的事实,或者是实际发生的事实,不能用证据证明它的存在,或者没有证据证明它的存在,那么,这个事实就只能是一个客观事实,不能上升为法律事实,也不能作为诉讼请求依据的事实。因为在诉讼中,没有证据证明的事实,法官是不会认定它的存在的。

《最高人民法院关于民事诉讼证据的若干规定》(2008年修正)第二条第一款规定:"当事人对自己提出的诉讼请求所依据的事实或者反驳对方诉讼请求所依据的事实有责任提供证据加以证明。"因此,原告要提供证据证明自己在民事起诉状中提出的诉讼请求所依据的事实。被告要提供证据证明自己在答辩状中反驳对方诉讼请求所依据的事实。

值得提出的要求是,无论是原告、被告,还是第三人,当事人对需要证明的事实必须达到"盖然性占优势"的证明标准。那么,律师代理当事人如何证明待证事实?

(一)优先采用直接证据证明待证事实

代理诉讼的律师,在收集证据的时候,如果收集到直接证据,则应优先采用直接证据证明待证事实。

所谓直接证据，是指与待证的案件事实具有直接联系，能够单独证明案件事实的证据。所谓间接证据，是指与待证的案件事实之间具有间接联系，不能单独证明案件事实的存在，需要与其他证据结合起来才能证明案件事实的证据。[①]

由于直接证据的证明力强于间接证据，所以，代理律师在收集证据时，应优先收集直接证据，这样可以大大提高法官对待证事实的确信程度，从而帮助代理律师完成证明任务。

（二）无直接证据，则采用间接证据证明待证事实

没有直接证据时，采用间接证据证明待证事实，要形成间接证据的证据链。由于间接证据不能单独证明待证事实，因此，代理律师必须将收集到的间接证据组成证据链，才能完成待证事实的证明。

【训练案例-21】[②]

2015年4月，刘某以其经营的公司需要周转资金为由，向万某借款20万。刘某表示最晚在2016年12月归还，但是至今未还。万某在多次索要无果的情况下，委托律师代理追债。

【训练提示】

本案是一起典型的民间借贷纠纷案例。由于民间借贷的大量存在，使得民间借贷纠纷高发，导致大量的民间借贷纠纷诉至法院。同时，社会上也有一些看似民间借贷，实则属于赌博欠款的纠纷，向法院提起了民事诉讼。这种诉讼，实际上属于虚假的民间借贷诉讼。对于赌博形成的债权，法律不仅不会保护，而且要依法追究赌博当事人的法律责任。

为了防止虚假民间借贷诉讼，最高人民法院出台了相关的司法解释，要求人民法院严格审查民间借贷形成的事实基础，即借款债权凭证和资金流动的事实。对此，本案的参训者必须检索相关法律法规、司法解释，做到心中有数。

作为刘某的代理律师，要根据本案的实际情况，收集能够证明借贷事实真

---

①常怡：《民事诉讼法学》，中国政法大学出版社2010年版，第196页。

②作者代理的真实案例。

实性的相关证据，提交人民法院。

【训练问题】

1.你作为代理律师，准备向万某收集哪些证据证明债权债务关系的存在？

2.你收集的证据，哪些是直接证据？哪些是间接证据？

【法规链接】

《最高人民法院关于审理民间借贷案件适用法律若干问题的规定》（节选）

发布：2015-08-06　实施：2015-09-01　时效性：现行有效

第一条　本规定所称的民间借贷，是指自然人、法人、其他组织之间及其相互之间进行资金融通的行为。

经金融监管部门批准设立的从事贷款业务的金融机构及其分支机构，因发放贷款等相关金融业务引发的纠纷，不适用本规定。

第二条　出借人向人民法院起诉时，应当提供借据、收据、欠条等债权凭证以及其他能够证明借贷法律关系存在的证据。

当事人持有的借据、收据、欠条等债权凭证没有载明债权人，持有债权凭证的当事人提起民间借贷诉讼的，人民法院应予受理。被告对原告的债权人资格提出有事实依据的抗辩，人民法院经审理认为原告不具有债权人资格的，裁定驳回起诉。

第三条　借贷双方就合同履行地未约定或者约定不明确，事后未达成补充协议，按照合同有关条款或者交易习惯仍不能确定的，以接受货币一方所在地为合同履行地。

第四条　保证人为借款人提供连带责任保证，出借人仅起诉借款人的，人民法院可以不追加保证人为共同被告；出借人仅起诉保证人的，人民法院可以追加借款人为共同被告。

保证人为借款人提供一般保证，出借人仅起诉保证人的，人民法院应当追加借款人为共同被告；出借人仅起诉借款人的，人民法院可以不追加保证人为共同被告。

第五条　人民法院立案后，发现民间借贷行为本身涉嫌非法集资犯罪的，应当裁定驳回起诉，并将涉嫌非法集资犯罪的线索、材料移送公安或者检察机关。

公安或者检察机关不予立案，或者立案侦查后撤销案件，或者检察机关作出不起诉决定，或者经人民法院生效判决认定不构成非法集资犯罪，当事人又以同一事实向人民法院提起诉讼的，人民法院应予受理。

第六条　人民法院立案后，发现与民间借贷纠纷案件虽有关联但不是同一事实的涉嫌非法集资等犯罪的线索、材料的，人民法院应当继续审理民间借贷纠纷案件，并将涉嫌非法集资等犯罪的线索、材料移送公安或者检察机关。

第七条　民间借贷的基本案件事实必须以刑事案件审理结果为依据，而该刑事案件尚未审结的，人民法院应当裁定中止诉讼。

第八条　借款人涉嫌犯罪或者生效判决认定其有罪，出借人起诉请求担保人承担民事责任的，人民法院应予受理。

第九条　具有下列情形之一，可以视为具备合同法第二百一十条关于自然人之间借款合同的生效要件：

（一）以现金支付的，自借款人收到借款时；

（二）以银行转账、网上电子汇款或者通过网络贷款平台等形式支付的，自资金到达借款人账户时；

（三）以票据交付的，自借款人依法取得票据权利时；

（四）出借人将特定资金账户支配权授权给借款人的，自借款人取得对该账户实际支配权时；

（五）出借人以与借款人约定的其他方式提供借款并实际履行完成时。

第十条　除自然人之间的借款合同外，当事人主张民间借贷合同自合同成立时生效的，人民法院应予支持，但当事人另有约定或者法律、行政法规另有规定的除外。

第十一条　法人之间、其他组织之间以及它们相互之间为生产、经营需要订立的民间借贷合同，除存在合同法第五十二条、本规定第十四条规定的情形外，当事人主张民间借贷合同有效的，人民法院应予支持。

第十二条　法人或者其他组织在本单位内部通过借款形式向职工筹集资金，用于本单位生产、经营，且不存在合同法第五十二条、本规定第十四条规定的情形，当事人主张民间借贷合同有效的，人民法院应予支持。

第十三条　借款人或者出借人的借贷行为涉嫌犯罪，或者已经生效的判决认定构成犯罪，当事人提起民事诉讼的，民间借贷合同并不当然无效。人民法院应当根据合同法第五十二条、本规定第十四条之规定，认定民间借贷合同的效力。

担保人以借款人或者出借人的借贷行为涉嫌犯罪或者已经生效的判决认定构成犯罪为由，主张不承担民事责任的，人民法院应当依据民间借贷合同与担保合同的效力、当事人的过错程度，依法确定担保人的民事责任。

第十四条　具有下列情形之一，人民法院应当认定民间借贷合同无效：

（一）套取金融机构信贷资金又高利转贷给借款人，且借款人事先知道或者应当知道的；

（二）以向其他企业借贷或者向本单位职工集资取得的资金又转贷给借款人牟利，且借款人事先知道或者应当知道的；

（三）出借人事先知道或者应当知道借款人借款用于违法犯罪活动仍然提供借款的；

（四）违背社会公序良俗的；

（五）其他违反法律、行政法规效力性强制性规定的。

第十五条　原告以借据、收据、欠条等债权凭证为依据提起民间借贷诉讼，被告依据基础法律关系提出抗辩或者反诉，并提供证据证明债权纠纷非民间借贷行为引起的，人民法院应当依据查明的案件事实，按照基础法律关系审理。

当事人通过调解、和解或者清算达成的债权债务协议，不适用前款规定。

第十六条　原告仅依据借据、收据、欠条等债权凭证提起民间借贷诉讼，被告抗辩已经偿还借款，被告应当对其主张提供证据证明。被告提供相应证据证明其主张后，原告仍应就借贷关系的成立承担举证证明责任。

被告抗辩借贷行为尚未实际发生并能作出合理说明，人民法院应当结合借贷金额、款项交付、当事人的经济能力、当地或者当事人之间的交易方式、交易习惯、当事人财产变动情况以及证人证言等事实和因素，综合判断查证借贷事实是否发生。

第十七条　原告仅依据金融机构的转账凭证提起民间借贷诉讼，被告抗辩转账系偿还双方之前借款或其他债务，被告应当对其主张提供证据证明。被告提供相应证据证明其主张后，原告仍应就借贷关系的成立承担举证证明责任。

第十八条 根据《关于适用〈中华人民共和国民事诉讼法〉的解释》第一百七十四条第二款之规定，负有举证证明责任的原告无正当理由拒不到庭，经审查现有证据无法确认借贷行为、借贷金额、支付方式等案件主要事实，人民法院对其主张的事实不予认定。

第十九条 人民法院审理民间借贷纠纷案件时发现有下列情形，应当严格审查借贷发生的原因、时间、地点、款项来源、交付方式、款项流向以及借贷双方的关系、经济状况等事实，综合判断是否属于虚假民事诉讼：

(一)出借人明显不具备出借能力；

(二)出借人起诉所依据的事实和理由明显不符合常理；

(三)出借人不能提交债权凭证或者提交的债权凭证存在伪造的可能；

(四)当事人双方在一定期间内多次参加民间借贷诉讼；

(五)当事人一方或者双方无正当理由拒不到庭参加诉讼，委托代理人对借贷事实陈述不清或者陈述前后矛盾；

(六)当事人双方对借贷事实的发生没有任何争议或者诉辩明显不符合常理；

(七)借款人的配偶或合伙人、案外人的其他债权人提出有事实依据的异议；

(八)当事人在其他纠纷中存在低价转让财产的情形；

(九)当事人不正当放弃权利；

(十)其他可能存在虚假民间借贷诉讼的情形。

第二十条 经查明属于虚假民间借贷诉讼，原告申请撤诉的，人民法院不予准许，并应当根据民事诉讼法第一百一十二条之规定，判决驳回其请求。

诉讼参与人或者其他人恶意制造、参与虚假诉讼，人民法院应当依照民事诉讼法第一百一十一条、第一百一十二条和第一百一十三条之规定，依法予以罚款、拘留；构成犯罪的，应当移送有管辖权的司法机关追究刑事责任。

单位恶意制造、参与虚假诉讼的，人民法院应当对该单位进行罚款，并可以对其主要负责人或者直接责任人员予以罚款、拘留；构成犯罪的，应当移送有管辖权的司法机关追究刑事责任。

第二十一条 他人在借据、收据、欠条等债权凭证或者借款合同上签字或者盖章，但未表明其保证人身份或者承担保证责任，或者通过其他事实不能推定其为保证人，出借人请求其承担保证责任的，人民法院不予支持。

第二十二条　借贷双方通过网络贷款平台形成借贷关系，网络贷款平台的提供者仅提供媒介服务，当事人请求其承担担保责任的，人民法院不予支持。

网络贷款平台的提供者通过网页、广告或者其他媒介明示或者有其他证据证明其为借贷提供担保，出借人请求网络贷款平台的提供者承担担保责任的，人民法院应予支持。

第二十三条　企业法定代表人或负责人以企业名义与出借人签订民间借贷合同，出借人、企业或者其股东能够证明所借款项用于企业法定代表人或负责人个人使用，出借人请求将企业法定代表人或负责人列为共同被告或者第三人的，人民法院应予准许。

企业法定代表人或负责人以个人名义与出借人签订民间借贷合同，所借款项用于企业生产经营，出借人请求企业与个人共同承担责任的，人民法院应予支持。

第二十四条　当事人以签订买卖合同作为民间借贷合同的担保，借款到期后借款人不能还款，出借人请求履行买卖合同的，人民法院应当按照民间借贷法律关系审理，并向当事人释明变更诉讼请求。当事人拒绝变更的，人民法院裁定驳回起诉。

按照民间借贷法律关系审理作出的判决生效后，借款人不履行生效判决确定的金钱债务，出借人可以申请拍卖买卖合同标的物，以偿还债务。就拍卖所得的价款与应偿还借款本息之间的差额，借款人或者出借人有权主张返还或补偿。

第二十五条　借贷双方没有约定利息，出借人主张支付借期内利息的，人民法院不予支持。

自然人之间借贷对利息约定不明，出借人主张支付利息的，人民法院不予支持。除自然人之间借贷的外，借贷双方对借贷利息约定不明，出借人主张利息的，人民法院应当结合民间借贷合同的内容，并根据当地或者当事人的交易方式、交易习惯、市场利率等因素确定利息。

第二十六条　借贷双方约定的利率未超过年利率24%，出借人请求借款人按照约定的利率支付利息的，人民法院应予支持。

借贷双方约定的利率超过年利率36%，超过部分的利息约定无效。借款人请求出借人返还已支付的超过年利率36%部分的利息的，人民法院应予支持。

第二十七条　借据、收据、欠条等债权凭证载明的借款金额，一般认定为本金。预先在本金中扣除利息的，人民法院应当将实际出借的金额认定为本金。

第二十八条　借贷双方对前期借款本息结算后将利息计入后期借款本金并重新出具债权凭证，如果前期利率没有超过年利率24%，重新出具的债权凭证载明的金额可认定为后期借款本金；超过部分的利息不能计入后期借款本金。约定的利率超过年利率24%，当事人主张超过部分的利息不能计入后期借款本金的，人民法院应予支持。

按前款计算，借款人在借款期间届满后应当支付的本息之和，不能超过最初借款本金与以最初借款本金为基数，以年利率24%计算的整个借款期间的利息之和。出借人请求借款人支付超过部分的，人民法院不予支持。

第二十九条　借贷双方对逾期利率有约定的，从其约定，但以不超过年利率24%为限。

未约定逾期利率或者约定不明的，人民法院可以区分不同情况处理：

（一）既未约定借期内的利率，也未约定逾期利率，出借人主张借款人自逾期还款之日起按照年利率6%支付资金占用期间利息的，人民法院应予支持；

（二）约定了借期内的利率但未约定逾期利率，出借人主张借款人自逾期还款之日起按照借期内的利率支付资金占用期间利息的，人民法院应予支持。

第三十条　出借人与借款人既约定了逾期利率，又约定了违约金或者其他费用，出借人可以选择主张逾期利息、违约金或者其他费用，也可以一并主张，但总计超过年利率24%的部分，人民法院不予支持。

第三十一条　没有约定利息但借款人自愿支付，或者超过约定的利率自愿支付利息或违约金，且没有损害国家、集体和第三人利益，借款人又以不当得利为由要求出借人返还的，人民法院不予支持，但借款人要求返还超过年利率36%部分的利息除外。

第三十二条　借款人可以提前偿还借款，但当事人另有约定的除外。

借款人提前偿还借款并主张按照实际借款期间计算利息的，人民法院应予支持。

【训练案例-22】[①]

刘某开了一家婚纱摄影店，一年后发现有人在某网站的BBS论坛上发表诋毁其婚纱摄影店的言论。刘某联系某网站，要求网站删除诋毁其婚纱摄影店的相关言论，但是，该网站不予理睬。于是，刘某委托律师依法维权，要求网站停止侵权，消除影响。

【训练提示】

这是一起典型的网络侵权纠纷案例。刘某的婚纱摄影店，被他人在网络的BBS论坛上诋毁。由于侵权的言论发表在网络上，如何收集证据证明网络侵权行为的存在，这是本案的参训者必须解决的问题。

本案原告的代理律师，不仅要考虑收集证据的可能性，而且要考虑收集的证据符合我国民事诉讼法规定的证据种类，还要考虑收集的证据可以方便提交人民法院诉讼。具体来说，代理律师需要考虑如何将网络上的侵权言论，变成代理律师手中的证据，而且，这个证据的证明力是得到法律认可的。

【训练问题】

1.你作为代理律师，准备收集哪些证据帮助当事人起诉？

2.你收集的证据，哪些是直接证据？哪些是间接证据？

【法规链接】

《最高人民法院关于审理侵害信息网络传播权民事纠纷案件适用法律若干问题的规定》（节选）

发布：2012-12-17　实施：2013-01-01　时效性：现行有效

第二条　本规定所称信息网络，包括以计算机、电视机、固定电话机、移动电话机等电子设备为终端的计算机互联网、广播电视网、固定通信网、移动通信网等信息网络，以及向公众开放的局域网络。

第三条　网络用户、网络服务提供者未经许可，通过信息网络提供权利人享有信息网络传播权的作品、表演、录音录像制品，除法律、行政法规另有规定

①作者代理的真实案例。

外，人民法院应当认定其构成侵害信息网络传播权行为。

通过上传到网络服务器、设置共享文件或者利用文件分享软件等方式，将作品、表演、录音录像制品置于信息网络中，使公众能够在个人选定的时间和地点以下载、浏览或者其他方式获得的，人民法院应当认定其实施了前款规定的提供行为。

第四条　有证据证明网络服务提供者与他人以分工合作等方式共同提供作品、表演、录音录像制品，构成共同侵权行为的，人民法院应当判令其承担连带责任。网络服务提供者能够证明其仅提供自动接入、自动传输、信息存储空间、搜索、链接、文件分享技术等网络服务，主张其不构成共同侵权行为的，人民法院应予支持。

第五条　网络服务提供者以提供网页快照、缩略图等方式实质替代其他网络服务提供者向公众提供相关作品的，人民法院应当认定其构成提供行为。

前款规定的提供行为不影响相关作品的正常使用，且未不合理损害权利人对该作品的合法权益，网络服务提供者主张其未侵害信息网络传播权的，人民法院应予支持。

第六条　原告有初步证据证明网络服务提供者提供了相关作品、表演、录音录像制品，但网络服务提供者能够证明其仅提供网络服务，且无过错的，人民法院不应认定为构成侵权。

第七条　网络服务提供者在提供网络服务时教唆或者帮助网络用户实施侵害信息网络传播权行为的，人民法院应当判令其承担侵权责任。

网络服务提供者以言语、推介技术支持、奖励积分等方式诱导、鼓励网络用户实施侵害信息网络传播权行为的，人民法院应当认定其构成教唆侵权行为。

网络服务提供者明知或者应知网络用户利用网络服务侵害信息网络传播权，未采取删除、屏蔽、断开链接等必要措施，或者提供技术支持等帮助行为的，人民法院应当认定其构成帮助侵权行为。

第八条　人民法院应当根据网络服务提供者的过错，确定其是否承担教唆、帮助侵权责任。网络服务提供者的过错包括对于网络用户侵害信息网络传播权行为的明知或者应知。

网络服务提供者未对网络用户侵害信息网络传播权的行为主动进行审查的，人民法院不应据此认定其具有过错。

网络服务提供者能够证明已采取合理、有效的技术措施，仍难以发现网络用户侵害信息网络传播权行为的，人民法院应当认定其不具有过错。

第九条　人民法院应当根据网络用户侵害信息网络传播权的具体事实是否明显，综合考虑以下因素，认定网络服务提供者是否构成应知：

（一）基于网络服务提供者提供服务的性质、方式及其引发侵权的可能性大小，应当具备的管理信息的能力；

（二）传播的作品、表演、录音录像制品的类型、知名度及侵权信息的明显程度；

（三）网络服务提供者是否主动对作品、表演、录音录像制品进行了选择、编辑、修改、推荐等；

（四）网络服务提供者是否积极采取了预防侵权的合理措施；

（五）网络服务提供者是否设置便捷程序接收侵权通知并及时对侵权通知作出合理的反应；

（六）网络服务提供者是否针对同一网络用户的重复侵权行为采取了相应的合理措施；

（七）其他相关因素。

第十条　网络服务提供者在提供网络服务时，对热播影视作品等以设置榜单、目录、索引、描述性段落、内容简介等方式进行推荐，且公众可以在其网页上直接以下载、浏览或者其他方式获得的，人民法院可以认定其应知网络用户侵害信息网络传播权。

第十一条　网络服务提供者从网络用户提供的作品、表演、录音录像制品中直接获得经济利益的，人民法院应当认定其对该网络用户侵害信息网络传播权的行为负有较高的注意义务。

网络服务提供者针对特定作品、表演、录音录像制品投放广告获取收益，或者获取与其传播的作品、表演、录音录像制品存在其他特定联系的经济利益，应当认定为前款规定的直接获得经济利益。网络服务提供者因提供网络服务而收取一般性广告费、服务费等，不属于本款规定的情形。

第十二条　有下列情形之一的，人民法院可以根据案件具体情况，认定提供信息存储空间服务的网络服务提供者应知网络用户侵害信息网络传播权：

（一）将热播影视作品等置于首页或者其他主要页面等能够为网络服务提供者明显感知的位置的；

（二）对热播影视作品等的主题、内容主动进行选择、编辑、整理、推荐，或者为其设立专门的排行榜的；

（三）其他可以明显感知相关作品、表演、录音录像制品为未经许可提供，仍未采取合理措施的情形。

第十三条　网络服务提供者接到权利人以书信、传真、电子邮件等方式提交的通知，未及时采取删除、屏蔽、断开链接等必要措施的，人民法院应当认定其明知相关侵害信息网络传播权行为。

第十四条　人民法院认定网络服务提供者采取的删除、屏蔽、断开链接等必要措施是否及时，应当根据权利人提交通知的形式，通知的准确程度，采取措施的难易程度，网络服务的性质，所涉作品、表演、录音录像制品的类型、知名度、数量等因素综合判断。

第十五条　侵害信息网络传播权民事纠纷案件由侵权行为地或者被告住所地人民法院管辖。侵权行为地包括实施被诉侵权行为的网络服务器、计算机终端等设备所在地。侵权行为地和被告住所地均难以确定或者在境外的，原告发现侵权内容的计算机终端等设备所在地可以视为侵权行为地。

《最高人民法院关于民事诉讼证据的若干规定》（节选）

发布：2008-12-16　实施：2008-12-16　时效性：现行有效

一、当事人举证

第一条　原告向人民法院起诉或者被告提出反诉，应当附有符合起诉条件的相应的证据材料。

第二条　当事人对自己提出的诉讼请求所依据的事实或者反驳对方诉讼请求所依据的事实有责任提供证据加以证明。

没有证据或者证据不足以证明当事人的事实主张的，由负有举证责任的当事人承担不利后果。

第三条　人民法院应当向当事人说明举证的要求及法律后果，促使当事人在合理期限内积极、全面、正确、诚实地完成举证。

当事人因客观原因不能自行收集的证据，可申请人民法院调查收集。

第四条　下列侵权诉讼，按照以下规定承担举证责任：

（一）因新产品制造方法发明专利引起的专利侵权诉讼，由制造同样产品的单位或者个人对其产品制造方法不同于专利方法承担举证责任；

（二）高度危险作业致人损害的侵权诉讼，由加害人就受害人故意造成损害的事实承担举证责任；

（三）因环境污染引起的损害赔偿诉讼，由加害人就法律规定的免责事由及其行为与损害结果之间不存在因果关系承担举证责任；

（四）建筑物或者其他设施以及建筑物上的搁置物、悬挂物发生倒塌、脱落、坠落致人损害的侵权诉讼，由所有人或者管理人对其无过错承担举证责任；

（五）饲养动物致人损害的侵权诉讼，由动物饲养人或者管理人就受害人有过错或者第三人有过错承担举证责任；

（六）因缺陷产品致人损害的侵权诉讼，由产品的生产者就法律规定的免责事由承担举证责任；

（七）因共同危险行为致人损害的侵权诉讼，由实施危险行为的人就其行为与损害结果之间不存在因果关系承担举证责任；

（八）因医疗行为引起的侵权诉讼，由医疗机构就医疗行为与损害结果之间不存在因果关系及不存在医疗过错承担举证责任。

有关法律对侵权诉讼的举证责任有特殊规定的，从其规定。

第五条　在合同纠纷案件中，主张合同关系成立并生效的一方当事人对合同订立和生效的事实承担举证责任；主张合同关系变更、解除、终止、撤销的一方当事人对引起合同关系变动的事实承担举证责任。

对合同是否履行发生争议的，由负有履行义务的当事人承担举证责任。

对代理权发生争议的，由主张有代理权一方当事人承担举证责任。

第六条　在劳动争议纠纷案件中，因用人单位作出开除、除名、辞退、解除劳动合同、减少劳动报酬、计算劳动者工作年限等决定而发生劳动争议的，由用人单位负举证责任。

第七条　在法律没有具体规定，依本规定及其他司法解释无法确定举证责任承担时，人民法院可以根据公平原则和诚实信用原则，综合当事人举证能力等因素确定举证责任的承担。

第八条　诉讼过程中，一方当事人对另一方当事人陈述的案件事实明确表示承认的，另一方当事人无需举证。但涉及身分关系的案件除外。

对一方当事人陈述的事实，另一方当事人既未表示承认也未否认，经审判人员充分说明并询问后，其仍不明确表示肯定或者否定的，视为对该项事实的承认。

当事人委托代理人参加诉讼的，代理人的承认视为当事人的承认。但未经特别授权的代理人对事实的承认直接导致承认对方诉讼请求的除外；当事人在场但对其代理人的承认不作否认表示的，视为当事人的承认。

当事人在法庭辩论终结前撤回承认并经对方当事人同意，或者有充分证据证明其承认行为是在受胁迫或者重大误解情况下作出且与事实不符的，不能免除对方当事人的举证责任。

第九条　下列事实，当事人无需举证证明：

（一）众所周知的事实；

（二）自然规律及定理；

（三）根据法律规定或者已知事实和日常生活经验法则，能推定出的另一事实；

（四）已为人民法院发生法律效力的裁判所确认的事实；

（五）已为仲裁机构的生效裁决所确认的事实；

（六）已为有效公证文书所证明的事实。

前款（一）、（三）、（四）、（五）、（六）项，当事人有相反证据足以推翻的除外。

第十条　当事人向人民法院提供证据，应当提供原件或者原物。如需自己保存证据原件、原物或者提供原件、原物确有困难的，可以提供经人民法院核对无异的复制件或者复制品。

第十一条　当事人向人民法院提供的证据系在中华人民共和国领域外形成的，该证据应当经所在国公证机关予以证明，并经中华人民共和国驻该国使领馆予以认证，或者履行中华人民共和国与该所在国订立的有关条约中规定的证明手续。

当事人向人民法院提供的证据是在香港、澳门、台湾地区形成的，应当履行相关的证明手续。

第十二条　当事人向人民法院提供外文书证或者外文说明资料，应当附有中文译本。

第十三条　对双方当事人无争议但涉及国家利益、社会公共利益或者他人合法权益的事实，人民法院可以责令当事人提供有关证据。

第十四条　当事人应当对其提交的证据材料逐一分类编号，对证据材料的来源、证明对象和内容作简要说明，签名盖章，注明提交日期，并依照对方当事人人数提出副本。

人民法院收到当事人提交的证据材料，应当出具收据，注明证据的名称、份数和页数以及收到的时间，由经办人员签名或者盖章。

二、人民法院调查收集证据

第十五条　《民事诉讼法》第六十四条规定的“人民法院认为审理案件需要的证据”，是指以下情形：

（一）涉及可能有损国家利益、社会公共利益或者他人合法权益的事实；

（二）涉及依职权追加当事人、中止诉讼、终结诉讼、回避等与实体争议无关的程序事项。

第十六条　除本规定第十五条规定的情形外，人民法院调查收集证据，应当依当事人的申请进行。

第十七条　符合下列条件之一的，当事人及其诉讼代理人可以申请人民法院调查收集证据：

（一）申请调查收集的证据属于国家有关部门保存并须人民法院依职权调取的档案材料；

（二）涉及国家秘密、商业秘密、个人隐私的材料；

（三）当事人及其诉讼代理人确因客观原因不能自行收集的其他材料。

第十八条　当事人及其诉讼代理人申请人民法院调查收集证据，应当提交书面申请。申请书应当载明被调查人的姓名或者单位名称、住所地等基本情况、所要调查收集的证据的内容、需要由人民法院调查收集证据的原因及其要证明的事实。

第十九条 当事人及其诉讼代理人申请人民法院调查收集证据,不得迟于举证期限届满前七日。

人民法院对当事人及其诉讼代理人的申请不予准许的,应当向当事人或其诉讼代理人送达通知书。当事人及其诉讼代理人可以在收到通知书的次日起三日内向受理申请的人民法院书面申请复议一次。人民法院应当在收到复议申请之日起五日内作出答复。

第二十条 调查人员调查收集的书证,可以是原件,也可以是经核对无误的副本或者复制件。是副本或者复制件的,应当在调查笔录中说明来源和取证情况。

第二十一条 调查人员调查收集的物证应当是原物。被调查人提供原物确有困难的,可以提供复制品或者照片。提供复制品或者照片的,应当在调查笔录中说明取证情况。

第二十二条 调查人员调查收集计算机数据或者录音、录像等视听资料的,应当要求被调查人提供有关资料的原始载体。提供原始载体确有困难的,可以提供复制件。提供复制件的,调查人员应当在调查笔录中说明其来源和制作经过。

第二十三条 当事人依据《民事诉讼法》第七十四条的规定向人民法院申请保全证据,不得迟于举证期限届满前七日。

当事人申请保全证据的,人民法院可以要求其提供相应的担保。

法律、司法解释规定诉前保全证据的,依照其规定办理。

第二十四条 人民法院进行证据保全,可以根据具体情况,采取查封、扣押、拍照、录音、录像、复制、鉴定、勘验、制作笔录等方法。

人民法院进行证据保全,可以要求当事人或者诉讼代理人到场。

第二十五条 当事人申请鉴定,应当在举证期限内提出。符合本规定第二十七条规定的情形,当事人申请重新鉴定的除外。

对需要鉴定的事项负有举证责任的当事人,在人民法院指定的期限内无正当理由不提出鉴定申请或者不预交鉴定费用或者拒不提供相关材料,致使对案件争议的事实无法通过鉴定结论予以认定的,应当对该事实承担举证不能的法律后果。

第二十六条　当事人申请鉴定经人民法院同意后，由双方当事人协商确定有鉴定资格的鉴定机构、鉴定人员，协商不成的，由人民法院指定。

第二十七条　当事人对人民法院委托的鉴定部门作出的鉴定结论有异议申请重新鉴定，提出证据证明存在下列情形之一的，人民法院应予准许：

(一)鉴定机构或者鉴定人员不具备相关的鉴定资格的；

(二)鉴定程序严重违法的；

(三)鉴定结论明显依据不足的；

(四)经过质证认定不能作为证据使用的其他情形。

对有缺陷的鉴定结论，可以通过补充鉴定、重新质证或者补充质证等方法解决的，不予重新鉴定。

第二十八条　一方当事人自行委托有关部门作出的鉴定结论，另一方当事人有证据足以反驳并申请重新鉴定的，人民法院应予准许。

第二十九条　审判人员对鉴定人出具的鉴定书，应当审查是否具有下列内容：

(一)委托人姓名或者名称、委托鉴定的内容；

(二)委托鉴定的材料；

(三)鉴定的依据及使用的科学技术手段；

(四)对鉴定过程的说明；

(五)明确的鉴定结论；

(六)对鉴定人鉴定资格的说明；

(七)鉴定人员及鉴定机构签名盖章。

第三十条　人民法院勘验物证或者现场，应当制作笔录，记录勘验的时间、地点、勘验人、在场人、勘验的经过、结果，由勘验人、在场人签名或者盖章。对于绘制的现场图应当注明绘制的时间、方位、测绘人姓名、身份等内容。

第三十一条　摘录有关单位制作的与案件事实相关的文件、材料，应当注明出处，并加盖制作单位或者保管单位的印章，摘录人和其他调查人员应当在摘录件上签名或者盖章。

摘录文件、材料应当保持内容相应的完整性，不得断章取义。

三、举证时限与证据交换

第三十二条　被告应当在答辩期届满前提出书面答辩，阐明其对原告诉讼请求及所依据的事实和理由的意见。

第三十三条　人民法院应当在送达案件受理通知书和应诉通知书的同时向当事人送达举证通知书。举证通知书应当载明举证责任的分配原则与要求、可以向人民法院申请调查取证的情形、人民法院根据案件情况指定的举证期限以及逾期提供证据的法律后果。

举证期限可以由当事人协商一致，并经人民法院认可。

由人民法院指定举证期限的，指定的期限不得少于三十日，自当事人收到案件受理通知书和应诉通知书的次日起计算。

第三十四条　当事人应当在举证期限内向人民法院提交证据材料，当事人在举证期限内不提交的，视为放弃举证权利。

对于当事人逾期提交的证据材料，人民法院审理时不组织质证。但对方当事人同意质证的除外。

当事人增加、变更诉讼请求或者提起反诉的，应当在举证期限届满前提出。

第三十五条　诉讼过程中，当事人主张的法律关系的性质或者民事行为的效力与人民法院根据案件事实作出的认定不一致的，不受本规定第三十四条规定的限制，人民法院应当告知当事人可以变更诉讼请求。

当事人变更诉讼请求的，人民法院应当重新指定举证期限。

第三十六条　当事人在举证期限内提交证据材料确有困难的，应当在举证期限内向人民法院申请延期举证，经人民法院准许，可以适当延长举证期限。当事人在延长的举证期限内提交证据材料仍有困难的，可以再次提出延期申请，是否准许由人民法院决定。

第三十七条　经当事人申请，人民法院可以组织当事人在开庭审理前交换证据。

人民法院对于证据较多或者复杂疑难的案件，应当组织当事人在答辩期届满后、开庭审理前交换证据。

第三十八条　交换证据的时间可以由当事人协商一致并经人民法院认可，也可以由人民法院指定。

人民法院组织当事人交换证据的,交换证据之日举证期限届满。当事人申请延期举证经人民法院准许的,证据交换日相应顺延。

第三十九条　证据交换应当在审判人员的主持下进行。

在证据交换的过程中,审判人员对当事人无异议的事实、证据应当记录在卷;对有异议的证据,按照需要证明的事实分类记录在卷,并记载异议的理由。通过证据交换,确定双方当事人争议的主要问题。

第四十条　当事人收到对方交换的证据后提出反驳并提出新证据的,人民法院应当通知当事人在指定的时间进行交换。

证据交换一般不超过两次。但重大、疑难和案情特别复杂的案件,人民法院认为确有必要再次进行证据交换的除外。

第四十一条　《民事诉讼法》第一百二十五条第一款规定的“新的证据”,是指以下情形:

(一)一审程序中的新的证据包括:当事人在一审举证期限届满后新发现的证据;当事人确因客观原因无法在举证期限内提供,经人民法院准许,在延长的期限内仍无法提供的证据;

(二)二审程序中的新的证据包括:一审庭审结束后新发现的证据;当事人在一审举证期限届满前申请人民法院调查取证未获准许,二审法院经审查认为应当准许并依当事人申请调取的证据。

第四十二条　当事人在一审程序中提供新的证据的,应当在一审开庭前或者开庭审理时提出。

当事人在二审程序中提供新的证据的,应当在二审开庭前或者开庭审理时提出;二审不需要开庭审理的,应当在人民法院指定的期限内提出。

第四十三条　当事人举证期限届满后提供的证据不是新的证据的,人民法院不予采纳。

当事人经人民法院准许延期举证,但因客观原因未能在准许的期限内提供,且不审理该证据可能导致裁判明显不公的,其提供的证据可视为新的证据。

第四十四条　《民事诉讼法》第一百七十九条第一款第(一)项规定的“新的证据”,是指原审庭审结束后新发现的证据。

当事人在再审程序中提供新的证据的,应当在申请再审时提出。

第四十五条　一方当事人提出新的证据的，人民法院应当通知对方当事人在合理期限内提出意见或者举证。

第四十六条　由于当事人的原因未能在指定期限内举证，致使案件在二审或者再审期间因提出新的证据被人民法院发回重审或者改判的，原审裁判不属于错误裁判案件。一方当事人请求提出新的证据的另一方当事人负担由此增加的差旅、误工、证人出庭作证、诉讼等合理费用以及由此扩大的直接损失，人民法院应予支持。

四、质证

第四十七条　证据应当在法庭上出示，由当事人质证。未经质证的证据，不能作为认定案件事实的依据。

当事人在证据交换过程中认可并记录在卷的证据，经审判人员在庭审中说明后，可以作为认定案件事实的依据。

第四十八条　涉及国家秘密、商业秘密和个人隐私或者法律规定的其他应当保密的证据，不得在开庭时公开质证。

第四十九条　对书证、物证、视听资料进行质证时，当事人有权要求出示证据的原件或者原物。但有下列情况之一的除外：

（一）出示原件或者原物确有困难并经人民法院准许出示复制件或者复制品的；

（二）原件或者原物已不存在，但有证据证明复制件、复制品与原件或原物一致的。

第五十条　质证时，当事人应当围绕证据的真实性、关联性、合法性，针对证据证明力有无以及证明力大小，进行质疑、说明与辩驳。

第五十一条　质证按下列顺序进行：

（一）原告出示证据，被告、第三人与原告进行质证；

（二）被告出示证据，原告、第三人与被告进行质证；

（三）第三人出示证据，原告、被告与第三人进行质证。

人民法院依照当事人申请调查收集的证据，作为提出申请的一方当事人提供的证据。

人民法院依照职权调查收集的证据应当在庭审时出示，听取当事人意见，并可就调查收集该证据的情况予以说明。

第五十二条　案件有两个以上独立的诉讼请求的，当事人可以逐个出示证据进行质证。

第五十三条　不能正确表达意志的人，不能作为证人。

待证事实与其年龄、智力状况或者精神健康状况相适应的无民事行为能力人和限制民事行为能力人，可以作为证人。

第五十四条　当事人申请证人出庭作证，应当在举证期限届满十日前提出，并经人民法院许可。

人民法院对当事人的申请予以准许的，应当在开庭审理前通知证人出庭作证，并告知其应当如实作证及作伪证的法律后果。

证人因出庭作证而支出的合理费用，由提供证人的一方当事人先行支付，由败诉一方当事人承担。

第五十五条　证人应当出庭作证，接受当事人的质询。

证人在人民法院组织双方当事人交换证据时出席陈述证言的，可视为出庭作证。

第五十六条　《民事诉讼法》第七十条规定的“证人确有困难不能出庭”，是指有下列情形：

（一）年迈体弱或者行动不便无法出庭的；

（二）特殊岗位确实无法离开的；

（三）路途特别遥远，交通不便难以出庭的；

（四）因自然灾害等不可抗力的原因无法出庭的；

（五）其他无法出庭的特殊情况的。

前款情形，经人民法院许可，证人可以提交书面证言或者视听资料或者通过双向视听传输技术手段作证。

第五十七条　出庭作证的证人应当客观陈述其亲身感知的事实。证人为聋哑人的，可以其他表达方式作证。

证人作证时，不得使用猜测、推断或者评论性的语言。

第五十八条　审判人员和当事人可以对证人进行询问。证人不得旁听法庭审理；询问证人时，其他证人不得在场。人民法院认为有必要的，可以让证人进行对质。

第五十九条　鉴定人应当出庭接受当事人质询。

鉴定人确因特殊原因无法出庭的，经人民法院准许，可以书面答复当事人的质询。

第六十条　经法庭许可，当事人可以向证人、鉴定人、勘验人发问。

询问证人、鉴定人、勘验人不得使用威胁、侮辱及不适当引导证人的言语和方式。

第六十一条　当事人可以向人民法院申请由一至二名具有专门知识的人员出庭就案件的专门性问题进行说明。人民法院准许其申请的，有关费用由提出申请的当事人负担。

审判人员和当事人可以对出庭的具有专门知识的人员进行询问。

经人民法院准许，可以由当事人各自申请的具有专门知识的人员就有案件中的问题进行对质。

具有专门知识的人员可以对鉴定人进行询问。

第六十二条　法庭应当将当事人的质证情况记入笔录，并由当事人核对后签名或者盖章。

五、证据的审核认定

第六十三条　人民法院应当以证据能够证明的案件事实为依据依法作出裁判。

第六十四条　审判人员应当依照法定程序，全面、客观地审核证据，依据法律的规定，遵循法官职业道德，运用逻辑推理和日常生活经验，对证据有无证明力和证明力大小独立进行判断，并公开判断的理由和结果。

第六十五条　审判人员对单一证据可以从下列方面进行审核认定：

（一）证据是否原件、原物，复印件、复制品与原件、原物是否相符；

（二）证据与本案事实是否相关；

（三）证据的形式、来源是否符合法律规定；

（四）证据的内容是否真实；

（五）证人或者提供证据的人，与当事人有无利害关系。

第六十六条　审判人员对案件的全部证据，应当从各证据与案件事实的关联程度、各证据之间的联系等方面进行综合审查判断。

第六十七条　在诉讼中，当事人为达成调解协议或者和解的目的作出妥协所涉及的对案件事实的认可，不得在其后的诉讼中作为对其不利的证据。

第六十八条　以侵害他人合法权益或者违反法律禁止性规定的方法取得的证据，不能作为认定案件事实的依据。

第六十九条　下列证据不能单独作为认定案件事实的依据：

（一）未成年人所作的与其年龄和智力状况不相当的证言；

（二）与一方当事人或者其代理人有利害关系的证人出具的证言；

（三）存有疑点的视听资料；

（四）无法与原件、原物核对的复印件、复制品；

（五）无正当理由未出庭作证的证人证言。

第七十条　一方当事人提出的下列证据，对方当事人提出异议但没有足以反驳的相反证据的，人民法院应当确认其证明力：

（一）书证原件或者与书证原件核对无误的复印件、照片、副本、节录本；

（二）物证原物或者与物证原物核对无误的复制件、照片、录像资料等；

（三）有其他证据佐证并以合法手段取得的、无疑点的视听资料或者与视听资料核对无误的复制件；

（四）一方当事人申请人民法院依照法定程序制作的对物证或者现场的勘验笔录。

第七十一条　人民法院委托鉴定部门作出的鉴定结论，当事人没有足以反驳的相反证据和理由的，可以认定其证明力。

第七十二条　一方当事人提出的证据，另一方当事人认可或者提出的相反证据不足以反驳的，人民法院可以确认其证明力。

一方当事人提出的证据，另一方当事人有异议并提出反驳证据，对方当事人对反驳证据认可的，可以确认反驳证据的证明力。

第七十三条　双方当事人对同一事实分别举出相反的证据，但都没有足够的依据否定对方证据的，人民法院应当结合案件情况，判断一方提供证据的证明力是否明显大于另一方提供证据的证明力，并对证明力较大的证据予以确认。

因证据的证明力无法判断导致争议事实难以认定的，人民法院应当依据举证责任分配的规则作出裁判。

第七十四条　诉讼过程中，当事人在起诉状、答辩状、陈述及其委托代理人的代理词中承认的对己方不利的事实和认可的证据，人民法院应当予以确认，但当事人反悔并有相反证据足以推翻的除外。

第七十五条　有证据证明一方当事人持有证据无正当理由拒不提供，如果对方当事人主张该证据的内容不利于证据持有人，可以推定该主张成立。

第七十六条　当事人对自己的主张，只有本人陈述而不能提出其他相关证据的，其主张不予支持。但对方当事人认可的除外。

第七十七条　人民法院就数个证据对同一事实的证明力，可以依照下列原则认定：

（一）国家机关、社会团体依职权制作的公文书证的证明力一般大于其他书证；

（二）物证、档案、鉴定结论、勘验笔录或者经过公证、登记的书证，其证明力一般大于其他书证、视听资料和证人证言；

（三）原始证据的证明力一般大于传来证据；

（四）直接证据的证明力一般大于间接证据；

（五）证人提供的对与其有亲属或者其他密切关系的当事人有利的证言，其证明力一般小于其他证人证言。

第七十八条　人民法院认定证人证言，可以通过对证人的智力状况、品德、知识、经验、法律意识和专业技能等的综合分析作出判断。

第七十九条　人民法院应当在裁判文书中阐明证据是否采纳的理由。

对当事人无争议的证据，是否采纳的理由可以不在裁判文书中表述。

六、其他

第八十条　对证人、鉴定人、勘验人的合法权益依法予以保护。

当事人或者其他诉讼参与人伪造、毁灭证据，提供假证据，阻止证人作证，指使、贿买、胁迫他人作伪证，或者对证人、鉴定人、勘验人打击报复的，依照《民事诉讼法》第一百零二条的规定处理。

第八十一条　人民法院适用简易程序审理案件，不受本解释中第三十二条、第三十三条第三款和第七十九条规定的限制。

第八十二条　本院过去的司法解释，与本规定不一致的，以本规定为准。

第八十三条　本规定施行后受理的再审民事案件，人民法院依据《民事诉讼法》第一百八十六条的规定进行审理的，适用本规定。

二、理由的设计

【技巧理论】

民事诉讼案件起诉理由的设计，对于代理律师而言，也是一项基本功。理由包括事实的理由以及法律的依据两种。事实包括侵权的事实或者违约的事实。法律的依据，这里的法律是广义的法律，包括法律、行政法规、规章、地方法规以及司法解释等。

代理律师在提起民事诉讼时，应对案件涉及的所有法律、法规、规章、地方性法规、规章以及司法解释进行检索，作为起诉的依据。

【训练案例-23】①

A公司于1995年6月8日依法注册成立，经营范围为生产、销售保健品（主要为芦荟系列、矿物晶产品）、化妆品、食品等，在批准直销的区域内以直销的方式招募直销员销售产品。2006年12月1日，商务部向A公司颁发了直销经营许可证，直销区域为广东省，具体区域以商务部直销行业管理网站公布的为准。廖某某原为A公司成立时的股东之一，曾任董事、总经理，1997年8月离开A公司，成立B公司。

B公司成立于1997年8月26日，成立时法定代表人为廖某某。2007年9月，因廖某某、郭某某、张某某涉嫌刑事犯罪，该企业法定代表人变更为廖某强（马来西亚国籍）。该公司的经营范围为生产芦荟矿物晶、芦荟胶系列，保健食品、化妆品等。

A公司和B公司主要经营模式相近。A公司主打产品为“完美牌”芦荟系列产品（包括芦荟矿物晶），B公司主打产品为“艾芦牌”芦荟系列产品（包括芦荟矿物晶），两个产品主要成分相近，说明书都称主要是芦荟提取物和其他物

①引自最高人民法院网。

质制成。

A公司认为:B公司、郭某某、廖某某、张某某在推销B公司产品的过程中,对A公司的商业信誉和商品声誉进行诋毁,已经构成对A公司名誉权的侵害。为维护A公司的合法权益,A公司拟聘请律师提起民事诉讼,以制止B公司、郭某某、廖某某、张某某的侵权行为,并且要求其赔偿损失。

【训练提示】

本案中,A公司与B公司的经营范围相近、经营模式相近。A、B两公司在经营活动中发生纠纷。本案当事人之间纠纷的实质是市场主体的经营行为冲突问题。

考察市场主体行为的合法性问题,必须根据我国市场主体行为规制的法律法规及司法解释。当市场经营行为的冲突中,有非法经营行为的一方侵犯了合法经营的另一方的合法利益时,受到侵犯的一方当事人,可以依法追究对方的法律责任。

由于案由是当事人之间争议的、当事人请求人民法院裁判的民事实体法律关系,所以,参训者可以根据本案的当事人之间的民事实体法律关系确定案由。参训者并且可以根据主张的事实,收集能够证明相关事实的证据。

【训练问题】

1.你认为本案的案由是什么?

2.A公司如果聘请你作为代理律师,你认为A公司应该提供哪些证据才能证明A公司主张的事实?

【法规链接】

《中华人民共和国反不正当竞争法》(节选)

发布:1993-09-02　实施:1993-12-01　时效性:现行有效

第二十条　经营者违反本法规定,给被侵害的经营者造成损害的,应当承担损害赔偿责任,被侵害的经营者的损失难以计算的,赔偿额为侵权人在侵权期间因侵权所获得的利润;并应当承担被侵害的经营者因调查该经营者侵害其合法权益的不正当竞争行为所支付的合理费用。

被侵害的经营者的合法权益受到不正当竞争行为损害的,可以向人民法院提起诉讼。

第二十一条　经营者假冒他人的注册商标，擅自使用他人的企业名称或者姓名，伪造或者冒用认证标志、名优标志等质量标志，伪造产地，对商品质量作引人误解的虚假表示的，依照《中华人民共和国商标法》《中华人民共和国产品质量法》的规定处罚。

经营者擅自使用知名商品特有的名称、包装、装潢，或者使用与知名商品近似的名称、包装、装潢，造成和他人的知名商品相混淆，使购买者误认为是该知名商品的，监督检查部门应当责令停止违法行为，没收违法所得，可以根据情节处以违法所得一倍以上三倍以下的罚款；情节严重的，可以吊销营业执照；销售伪劣商品，构成犯罪的，依法追究刑事责任。

第五节　证据目录的制作

【技巧理论】

律师针对要证明的法律事实，收集证据组成证据链后，必须制作证据目录提交至法院，以便法院审理。制作证据目录是代理律师的基本技能。制作证据目录的整体要求是清晰、明白、格式化。

证据目录通常以表格方式制作。表格中每行分别列出序号、证据名称、证明目的，然后根据自己的数量，按照序号制作进入表格。具体格式如下：

＿＿＿＿＿＿提交证据目录

序号	证据名称	证明目的	页码
1			
2			

【训练案例-24】[①]

2016年5月1日20时51分，彭某饮酒后（血液酒精含量211mg/100ml）驾驶本人所有的渝C×××××号小型轿车违规穿越双黄实线与贵D××××8号小型轿车发生碰撞后继续向前行驶又与相对方向驶来的由邓某某驾驶的晏

①引自中国裁判文书网，作者对内容作了调整。

某所有的贵D××××6号小型轿车车身左侧发生碰撞，致使贵D××××6号小型轿车在向右避让时，其身右侧又与其右侧同向行驶的由曾某驾驶的本人所有的贵D××××3号小型轿车车身左侧发生碰撞，造成贵D××××3号小型轿车乘车人张某某受伤及三车受损的道路交通事故。经认定，彭某承担此次事故的全部责任，邓某某、曾某、张某某无责任。事后，晏某将其车辆送修，产生修理费46368元，彭某向晏某支付了30000元。晏某受损的车辆于2016年6月17日修理完毕，因未能及时支付修理公司修理费，该车辆一审期间仍在修理公司停放。

彭某向中国太平洋财产保险股份有限公司璧山支公司购买了渝C×××××号小型轿车的机动车强制保险及商业险30万元。

晏某因其机动车受损向彭某及中国太平洋财产保险股份有限公司璧山支公司索赔，向人民法院提起民事诉讼。

【训练提示】

本案是一起典型的交通事故纠纷案例。本案中，肇事者彭某醉驾，导致其他三辆机动车受损、乘车人张某某受伤的后果。本案训练的重点是参训者对事故当事人法律关系的梳理能力。

在交通事故中，如果涉及多个当事人，代理律师必须将相关当事人之间的法律关系梳理清楚，然后，根据自己代理的当事人处于的法律地位，设计出原告的诉讼请求。然后，根据原告主张的事实，设计出原告的证据目录，并且将证据目录采用法律可视化的方法制作出来。

【训练问题】

你作为晏某的代理律师，为索赔需要收集哪些证据？请将已经收集的证据制作一份提交法院的证据目录。

【法规链接】

《中华人民共和国道路交通安全法》(节选)

发布:2011-04-22　实施:2011-05-01　时效性:现行有效

第七十六条　机动车发生交通事故造成人身伤亡、财产损失的，由保险公司在机动车第三者责任强制保险责任限额范围内予以赔偿；不足的部分，按照下列规定承担赔偿责任：

(一)机动车之间发生交通事故的,由有过错的一方承担赔偿责任;双方都有过错的,按照各自过错的比例分担责任。

(二)机动车与非机动车驾驶人、行人之间发生交通事故,非机动车驾驶人、行人没有过错的,由机动车一方承担赔偿责任;有证据证明非机动车驾驶人、行人有过错的,根据过错程度适当减轻机动车一方的赔偿责任;机动车一方没有过错的,承担不超过百分之十的赔偿责任。

交通事故的损失是由非机动车驾驶人、行人故意碰撞机动车造成的,机动车一方不承担赔偿责任。

《中华人民共和国侵权责任法》(节选)

发布:2009-12-26　实施:2010-07-01　时效性:现行有效

第二条　侵害民事权益,应当依照本法承担侵权责任。

本法所称民事权益,包括生命权、健康权、姓名权、名誉权、荣誉权、肖像权、隐私权、婚姻自主权、监护权、所有权、用益物权、担保物权、著作权、专利权、商标专用权、发现权、股权、继承权等人身、财产权益。

第三条　被侵权人有权请求侵权人承担侵权责任。

第四条　侵权人因同一行为应当承担行政责任或者刑事责任的,不影响依法承担侵权责任。

因同一行为应当承担侵权责任和行政责任、刑事责任,侵权人的财产不足以支付的,先承担侵权责任。

第五条　其他法律对侵权责任另有特别规定的,依照其规定。

第六条　行为人因过错侵害他人民事权益,应当承担侵权责任。

根据法律规定推定行为人有过错,行为人不能证明自己没有过错的,应当承担侵权责任。

《最高人民法院关于审理道路交通事故损害赔偿案件适用法律若干问题的解释》(节选)

发布:2012-11-27　实施:2012-12-21　时效性:现行有效

一、关于主体责任的认定

第一条　机动车发生交通事故造成损害,机动车所有人或者管理人有下列情形之一,人民法院应当认定其对损害的发生有过错,并适用第四十九条的规定确定其相应的赔偿责任：

（一）知道或者应当知道机动车存在缺陷，且该缺陷是交通事故发生原因之一的；

（二）知道或者应当知道驾驶人无驾驶资格或者未取得相应驾驶资格的；

（三）知道或者应当知道驾驶人因饮酒、服用国家管制的精神药品或者麻醉药品，或者患有妨碍安全驾驶机动车的疾病等依法不能驾驶机动车的；

（四）其他应当认定机动车所有人或者管理人有过错的。

第二条 未经允许驾驶他人机动车发生交通事故造成损害，当事人依照侵权责任法第四十九条的规定请求由机动车驾驶人承担赔偿责任的，人民法院应予支持。机动车所有人或者管理人有过错的，承担相应的赔偿责任，但具有侵权责任法第五十二条规定情形的除外。

第三条 以挂靠形式从事道路运输经营活动的机动车发生交通事故造成损害，属于该机动车一方责任，当事人请求由挂靠人和被挂靠人承担连带责任的，人民法院应予支持。

第四条 被多次转让但未办理转移登记的机动车发生交通事故造成损害，属于该机动车一方责任，当事人请求由最后一次转让并交付的受让人承担赔偿责任的，人民法院应予支持。

第五条 套牌机动车发生交通事故造成损害，属于该机动车一方责任，当事人请求由套牌机动车的所有人或者管理人承担赔偿责任的，人民法院应予支持；被套牌机动车所有人或者管理人同意套牌的，应当与套牌机动车的所有人或者管理人承担连带责任。

第六条 拼装车、已达到报废标准的机动车或者依法禁止行驶的其他机动车被多次转让，并发生交通事故造成损害，当事人请求由所有的转让人和受让人承担连带责任的，人民法院应予支持。

第七条 接受机动车驾驶培训的人员，在培训活动中驾驶机动车发生交通事故造成损害，属于该机动车一方责任，当事人请求驾驶培训单位承担赔偿责任的，人民法院应予支持。

第八条 机动车试乘过程中发生交通事故造成试乘人损害，当事人请求提供试乘服务者承担赔偿责任的，人民法院应予支持。试乘人有过错的，应当减轻提供试乘服务者的赔偿责任。

第九条 因道路管理维护缺陷导致机动车发生交通事故造成损害，当事人请求道路管理者承担相应赔偿责任的，人民法院应予支持，但道路管理者能够证明已按照法律、法规、规章、国家标准、行业标准或者地方标准尽到安全防护、警示等管理维护义务的除外。

依法不得进入高速公路的车辆、行人，进入高速公路发生交通事故造成自身损害，当事人请求高速公路管理者承担赔偿责任的，适用侵权责任法第七十六条的规定。

第十条 因在道路上堆放、倾倒、遗撒物品等妨碍通行的行为，导致交通事故造成损害，当事人请求行为人承担赔偿责任的，人民法院应予支持。道路管理者不能证明已按照法律、法规、规章、国家标准、行业标准或者地方标准尽到清理、防护、警示等义务的，应当承担相应的赔偿责任。

第十一条 未按照法律、法规、规章或者国家标准、行业标准、地方标准的强制性规定设计、施工，致使道路存在缺陷并造成交通事故，当事人请求建设单位与施工单位承担相应赔偿责任的，人民法院应予支持。

第十二条 机动车存在产品缺陷导致交通事故造成损害，当事人请求生产者或者销售者依照侵权责任法第五章的规定承担赔偿责任的，人民法院应予支持。

第十三条 多辆机动车发生交通事故造成第三人损害，当事人请求多个侵权人承担赔偿责任的，人民法院应当区分不同情况，依照侵权责任法第十条、第十一条或者第十二条的规定，确定侵权人承担连带责任或者按份责任。

二、关于赔偿范围的认定

第十四条 道路交通安全法第七十六条规定的“人身伤亡”，是指机动车发生交通事故侵害被侵权人的生命权、健康权等人身权益所造成的损害，包括侵权责任法第十六条和第二十二条规定的各项损害。

道路交通安全法第七十六条规定的“财产损失”，是指因机动车发生交通事故侵害被侵权人的财产权益所造成的损失。

第十五条 因道路交通事故造成下列财产损失，当事人请求侵权人赔偿的，人民法院应予支持：

（一）维修被损坏车辆所支出的费用、车辆所载物品的损失、车辆施救费用；

（二）因车辆灭失或者无法修复，为购买交通事故发生时与被损坏车辆价值相当的车辆重置费用；

（三）依法从事货物运输、旅客运输等经营性活动的车辆，因无法从事相应经营活动所产生的合理停运损失；

（四）非经营性车辆因无法继续使用，所产生的通常替代性交通工具的合理费用。

三、关于责任承担的认定

第十六条　同时投保机动车第三者责任强制保险（以下简称“交强险”）和第三者责任商业保险（以下简称“商业三者险”）的机动车发生交通事故造成损害，当事人同时起诉侵权人和保险公司的，人民法院应当按照下列规则确定赔偿责任：

（一）先由承保交强险的保险公司在责任限额范围内予以赔偿；

（二）不足部分，由承保商业三者险的保险公司根据保险合同予以赔偿；

（三）仍有不足的，依照道路交通安全法和侵权责任法的相关规定由侵权人予以赔偿。

被侵权人或者其近亲属请求承保交强险的保险公司优先赔偿精神损害的，人民法院应予支持。

第十七条　投保人允许的驾驶人驾驶机动车致使投保人遭受损害，当事人请求承保交强险的保险公司在责任限额范围内予以赔偿的，人民法院应予支持，但投保人为本车上人员的除外。

第十八条　有下列情形之一导致第三人人身损害，当事人请求保险公司在交强险责任限额范围内予以赔偿，人民法院应予支持：

（一）驾驶人未取得驾驶资格或者未取得相应驾驶资格的；

（二）醉酒、服用国家管制的精神药品或者麻醉药品后驾驶机动车发生交通事故的；

（三）驾驶人故意制造交通事故的。

保险公司在赔偿范围内向侵权人主张追偿权的，人民法院应予支持。追偿权的诉讼时效期间自保险公司实际赔偿之日起计算。

第十九条　未依法投保交强险的机动车发生交通事故造成损害，当事人请求投保义务人在交强险责任限额范围内予以赔偿的，人民法院应予支持。

投保义务人和侵权人不是同一人，当事人请求投保义务人和侵权人在交强险责任限额范围内承担连带责任的，人民法院应予支持。

第二十条　具有从事交强险业务资格的保险公司违法拒绝承保、拖延承保或者违法解除交强险合同，投保义务人在向第三人承担赔偿责任后，请求该保险公司在交强险责任限额范围内承担相应赔偿责任的，人民法院应予支持。

第二十一条　多辆机动车发生交通事故造成第三人损害，损失超出各机动车交强险责任限额之和的，由各保险公司在各自责任限额范围内承担赔偿责任；损失未超出各机动车交强险责任限额之和，当事人请求由各保险公司按照其责任限额与责任限额之和的比例承担赔偿责任的，人民法院应予支持。

依法分别投保交强险的牵引车和挂车连接使用时发生交通事故造成第三人损害，当事人请求由各保险公司在各自的责任限额范围内平均赔偿的，人民法院应予支持。

多辆机动车发生交通事故造成第三人损害，其中部分机动车未投保交强险，当事人请求先由已承保交强险的保险公司在责任限额范围内予以赔偿的，人民法院应予支持。保险公司就超出其应承担的部分向未投保交强险的投保义务人或者侵权人行使追偿权的，人民法院应予支持。

第二十二条　同一交通事故的多个被侵权人同时起诉的，人民法院应当按照各被侵权人的损失比例确定交强险的赔偿数额。

第二十三条　机动车所有权在交强险合同有效期内发生变动，保险公司在交通事故发生后，以该机动车未办理交强险合同变更手续为由主张免除赔偿责任的，人民法院不予支持。

机动车在交强险合同有效期内发生改装、使用性质改变等导致危险程度增加的情形，发生交通事故后，当事人请求保险公司在责任限额范围内予以赔偿的，人民法院应予支持。

前款情形下，保险公司另行起诉请求投保义务人按照重新核定后的保险费标准补足当期保险费的，人民法院应予支持。

第二十四条　当事人主张交强险人身伤亡保险金请求权转让或者设定担

保的行为无效的，人民法院应予支持。

四、关于诉讼程序的规定

第二十五条　人民法院审理道路交通事故损害赔偿案件，应当将承保交强险的保险公司列为共同被告。但该保险公司已经在交强险责任限额范围内予以赔偿且当事人无异议的除外。

人民法院审理道路交通事故损害赔偿案件，当事人请求将承保商业三者险的保险公司列为共同被告的，人民法院应予准许。

第二十六条　被侵权人因道路交通事故死亡，无近亲属或者近亲属不明，未经法律授权的机关或者有关组织向人民法院起诉主张死亡赔偿金的，人民法院不予受理。

侵权人以已向未经法律授权的机关或者有关组织支付死亡赔偿金为理由，请求保险公司在交强险责任限额范围内予以赔偿的，人民法院不予支持。

被侵权人因道路交通事故死亡，无近亲属或者近亲属不明，支付被侵权人医疗费、丧葬费等合理费用的单位或者个人，请求保险公司在交强险责任限额范围内予以赔偿的，人民法院应予支持。

第二十七条　公安机关交通管理部门制作的交通事故认定书，人民法院应依法审查并确认其相应的证明力，但有相反证据推翻的除外。

五、关于适用范围的规定

第二十八条　机动车在道路以外的地方通行时引发的损害赔偿案件，可以参照适用本解释的规定。

【训练案例-25】①

2016年1月13日，李某与孙某经某房地产经纪公司介绍签订了一份《北京市房屋买卖合同》，约定由李某购买孙某所有的密云区×路×号家属楼×单元×室房屋，总价款111万元，合同签订后李某立即交付定金3万元。

之后，李某再次仔细阅读合同，发现合同有避税情况，房屋存在违章建筑，因孙某及某房地产经纪公司未告知李某，使李某产生误解，违背李某真实购买

①引自中国裁判文书网，作者对内容作了调整。

意愿,故委托律师代理诉讼,依法解除合同,追回定金。

【训练提示】

本案是一起房产中介作为中间人的买卖合同纠纷。合同签订后,买方已经支付定金。但是,随后买方发现问题。买方要求依法解除合同,并且聘请律师帮助。

在房产买卖实践中,当房产买卖的买方交纳定金后,又不想签订合同,要求退还定金是非常困难的。本案中,买卖双方已经签订书面的买卖合同,之后,买方支付定金。此时,买方要求解除合同并且退还定金,则是难上加难了。应该说,本案对于买方的代理律师而言,要想解除合同并且退回定金,是一个不小的考验。

参训者要围绕诉讼目的以及当事人请求权的基础,进行法律法规、司法解释的检索工作。在此,参训者要注意导致合同无效的情形与可以作为解除合同理由的情形的区别。在查找到与本案诉讼目的相关的规范性文件之后,再回过头来仔细研究本案双方当事人交易的细节,从中寻找案件的突破口。

【训练问题】

你作为李某的代理律师,需要收集哪些证据?请将收集的证据制作一份证据目录提交法院。

【法规链接】

《中华人民共和国合同法》(节选)

发布:1999-03-15　实施:1999-10-01　时效性:现行有效

第五十四条　下列合同,当事人一方有权请求人民法院或者仲裁机构变更或者撤销:

(一)因重大误解订立的;

(二)在订立合同时显失公平的。

一方以欺诈、胁迫的手段或者乘人之危,使对方在违背真实意思的情况下订立的合同,受损害方有权请求人民法院或者仲裁机构变更或者撤销。

当事人请求变更的,人民法院或者仲裁机构不得撤销。

第五十五条　有下列情形之一的,撤销权消灭:

(一)具有撤销权的当事人自知道或者应当知道撤销事由之日起一年内没

有行使撤销权；

（二）具有撤销权的当事人知道撤销事由后明确表示或者以自己的行为放弃撤销权。

第五十六条　无效的合同或者被撤销的合同自始没有法律约束力。合同部分无效，不影响其他部分效力的，其他部分仍然有效。

第五十七条　合同无效、被撤销或者终止的，不影响合同中独立存在的有关解决争议方法的条款的效力。

第五十八条　合同无效或者被撤销后，因该合同取得的财产，应当予以返还；不能返还或者没有必要返还的，应当折价补偿。有过错的一方应当赔偿对方因此所受到的损失，双方都有过错的，应当各自承担相应的责任。

第六节　律师如何收案

一、利益冲突排查

根据《中华人民共和国律师法》第三十九条规定，律师不得在同一案件中为双方当事人担任代理人，不得代理与本人或者其近亲属有利益冲突的法律事务。

因此，律师在接受当事人委托前，应了解对方当事人的名称或姓名，通过律师事务所查询是否有本所律师已经接受对方当事人委托，如果有本所律师已经接受对方当事人委托，则不能再接受该当事人的委托。

二、律师事务所统一收案

根据《中华人民共和国律师法》第二十五条规定，律师承办业务，由律师事务所统一接受委托，与委托人签订书面委托合同，按照国家规定统一收取费用并如实入账。

律师收案，必须按照《中华人民共和国律师法》的要求，以律师事务所的名义与当事人签订委托合同，明确双方的权利义务关系。虽然洽谈、咨询是律师个人开展的工作，但是，在收费的时候，必须以律师事务所的名义统一收费。

律师个人不能私自收取费用。

三、委托代理合同签订的技巧

律师让当事人签订委托合同时，当事人是自然人的，要让当事人本人在律师面前签字，要坚决杜绝其他人代签的现象；当事人是单位的，要让单位盖章，并且要让当事人单位的法定代表人在委托合同上签字。这些细节，律师必须特别注意，防止委托合同无效。

在当事人与律师事务所签订委托合同，交纳律师费之后，必须将委托合同交当事人一份，律师事务所一份，然后律师自己留存一份。

律师必须让当事人签署授权委托书，明确授权范围，当事人是自然人的由当事人本人签字，用拇指按印。当事人是单位的必须由单位盖章，并且要法定代表人签字。律师尤其要注意的是，授权委托书律师必须亲自看着当事人签字盖章，以防无效授权。

四、律师事务所出具致法院函

在当事人交纳律师费之后，律师事务所必须签发致法院函，告知法院律师事务所已经接受当事人委托代理案件的诉讼。代理律师必须将律师事务所的代理函与当事人的授权委托书提交人民法院。

第四章

律师刑事辩护基本技巧

【导语】

掌握律师刑事辩护业务规范化流程，严格依法辩护，认真审查控方证据的瑕疵与缺陷，充分发挥证据规则的作用，是律师刑事辩护应当掌握的基本技能。参训者可以根据本章技巧理论，采用本章训练案例训练；也可以根据本章技巧理论，采用自己的真实案卷训练。

第一节　律师如何介入刑事辩护

一、咨询委托辩护

律师刑事辩护工作，往往是从接受咨询开始。根据《中华人民共和国刑事诉讼法》第三十二条规定，犯罪嫌疑人、被告人除自己行使辩护权以外，还可以委托一至二人作为辩护人。《中华人民共和国刑事诉讼法》第三十三条规定，犯罪嫌疑人自被侦查机关第一次讯问或者采取强制措施之日起，有权委托辩护人；在侦查期间，只能委托律师作为辩护人。犯罪嫌疑人、被告人在押的，也可以由其监护人、近亲属代为委托辩护人。

在律师实务中，由于犯罪嫌疑人、被告人在押，没有人身自由，因此,律师介入刑事辩护,通常是犯罪嫌疑人的监护人、近亲属向辩护律师咨询,然后代为委托律师进行辩护。

在犯罪嫌疑人的监护人、近亲属决定委托律师后,接待咨询的律师要办理以下手续:

(一)签约

签订委托辩护合同。委托辩护合同必须以律师事务所的名义与犯罪嫌疑人的监护人、近亲属签订。由于刑事诉讼分为侦查阶段、审查起诉阶段和审判阶段,因此,委托辩护合同一定要明确委托辩护的阶段,是侦查阶段?审查起诉阶段?还是审判阶段?如果是从侦查阶段到审判阶段,也要明确,不能含糊。作为承办律师的最佳选择,最好让犯罪嫌疑人的监护人、近亲属一次性签订三个阶段的委托辩护合同,这样可以避免反复签订合同的麻烦。

(二)收费

律师辩护费只能以律师事务所的名义收取,并开具收款凭证。律师辩护费分为侦查阶段、审查起诉阶段和审判阶段三个阶段的费用。承办律师最好让犯罪嫌疑人的监护人、近亲属一次性交齐三个阶段的费用,以免不必要的纠纷。一般而言,律师在刑事案件辩护工作中,最费精力的是刚介入案子时。无论是在侦查阶段、审查起诉阶段,还是审判阶段,都是如此。如果辩护律师分阶段收取律师费,那么在律师花费大量精力搞清楚案件情况后,遇上当事人不交纳下一个阶段的辩护律师费,就会导致律师前功尽弃。而律师一次性收取三个阶段的辩护律师费,则可以有效地避免此类事件发生。

(三)授权

授权委托书必须分侦查阶段、审查起诉阶段、审判阶段写三张,然后让犯罪嫌疑人的监护人、近亲属在上面签字、按指印。这里特别提醒,一定要让委托人用拇指按手印。侦查阶段、审查起诉阶段、审判阶段的授权委托书分别提交侦查机关、检察机关和审判机关。

(四)告知诉讼风险

让犯罪嫌疑人的监护人、近亲属在诉讼风险告知书上签字。律师在对咨询相关案件进行分析时,一定要实事求是地告知咨询者案件的不确定因素及可能存在的诉讼风险。绝对不能为了得到案件的委托权故意夸大自己的能力，甚至夸下海口，包打赢。中国律师界发生的当事人投诉案件，绝大多数都是因为办案律师在接待咨询时，虚假承诺，结果在案件结果出来后，当事人感到上当受骗，进而投诉。因此，律师在接受委托时，一定要告知诉讼风险，并且让当事人在诉讼风险告知书上签字并且按下指印。这既是对当事人负责，也是律师防范自身风险的必经程序。

（五）告知办案机关

根据《中华人民共和国刑事诉讼法》第三十三条第四款规定，辩护人接受犯罪嫌疑人、被告人委托后，应当及时告知办理案件的机关。何为及时告知，根据《最高人民法院关于适用〈中华人民共和国刑事诉讼法〉的解释》第五十八条规定，辩护人接受犯罪嫌疑人、被告人委托后，应当在三日内将委托手续或者法律援助手续提交人民法院。如果是在侦查阶段接受委托，或者是在审查起诉阶段接受委托，也应该在接受委托后的三日内告知办案机关。

（六）阅卷

辩护律师接受委托后，随即必须开展辩护工作。如果是在审查起诉阶段，律师依法有权阅卷。律师可以查阅案卷，并且有权复制案卷材料。但是，如果是侦查阶段，律师依法不能查阅案卷，只能等案件移送检察院之后才能阅卷。

（七）会见

一般而言，律师应在阅卷后会见犯罪嫌疑人、被告人。因为阅卷后可以了解案情，这时去会见，可以有针对性地向犯罪嫌疑人、被告人了解有关案件情况。但是，如果律师在侦查阶段接受委托，则依法不能阅卷。只能先会见。辩护律师依法在侦查期间可以为犯罪嫌疑人提供法律帮助；代理申诉、控告；申请变更强制措施；向侦查机关了解犯罪嫌疑人涉嫌的罪名和案件有关情况，提出意见。此时会见，辩护律师可以在第一时间了解犯罪嫌疑人涉嫌的罪名和案件有关情况，如果发现不构成犯罪，则可以在第一时间提出无罪的意见，及时防止违法继续关押犯罪嫌疑人。如果发现刑讯逼供，律师可以向人民检察院反映情况，代理控告。

（八）确认授权

律师会见犯罪嫌疑人、被告人时，第一件事是让他（她）在授权委托书上签字。严格意义上来说，辩护权属于犯罪嫌疑人、被告人。辩护权是犯罪嫌疑人、被告人的法定权利，其他人只有得到犯罪嫌疑人、被告人的授权，才能为他（她）进行辩护。律师虽然得到了犯罪嫌疑人、被告人的监护人、近亲属的授权，但是，这个授权必须得到犯罪嫌疑人、被告人的追认才具有法律效力。如果犯罪嫌疑人、被告人拒绝在授权委托书上签字，律师则无权为他（她）辩护。因此，律师在第一次会见时，必须让犯罪嫌疑人、被告人在授权委托书上签字。如果他（她）拒绝签字，接下来的工作则没有必要进行。

二、接受指派辩护

律师担任辩护人，除了根据犯罪嫌疑人、被告人的监护人、近亲属的委托之外，就是接受法律援助机构的指派担任辩护人。法律援助机构指派律师担任辩护人，是指法律援助机构根据犯罪嫌疑人、被告人本人及其近亲属向法律援助机构提出的申请，或者根据公安机关、人民检察院、人民法院的通知，依法指派律师担任辩护人。

（一）律师接受指派担任辩护人的情形

《中华人民共和国刑事诉讼法》第三十四条规定，律师接受指派担任辩护人的情形有三种：

（1）犯罪嫌疑人、被告人因经济困难或者其他原因没有委托辩护人的，本人及其近亲属向法律援助机构提出申请，经审查符合法律援助条件的，法律援助机构指派律师为其提供辩护。这种情况下，犯罪嫌疑人、被告人不用交纳律师费，律师费由法律援助机构支付。

（2）犯罪嫌疑人、被告人是盲、聋、哑人，或者是尚未完全丧失辨认或者控制自己行为能力的精神病人，没有委托辩护人的，人民法院、人民检察院和公安机关应当通知法律援助机构指派律师为其提供辩护。法律援助机构接到通知后，指派律师担任辩护人。这种情况下，犯罪嫌疑人、被告人不用交纳律师费，律师费由有关机关支付。

（3）犯罪嫌疑人、被告人可能被判处无期徒刑、死刑，没有委托辩护人的，人民法院、人民检察院和公安机关应当通知法律援助机构指派律师为其提供辩护。法律援助机构接到通知后，指派律师担任辩护人。这种情况下，犯罪嫌疑人、被告人不用交纳律师费，律师费由有关机关支付。

（二）律师接受指派担任辩护人的程序

1.指派

所谓指派是指法律援助机构根据犯罪嫌疑人、被告人本人及其近亲属向法律援助机构提出的申请，或者根据公安机关、人民检察院、人民法院的通知，依法指派律师担任辩护人。

2.告知办案机关

法律援助机构决定为被告人指派律师提供辩护的，承办律师应当在接受指派之日起三日内，将法律援助手续提交公安机关、人民检察院或者人民法院。

3.阅卷

辩护律师接受委托后，随即必须开展辩护工作。如果是在审查起诉阶段或者审判阶段，律师依法有权阅卷。律师可以查阅案卷，并且有权复制案卷材料。但是，如果是侦查阶段，律师依法不能查阅案卷，只能等案件移送检察院之后才能阅卷。

4.会见

如果律师在侦查阶段接受委托担任辩护人，必须先会见后阅卷。辩护律师依法在侦查期间可以为犯罪嫌疑人提供法律帮助；代理申诉、控告；申请变更强制措施；向侦查机关了解犯罪嫌疑人涉嫌的罪名和案件有关情况，提出意见。此时会见，辩护律师可以在第一时间了解犯罪嫌疑人涉嫌的罪名和案件有关情况，如果发现不构成犯罪，则可以在第一时间提出无罪的意见，及时防止违法继续关押犯罪嫌疑人。如果发现有刑讯逼供，则应在第一时间向人民检察院驻看守所的检察官反映情况，代理控告。

但如果律师是在审查起诉阶段、审判阶段担任辩护人，则最好是在阅卷后再去会见。因为阅卷后可以初步了解案情，会见时可以有针对性地向犯罪嫌疑人、被告人核实有关案件情况。

5.确认辩护权

接受指派担任辩护人的律师，在会见犯罪嫌疑人、被告人时，应该首先让其在授权委托书上签字、按手印。犯罪嫌疑人、被告人在授权委托书上签字后，律师再了解其他情况。

《最高人民法院关于适用〈中华人民共和国刑事诉讼法〉的解释》第四十五

条规定，被告人拒绝法律援助机构指派的律师为其辩护，坚持自己行使辩护权的，人民法院应当准许。但是，属于应当提供法律援助的情形，被告人拒绝指派的律师为其辩护的，人民法院应当查明原因。理由正当的，应当准许，但被告人须另行委托辩护人；被告人未另行委托辩护人的，人民法院应当在三日内书面通知法律援助机构另行指派律师为其提供辩护。

因此，遇到犯罪嫌疑人、被告人拒绝在授权委托书上签字的，辩护律师应该告知人民法院，并且按照法律规定办理相关手续。

第二节　与刑事辩护相关的几个概念[①]

刑事诉讼的任务，是准确、及时地查明犯罪事实，正确应用法律，惩罚犯罪分子，保障无罪的人不受刑事追究。刑事诉讼的任务具有双重性，既要惩罚犯罪分子，又要保障无罪的人不受刑事追究，保护人权。要完成这个任务，需要控、辩、审三方依法发挥各自的作用。

刑事诉讼中，证明犯罪的举证责任在控方，也就是侦查机关和检察机关。犯罪嫌疑人、被告人是否构成犯罪，构成什么犯罪，如何惩罚，需要侦查机关收集证据加以证明。

而辩护人的责任，则是对这些控方的证据加以审查，并且对审查的结果，根据事实和法律，提出犯罪嫌疑人、被告人无罪、罪轻或者减轻、免除其刑事责任的材料和意见，维护犯罪嫌疑人、被告人的诉讼权利和其他合法权益。

人民法院则应站在中立的立场上，依照法律规定独立行使审判权，组织法庭调查，对控、辩双方的证据，组织控辩双方进行质证，在查明事实的前提下，对证据进行认证，然后依法作出公正的裁判。

因此，刑事诉讼中，控、辩、审三方围绕的核心问题就是案件的事实问题，在查明事实的前提下，才能依法作出正确的裁判。

从辩护人的视角，笔者将与案件事实有关的几个概念明确如下：

---

①本节内容参考：焦鹏：证据规则在刑事辩护中的运用，点睛网。

一、纠纷事实

所谓纠纷事实，是指实际发生的客观事实。纠纷事实包括刑事案件纠纷的开始、发展、结束几个阶段。这种纠纷事实，就是一种客观存在的事实，无论人们看到或者没有看到，它都存在。这种纠纷事实，有的可能留下痕迹，也可能没有留下痕迹。有的可能留下证据，有的可能没有留下证据。确切地说，这种纠纷事实是一种客观发生的自然状态的事实，它是一种客观存在。

二、侦查事实

所谓侦查事实，是指进入侦查程序后，侦查机关运用侦查手段，收集证据，通过收集到的证据证明的事实。由于侦查机关可能收集到与纠纷事实一致的证据，也可能收集到与纠纷事实相反的证据，因此，侦查事实有的与纠纷事实一致，有的可能与纠纷事实相去甚远，甚至可能截然相反。

三、要件事实

所谓要件事实，是指侦查机关起诉意见书中指控的事实。侦查机关依据犯罪构成理论，根据侦查机关在案件侦查终结时掌握的证据，分别对犯罪主体、犯罪客体、犯罪的主观方面、犯罪的客观方面加以证明的事实。这些事实，通常在侦查机关的起诉意见书中写在经侦查查明的事实部分。

四、待证事实

所谓待证事实，是指公诉机关起诉书指控的事实。人民检察院的公诉处（科）对侦查机关提交的起诉意见书进行审查后，认为要件事实已经达到了刑事诉讼的证明标准，决定向人民法院提起公诉之后，人民检察院会根据自己的审查意见，制作起诉书。起诉书中指控的事实，有的可能与要件事实一致，有的可能不一致。

五、认定事实

所谓认定事实指人民法院裁判文书认定的事实。人民法院经过开庭审理，经过法庭调查、法庭辩论后，通过对庭审中，控、辩双方的举证质证，人民法院认证，对待证事实进行论证后，写入人民法院裁判文书中的事实。认定事实一般写在判决书的经审理查明部分。

特别提示,上述概念是为了叙述的方便而明确的概念。目前,法学界、律师实务界对这些概念还没有形成统一的概念。希望读者通过上述概念可以更好地理解本教程介绍的办案技巧。

第三节 辩护思路设计技巧

一、找出待证事实

【技巧理论】

当辩护律师阅卷的时候,首先要找出待证事实。当然,有经验的刑辩律师知道,只有律师拿到公诉机关的起诉书时,才能知道哪些是待证事实。而在侦查阶段,律师是无从准确知道待证事实的。

在侦查阶段,律师通过会见,可以从犯罪嫌疑人那里了解到纠纷事实。当然,犯罪嫌疑人告诉辩护律师的情况不一定是纠纷事实。因为,犯罪嫌疑人可能出于种种考虑,不说真话。此时,辩护律师应该明确地告诉犯罪嫌疑人,即使是不利于犯罪嫌疑人的事实也要实事求是告诉辩护律师,这样,辩护律师才能正确地把握案件的纠纷事实,才能作出正确的判断。

在审查起诉阶段,由于案卷依法可以查阅、复制,此时,辩护律师最佳的选择应该将全部案卷材料复制过来,带回律师事务所认真研究。律师应该仔细地将纠纷的发生、发展、原因、结果梳理清楚。最好的做法是将案件的来龙去脉进行可视化处理。采用图表、线条、方框图将案件的情况展示出来,做到一目了然。

当辩护律师拿到起诉书时,摆在辩护律师面前的就是待证事实了。此时,辩护律师可以将待证事实与纠纷事实、侦查事实、要件事实比较,找出它们的相同点和不同点,进而发现其原因。在此基础上,进入下一环节。

【训练案例-26】[①]

A省某某市某某区人民检察院起诉书

东检刑诉[2013]××号

被告人邹某某,男,1991年1月20出生,A省某某市B区人,身份证号码××050219910120××××,汉族,初中文化,捕前无固定职业,家住A省某某市B区胜利北路××号。2012年10月9日因涉嫌盗窃被某某市公安局C分局刑事拘留,2012年10月15日因涉嫌抢劫罪经本院批准逮捕,同日由某某市公安局C分局执行逮捕。

本案由某某市公安局C分局侦查终结,以被告人邹某某涉嫌抢劫罪,于2012年11月20日移送本院审查起诉。本院受理后,已依法告知被告人有权委托辩护人并依法讯问被告人,审查了全部案卷材料。其间,退回公安机关补充侦查一次。

经依法审查查明:

2012年9月26日23时许,邹某某通过网上聊天将邱某某约至本市二七北路甲宾馆开房,27日0时,邱某某进入该宾馆501房后,邹某某在邱某某不知情的情况下,让邱某某喝下放有其事先在网上购买的三粒安眠类药物的可乐,后趁邱某某服食药物睡着后,将其随身携带的三星牌9100G移动电话(价值人民币3200元)劫走,随后,将赃物销赃人民币1300元,并被其挥霍。

2012年9月29日17时许,邹某某通过网上聊天将章某某约至本市丙广场乙宾馆开房,待章某某进入该宾馆416房后,邹某某在章某某不知情的情况下,让章喝下放有其事先在网上购买的三粒安眠类药物的牛奶,后趁章某某服药后睡着后将其随身携带的苹果4S移动电话(价值人民币4500元)及600元现金劫走。随后,将赃物销赃得人民币2500元,部分被其挥霍,其中400元已被公安机关收缴,并已发还被害人。

2012年10月9日,被告人邹某某在某某市B区一宾馆内被公安机关抓获。

认定上述事实的证据如下:……

①根据作者辩护的案例改编。

本院认为:……

根据《中华人民共和国刑事诉讼法》第一百七十二条之规定,提起公诉,请依法判处。

此致

A省某某市某某区人民法院

检察员:某某

二〇一二年十二月二十八日

(院印)

【训练提示】

本案是针对参训者提炼"待证事实"能力的专项训练案例。所谓待证事实,是指人民检察院向人民法院提起公诉时,在起诉书中指控的被告人实施犯罪行为的事实。

提炼"待证事实"的能力,是刑事辩护律师的一项基本技能。找到待证事实之后,辩护律师则可以进行下一步的辩护工作。之后,辩护律师可以对照待证事实,进一步查找控方提供的针对每一个待证事实的证据材料。辩护律师审查控方指控的待证事实与控方提供的证据之间的关联性,审查控方对待证事实的证明是否达到了《中华人民共和国刑事诉讼法》第五十三条规定的证明标准。

参训者可以采用表格式的方式将待证事实表达出来,具体方法可以参照本教材第二章法律可视化。

【训练问题】

本案的待证事实有哪些?

【法规链接】

《中华人民共和国刑法》(节选)

发布:2015-08-29　实施:2015-11-01　时效性:现行有效

第一编　总则

第二章　犯罪

第一节　犯罪和刑事责任

第十三条　一切危害国家主权、领土完整和安全,分裂国家、颠覆人民民主专政的政权和推翻社会主义制度,破坏社会秩序和经济秩序,侵犯国有财产或者劳动群众集体所有的财产,侵犯公民私人所有的财产,侵犯公民的人身权利、民主权利和其他权利,以及其他危害社会的行为,依照法律应当受刑罚处罚的,都是犯罪,但是情节显著轻微危害不大的,不认为是犯罪。

第十四条　明知自己的行为会发生危害社会的结果,并且希望或者放任这种结果发生,因而构成犯罪的,是故意犯罪。

故意犯罪,应当负刑事责任。

第十五条　应当预见自己的行为可能发生危害社会的结果,因为疏忽大意而没有预见,或者已经预见而轻信能够避免,以致发生这种结果的,是过失犯罪。

过失犯罪,法律有规定的才负刑事责任。

第十六条　行为在客观上虽然造成了损害结果,但是不是出于故意或者过失,而是由于不能抗拒或者不能预见的原因所引起的,不是犯罪。

第十七条　已满十六周岁的人犯罪,应当负刑事责任。

已满十四周岁不满十六周岁的人,犯故意杀人、故意伤害致人重伤或者死亡、强奸、抢劫、贩卖毒品、放火、爆炸、投放危险物质罪的,应当负刑事责任。

已满十四周岁不满十八周岁的人犯罪,应当从轻或者减轻处罚。

因不满十六周岁不予刑事处罚的,责令他的家长或者监护人加以管教;在必要的时候,也可以由政府收容教养。

第十七条之一　已满七十五周岁的人故意犯罪的,可以从轻或者减轻处罚;过失犯罪的,应当从轻或者减轻处罚。

第十八条　精神病人在不能辨认或者不能控制自己行为的时候造成危害结果,经法定程序鉴定确认的,不负刑事责任,但是应当责令他的家属或者监护人严加看管和医疗;在必要的时候,由政府强制医疗。

间歇性的精神病人在精神正常的时候犯罪,应当负刑事责任。

尚未完全丧失辨认或者控制自己行为能力的精神病人犯罪的,应当负刑事责任,但是可以从轻或者减轻处罚。

醉酒的人犯罪,应当负刑事责任。

第十九条　又聋又哑的人或者盲人犯罪,可以从轻、减轻或者免除处罚。

第二十条　为了使国家、公共利益、本人或者他人的人身、财产和其他权利免受正在进行的不法侵害,而采取的制止不法侵害的行为,对不法侵害人造成损害的,属于正当防卫,不负刑事责任。

正当防卫明显超过必要限度造成重大损害的,应当负刑事责任,但是应当减轻或者免除处罚。

对正在进行行凶、杀人、抢劫、强奸、绑架以及其他严重危及人身安全的暴力犯罪,采取防卫行为,造成不法侵害人伤亡的,不属于防卫过当,不负刑事责任。

第二十一条　为了使国家、公共利益、本人或者他人的人身、财产和其他权利免受正在发生的危险,不得已采取的紧急避险行为,造成损害的,不负刑事责任。

紧急避险超过必要限度造成不应有的损害的,应当负刑事责任,但是应当减轻或者免除处罚。

第一款中关于避免本人危险的规定,不适用于职务上、业务上负有特定责任的人。

第二节　犯罪的预备、未遂和中止

第二十二条　为了犯罪,准备工具、制造条件的,是犯罪预备。

对于预备犯,可以比照既遂犯从轻、减轻处罚或者免除处罚。

第二十三条　已经着手实行犯罪,由于犯罪分子意志以外的原因而未得逞的,是犯罪未遂。

对于未遂犯,可以比照既遂犯从轻或者减轻处罚。

第二十四条　在犯罪过程中,自动放弃犯罪或者自动有效地防止犯罪结果发生的,是犯罪中止。

对于中止犯,没有造成损害的,应当免除处罚;造成损害的,应当减轻处罚。

第三节　共同犯罪

第二十五条　共同犯罪是指二人以上共同故意犯罪。

二人以上共同过失犯罪,不以共同犯罪论处;应当负刑事责任的,按照他们所犯的罪分别处罚。

第二十六条　组织、领导犯罪集团进行犯罪活动的或者在共同犯罪中起主要作用的，是主犯。

三人以上为共同实施犯罪而组成的较为固定的犯罪组织，是犯罪集团。

对组织、领导犯罪集团的首要分子，按照集团所犯的全部罪行处罚。

对于第三款规定以外的主犯，应当按照其所参与的或者组织、指挥的全部犯罪处罚。

第二十七条　在共同犯罪中起次要或者辅助作用的，是从犯。

对于从犯，应当从轻、减轻处罚或者免除处罚。

第二十八条　对于被胁迫参加犯罪的，应当按照他的犯罪情节减轻处罚或者免除处罚。

第二十九条　教唆他人犯罪的，应当按照他在共同犯罪中所起的作用处罚。教唆不满十八周岁的人犯罪的，应当从重处罚。

如果被教唆的人没有犯被教唆的罪，对于教唆犯，可以从轻或者减轻处罚。

第二编　分则

第五章　侵犯财产罪

第二百六十三条　以暴力、胁迫或者其他方法抢劫公私财物的，处三年以上十年以下有期徒刑，并处罚金；有下列情形之一的，处十年以上有期徒刑、无期徒刑或者死刑，并处罚金或者没收财产：

（一）入户抢劫的；

（二）在公共交通工具上抢劫的；

（三）抢劫银行或者其他金融机构的；

（四）多次抢劫或者抢劫数额巨大的；

（五）抢劫致人重伤、死亡的；

（六）冒充军警人员抢劫的；

（七）持枪抢劫的；

（八）抢劫军用物资或者抢险、救灾、救济物资的。

二、审查待证事实与证据之间的关联程度、证据之间的联系

当辩护律师拿到起诉书的时候，刑事诉讼已经到了审查起诉即将结束的阶段，也就是案件即将移送人民法院进行审判阶段。此时，辩护律师可以对侦

查卷案卷进行全面的审查。这里说的全面审查,是指辩护律师要对侦查机关提交给检察机关的要件事实进行全面审查。

要搞清楚是否有非法证据、瑕疵证据及不得采信证据。对于那些不属于非法证据、瑕疵证据及不得采信证据之外的其他证据(这里说的其他证据,是指依法采集的合法证据),要特别加以关注。

对于控方的合法证据,要一一审查证据与待证事实之间的关联性。对于那些与待证事实无关联性的,要逐一用纸张记录。要做到边审查边记录,以免忘记。最后在所有的证据审查完毕后,要将证据与待证事实的关联性制作表格,使证据与待证事实之间的关联性一目了然。

证据与待证事实的关联性情况

序号	待证事实	证据名称	是否具有关联性

要审查证据之间是否存在相互矛盾的情况以及证据之间是否能够相互印证。

相互矛盾的证据情况

序号	证据名称	有矛盾的证据

【法规链接】

《最高人民法院关于适用〈中华人民共和国刑事诉讼法〉的解释》(节选)

发布:2012-12-20　实施:2013-01-01　时效性:现行有效

第一百零四条　对证据的真实性,应当综合全案证据进行审查。

对证据的证明力,应当根据具体情况,从证据与待证事实的关联程度、证据之间的联系等方面进行审查判断。

证据之间具有内在联系,共同指向同一待证事实,不存在无法排除的矛盾和无法解释的疑问的,才能作为定案的根据。

三、判断待证事实是否达到证明标准——事实清楚,证据确实、充分

要看一看这些证据能否证明待证事实、能证明到什么程度、是否达到了《中华人民共和国刑事诉讼法》第五十三条规定的证明标准。

【法规链接】

《中华人民共和国刑事诉讼法》(节选)

发布:2012-03-14　实施:2013-01-01　时效性:现行有效

第五十三条　对一切案件的判处都要重证据,重调查研究,不轻信口供。只有被告人供述,没有其他证据的,不能认定被告人有罪和处以刑罚;没有被告人供述,证据确实、充分的,可以认定被告人有罪和处以刑罚。

证据确实、充分,应当符合以下条件:

(一)定罪量刑的事实都有证据证明;

(二)据以定案的证据均经法定程序查证属实;

(三)综合全案证据,对所认定事实已排除合理怀疑。

根据《中华人民共和国刑事诉讼法》第五十三条第二款第一项的规定,定罪量刑的事实都有证据证明。这里包含两层意思。第一层意思,定罪的事实要有证据证明。第二层意思,量刑的事实要有证据证明。

【训练案例-27】①

江××非法经营案一审判决书

(20××)湘××××刑初×××号

公诉机关:××市××区人民检察院

被告人:江××,男,1976年×月××日出生。2016年8月17日被抓获,次日因涉嫌犯生产、销售伪劣产品罪被××市公安局××分局刑事拘留;2016年9月19日因涉嫌非法经营罪,经××市××区人民检察院批准逮捕,并由××市公安局××分局执行逮捕,现押于××市第一看守所。

辩护人:×××,××××律师事务所律师。

××市××区人民检察院以××检刑诉字(2016)第×××号起诉书指控

---

①引自中国裁判文书网,作者对内容作了部分调整。

被告人江××犯非法经营罪，于2016年11月15日向本院提起公诉。本院受理后，依法组成由审判员××担任审判长，人民陪审员×××、×××参加的合议庭，决定适用普通程序，于2016年12月6日、12月27日公开开庭进行了审理，书记员××担任记录。××市××区人民检察院指派检察员××出庭支持公诉，被告人江××及其辩护人××、××均到庭参加诉讼。本案现已审理终结。

××市××区人民检察院指控：被告人江××犯非法经营罪的事实如下：

2016年5月开始，被告人江××从福建省漳州市诏安县一外号为“小帅”的男子（另案处理）手中购进芙蓉王、白沙等各种品牌的假烟，存放在其位于××市××区新开铺街道新开村跃进路小区8栋的出租屋内，欲加价贩卖。2016年8月17日，被告人江××再次从“小帅”处购进假烟，正在卸货时，被××省××市烟草专卖局执法人员查获，执法人员在被告人江××租住的出租屋内缴获新版利群15条、利群45条、硬中华50条、软中华114条、硬壳芙蓉王500条、蓝盖芙蓉王10条、精白沙76条、和天下3条、铁盒芙蓉王20条共计833条，在运输司机罗××驾驶的沪C×××××银色东南牌小车上查获黄色硬壳芙蓉王卷烟1000条。

经鉴定，从被告人江××出租屋内查获的833条卷烟均为假冒注册商标且系伪劣卷烟，鉴定价格共计人民币262060元；运输司机罗××持有的1000条黄色硬壳芙蓉王香烟均系假冒注册商标且为伪劣卷烟，鉴定价格共计250000元。

被告人江××违反国家规定，未经许可经营法律、行政法规规定的专卖物品，扰乱市场秩序，情节特别严重，其行为已触犯了《中华人民共和国刑法》第二百二十五条第（一）项，犯罪事实清楚，证据确实充分，应当以非法经营罪追究其刑事责任。

被告人江××及其辩护人对起诉书指控的犯罪事实提出如下辩护意见：被告人江××的犯罪情节只应认定为“情节严重”，而非起诉书所指控的“情节特别严重”，应当按照有利于被告人的原则，以被告人江××多次稳定供述的假烟购进价格确定犯罪金额。此外，辩护人还提出如下辩护意见：1.非法经营罪存在未遂状态，本案系犯罪未遂。2.被告人江××系初犯、偶犯，犯罪行为没有造成严重的社会后果，且如实供述自己的罪行，有坦白情节，可从轻处罚。

经审理查明：2016年5月开始，被告人江××从福建省漳州市诏安县一外号为“小帅”的男子(另案处理)手中购进芙蓉王、白沙等各种品牌的假烟，存放在其位于××市××区新开铺街道××村××路小区8栋的出租屋内，欲加价贩卖。2016年8月17日，被告人江××再次从“小帅”处购进假烟，被××省××市烟草专卖局执法人员查获。执法人员在被告人江××租住的出租屋内缴获新版利群15条、利群45条、硬中华50条、软中华114条、硬壳芙蓉王500条、蓝盖芙蓉王10条、精白沙76条、和天下3条、铁盒芙蓉王20条，以上共计833条。被查获的卷烟购进价格共计5万余元。

在运输司机罗××驾驶的沪C×××××银色东南牌小车上查获罗××持有的黄色硬壳芙蓉王卷烟1000条。

2016年8月17日，××省××市烟草专卖局将该案移送××市公安局××分局。同日，公安民警将在××市烟草专卖局接受调查的被告人江××传唤到案。

经鉴定，从被告人江××出租屋内查获的833条卷烟均为假冒注册商标且系伪劣卷烟；运输司机罗××持有的1000条黄色硬壳芙蓉王香烟均系假冒注册商标且为伪劣卷烟。

经当庭质证、认证，有如下查证属实的证据予以证明：

1.××省××市烟草专卖局举报记录表、××省××市烟草专卖局出具的立案登记表、××省××市烟草专卖局案件调查报告、运输假烟车辆、涉案假烟照片，证明××省××市烟草专卖局在接到举报后在被告人江××居住的新开铺街道新开村跃进路小区8栋的出租屋内及在卸货的沪C×××××银色东南牌小车上查获大量假烟，并经被告人江××等人签字确认的事实。

2.检查(勘验)笔录、先行登记保存通知书、运输假烟车辆和涉案假烟照片，证明2016年8月17日14时30分，根据群众举报，××市烟草专卖局执法人员联合公安干警，至××区南二环新开铺上桥匝道旁一仓库，执法人员在被告人江××租用的该仓库内和罗××驾驶的车辆上发现卷烟的品种、数量等具体信息，并分别经被告人江××和车辆驾驶员罗××确认属实。该批卷烟包装劣质、图案粗糙、文字模糊，执法人员初步判断为非法生产的卷烟并先行登记保存。

3.鉴定聘请书、卷烟鉴别检验委托书、卷烟鉴别检验报告，证明被告人江××存放于新开铺街道新开村跃进路小区8栋的出租屋内被××市烟草专卖局扣押的卷烟共计833条。经检验,上述卷烟均系假冒注册商标且均为伪劣卷烟。

4.××市烟草专卖局出具的案件移送函、案件移送告知书及××市公安局××分局出具的受案登记表、立案决定书,证明××市烟草专卖局于2016年8月18日将被告人江××涉嫌销售假冒伪劣香烟案移送至××市公安局××分局的事实。

5.××省××市烟草专卖局出具的证明,证明被告人江××未在××市烟草专卖局办理烟草专卖零售许可证。

6.证人张××的证言、房屋租金收条,证明被告人江××租用张××的位于××区新开铺街道新开村跃进路小区8栋的出租屋的时间、租金等具体情况。

7.证人罗××的证言,证明2016年8月16日18时左右,"头家"(指老板)开了一辆沪C牌照,尾数为××的银色东南牌小车到其租住的××省××县的房子里,给了其一台黑色三星手机,然后要其开着这台车先到广东汕头去装货,再开车送货到××。其在云霄县城先接了杨××,他们一起开车到老板指定的地方由他人装货后,于8月17日0时从广东上高速,同日13时左右到××,从洞井收费站出了高速后给接货的人打电话,到了接货地点见到接货人后在卸货过程中被执法人员抓获,其在被抓前不知道箱子里装的是什么货物。其证言还证明被查获卷烟的数量、种类等具体情况。

8.证人杨××的证言,证明2016年8月16日19点多钟,罗××驾驶一台沪C牌照的小车到杨××家门口接他,说是叫他陪着一起送货。罗××接了他后就一起开车到了广东的一个叫月浦的高速出口处,叫杨××下车去吃点东西等他。罗一个人开车去装了一个小时的货,然后再接了他上高速去××,在××洞井下高速后接货人江××在高速出口接了他们带到了被抓的地方。其在被抓前不知道箱子里装的是什么货物,被抓后才知道是假烟。

9.辨认笔录,假烟存放地出租屋出租人张××依法定程序辨认出承租其房屋的男子,即本案被告人江××。

10.被告人江××的户籍资料、电话查询记录,证明其达到刑事责任年龄、无前科劣迹等个人身份信息。

11.被告人江××的供述,证明了2016年4月份其到××找事情做,租住在本市××区×××街道××村跃进路小区8栋的出租屋内。5月份时回了趟福建老家，认识了一个叫“小帅”的男子，他要其从他那里进假烟，再拿到××卖。其回××后，自5月份开始，“小帅”就多次安排人送货过来。2016年8月17日下午1点多钟，上线“小帅”叫两个司机给其送了假烟过来，刚送到出租屋内就被烟草执法人员查获了，出租屋内扣押了共计830多条假烟，包括两个司机送来的黄色芙蓉王500条，和之前存放在出租屋内的330多条，其准备以每条加价十元的价格销售出去，但案发时都还没有找到买家。其在老家的时候给了两万元给“小帅”，其他的货款还没有付。其假烟进货价是新版利群每条38元到40元、利群每条30元到50元、硬中华70元每条、软中华70元每条、硬壳芙蓉王70元每条、蓝盖芙蓉王72元每条、精白沙32元每条、铁盒芙蓉王40元每条，和天下是“小帅”送给其抽的。其没有办理烟草专卖许可证。

本院认为，被告人江××违反国家规定，未经许可经营法律、行政法规规定的专卖物品，扰乱市场秩序，情节严重，其行为已构成非法经营罪。××市××区人民检察院指控被告人江××犯非法经营罪的罪名成立，本院应对被告人江××的行为依法予以惩处。被告人江××归案后能如实供述自己的罪行，在审理阶段对犯罪金额的辩解不影响坦白的成立，依法可从轻处罚。

被告人江××的辩护人提出的被告人江××的行为构成非法经营罪未遂的辩护意见。经查，认定为本案犯罪金额的假烟已搬运至被告人承租的出租屋内，非法经营罪所侵犯的客体是正常的市场秩序，只要被告人实施了非法经营活动中的任何一个环节（包括非法收购、非法运输、非法销售等）的犯罪活动，就扰乱了市场秩序，构成犯罪既遂，故对该辩护意见本院不予采纳，但本案假烟尚未进入大众消费市场，本院量刑时可以酌情从轻考虑。

被告人江××的辩护人提出的本案的犯罪金额没有达到情节特别严重，而应当以假烟购进价格认定犯罪金额的辩护意见。经查，对刑事案件犯罪事实的证明包括定罪事实的证明和量刑事实的证明两个部分，对被告人作出有罪判决，必须达到事实清楚，证据确实充分。《中华人民共和国刑事诉讼法》第五十三条第二款明确规定：“证据确实、充分，应当符合以下条件：（一）定罪量刑的事实都有证据证明；（二）据以定案的证据均经法定程序查证属实；（三）综合全案证据，对所认定事实已排除合理怀疑。”从该条款看，量刑事实的证明标准和定罪事实一样，均应达到排除合理怀疑的程度。在本案中，公诉机关依据××省烟草专卖局出具的查获卷烟品牌的相应真烟的零售价格证明，认定被告人江××非法经营额到达26万余元。而被告人及其辩护人辩称假烟购进价格为5万余元，结合一般常识、社会经验、假烟成本等因素考量，该辩称具有合理性，故公诉机关指控的犯罪金额不能排除合理怀疑，本院不予采纳。另外，在本案非法经营罪不区分既、未遂的情况下，对于未销售出去的卷烟按照同品牌真烟计算价格(购进价不能查清的情况下)，将会导致被告人以明显低于真烟价格卖出假烟而使假烟进入下一流通环节这一具有更大社会危害性的行为的处罚比假烟尚处于购进阶段、未进入大众消费市场的行为处罚更轻，意即假烟没有卖出反而比卖出假烟的行为处罚更重。若机械量刑，将会导致量刑明显不当、定罪量刑严重失衡。鉴此，为准确、统一适用法律，结合有利于被告人的刑法适用原则和刑事诉讼有关理论，本案应认定为情节严重，而非起诉书指控的情节特别严重。

据此，依照《中华人民共和国刑法》第二百二十五条第(一)项、第六十四条、第六十七条第三款和《中华人民共和国刑事诉讼法》第五十三条之规定，判决如下：

一、被告人江××犯非法经营罪，判处有期徒刑一年，并处罚金人民币二万元(刑期从判决执行之日起计算。判决执行以前先行羁押的，羁押一日折抵刑期一日，即自2016年8月17日起至2017年8月16日止。罚金已缴清)。

二、被执法机关扣押的涉案假烟依法予以没收。

如不服本判决，可在接到判决书的第二日起十日内，通过本院或者直接向××市中级人民法院提出上诉。书面上诉的，应交上诉状正本一份，副本二份。

审判长：××

人民陪审员：××

人民陪审员：×××

二〇××年×月二××日

书记员：×××

【训练提示】

本案是针对辩护律师对“待证事实”“定罪事实”“量刑事实”等事实的识别

能力的综合训练案例。

由于本案的《刑事判决书》是一份标准的、规范的刑事判决书，其中包含了“待证事实”“定罪事实”“量刑事实”等训练内容，因而非常适合对参训者进行“待证事实”“定罪事实”“量刑事实”等事实的识别能力的综合训练。按照刑事判决书的写作规范，“待证事实”通常安排在判决书的“某某人民检察院指控”部分；“定罪事实”“量刑事实”通常安排在刑事判决书的“经审理查明”部分。由于“定罪事实”“量刑事实”均安排在刑事判决书的“经审理查明”部分，这就要求参训者从刑事判决书的“经审理查明”部分的内容中分离出“定罪事实”和“量刑事实”。

参训者要从判决书的内容中，筛选出“待证事实”“定罪事实”“量刑事实”，然后回答本案的训练问题。

【训练问题】

1.本案的待证事实是什么？

2.本案的待证事实与定罪事实有何区别？搞清楚二者的区别对量刑有何意义？

3.本案的定罪的事实是什么？

4.本案定罪的事实有哪些证据证明？

5.本案的量刑的事实是什么？

6.本案量刑的事实有哪些证据证明？

7.本案是否达到了《中华人民共和国刑事诉讼法》第五十三条规定的证明标准？

第四节　阅卷技巧

一、把握控方指控的事实——待证事实

所谓待证事实，是指公诉机关起诉书指控的事实。辩护律师在把握待证事实时，为提高工作效率，要做到以下两点：

(一)制作待证事实与证据情况一览表

××(姓名)××(罪名)案待证事实与证据情况一览表

序号	待证事实	证据	缺陷

(二)边阅卷边记录

律师在阅卷时,发现一个待证事实就要记录一个,同时注意记录待证事实控方有无证据加以证明。这样阅卷完毕后,就可以将所有的待证事实及其证据整理出一份表格。这样案件中待证事实及其证据的情况就一目了然。

二、找出控方证据的缺陷——非法证据、瑕疵证据、不得采信证据

在待证事实与证据情况一览表制作完毕后,辩护律师就可以仔细审查每个证据的情况。值得注意的是,辩护律师在审查侦查机关侦查卷的时候,要结合审查检察卷,并且要结合会见犯罪嫌疑人、被告人了解到的情况,综合各方面的情况,准确作出对起诉书中列出的证据的判断。如果在阅卷中发现以下证据,必须认真记录详细情况:

(一)非法证据

采用刑讯逼供收集的证据。《中华人民共和国刑事诉讼法》第五十四条规定,非法证据是指"采用刑讯逼供等非法方法收集的犯罪嫌疑人、被告人供述和采用暴力、威胁等非法方法收集的证人证言、被害人陈述"。

(二)瑕疵证据

违反法定程序收集的物证、书证。《中华人民共和国刑事诉讼法》第五十四条规定,瑕疵证据是指收集物证、书证不符合法定程序,可能严重影响司法公正的证据。

(三)不得采信证据

司法解释规定不得采信的证据。不得采信证据是指《最高人民法院关于

适用〈中华人民共和国刑事诉讼法〉的解释》(以下简称《刑事诉讼法解释》)规定的不得作为定案的根据的证据。不得采信证据包括以下类型:

1.不能反映原物的外形和特征的物证的照片、录像、复制品。(《刑事诉讼法解释》第七十条)

2.有更改或者更改迹象不能作出合理解释,或者书证的副本、复制件不能反映原件及其内容的书证。(《刑事诉讼法解释》第七十一条)

3. 未附勘验、检查、搜查笔录或者清单,不能证明物证、书证来源的物证、书证。(《刑事诉讼法解释》第七十三条)

4.对来源、收集程序有疑问,不能作出合理解释的物证、书证。(《刑事诉讼法解释》第七十三条)

5. 处于明显醉酒、中毒或者麻醉等状态,不能正常感知或者正确表达的证人所提供的证言。(《刑事诉讼法解释》第七十五条)

6. 除根据一般生活经验判断符合事实的外,证人的猜测性、评论性、推断性的证言。(《刑事诉讼法解释》第七十五条)

7.具有下列情形之一的证人证言:A.询问证人没有个别进行的;B.书面证言没有经证人核对确认的;C.询问聋、哑人,应当提供通晓聋、哑手势的人员而未提供的;D.询问不通晓当地通用语言、文字的证人,应当提供翻译人员而未提供的。(《刑事诉讼法解释》第七十六条)

8.收集程序、方式有下列瑕疵又不能补正或者作出合理解释:A.询问笔录没有填写询问人、记录人、法定代理人姓名以及询问的起止时间、地点的; B.询问地点不符合规定的;C.询问笔录没有记录告知证人有关作证的权利义务和法律责任的; D.询问笔录反映出在同一时段,同一询问人员询问不同证人的。(《刑事诉讼法解释》第七十七条)

9.经人民法院通知,证人没有正当理由拒绝出庭或者出庭后拒绝作证,法庭对其证言的真实性无法确认的证人证言。(《刑事诉讼法解释》第七十八条)

10.具有下列情形之一的被告人供述:A.讯问笔录没有经被告人核对确认的; B.讯问聋、哑人,应当提供通晓聋、哑手势的人员而未提供的;C.讯问不通晓当地通用语言、文字的被告人,应当提供翻译人员而未提供的。(《刑事诉讼法解释》第八十一条)

11. 有下列瑕疵，又不能补正或者作出合理解释的当事人讯问笔录：A. 讯问笔录填写的讯问时间、讯问人、记录人、法定代理人等有误或者存在矛盾的；B. 讯问人没有签名的；C. 首次讯问笔录没有记录告知被讯问人相关权利和法律规定的。（《刑事诉讼法解释》第八十二条）

12.存在反复的被告人庭前供述和辩解，庭审中不供认，且无其他证据印证的庭前供述。（《刑事诉讼法解释》第八十三条）

13.鉴定意见具有下列情形之一的，不得作为定案的根据：A.鉴定机构不具备法定资质，或者鉴定事项超出该鉴定机构业务范围、技术条件的；B.鉴定人不具备法定资质，不具有相关专业技术或者职称，或者违反回避规定的；C.送检材料、样本来源不明，或者因污染不具备鉴定条件的；D.鉴定对象与送检材料、样本不一致的；E.鉴定程序违反规定的；F.鉴定过程和方法不符合相关专业的规范要求的；G.鉴定文书缺少签名、盖章的；H.鉴定意见与案件待证事实没有关联的；I.违反有关规定的其他情形。（《刑事诉讼法解释》第八十五条）

14. 经人民法院通知，检验人拒不出庭作证的检验报告。（《刑事诉讼法解释》第八十七条）

15.存在明显不符合法律、有关规定的情形，不能作出合理解释或者说明的勘验、检查笔录。（《刑事诉讼法解释》第八十九条）

16.具有下列情形之一的辨认笔录，不得作为定案的根据：A.辨认不是在侦查人员主持下进行的；B.辨认前使辨认人见到辨认对象的；辨认活动没有个别进行的；C.辨认对象没有混杂在具有类似特征的其他对象中，或者供辨认的对象数量不符合规定的；D.辨认中给辨认人明显暗示或者明显有指认嫌疑的；E.违反有关规定、不能确定辨认笔录真实性的其他情形。（《刑事诉讼法解释》第九十条）

17.与事件发生时的条件有明显差异当事人侦查实验，或者存在影响实验结论科学性的其他情形的侦查实验。（《刑事诉讼法解释》第九十一条）

18.具有下列情形之一的视听资料、电子数据：A.经审查无法确定真伪的；B.制作、取得的时间、地点、方式等有疑问，不能提供必要证明或者作出合理解释的。（《刑事诉讼法解释》第九十三条）

三、将要件事实、待证事实进行可视化处理

【技巧理论】

将要件事实进行可视化处理，就是将侦查机关在起诉意见书中指控的事实，根据犯罪构成理论，分别将其归类，然后，将属于犯罪构成要件的事实，分别采用图表、线条、方框图等人们视觉可见的表达方式表现出来。将要件事实进行可视化处理，可以采用以下表格：

侦查机关起诉意见书中指控的要件事实分析

指控罪名犯罪构成	侦查机关提供证据	是否存在问题
犯罪主体		
犯罪主观方面		
犯罪客体		
犯罪客观方面		

将待证事实进行可视化处理，就是将检察机关在起诉书中指控的事实，根据犯罪构成理论，将其归类，然后将待证事实，分别采用图表、线条、方框图等人们视觉可见的表达方式表现出来。将待证事实进行可视化处理，可以采用以下表格：

检察机关起诉书中指控的待证事实存在问题及证明效力分析

指控罪名犯罪构成	检察机关审查认定的证据	是否存在问题及证明效力
犯罪主体		
犯罪主观方面		
犯罪客体		
犯罪客观方面		

【训练案例-28】

某某省某某市人民检察院起诉书

某检察公诉刑诉[2015]××号

被告人王某某，男，1976年2月1日出生，居民身份证号码51252719760213××××，汉族，初中文化，个体，家住四川省宜宾县××

镇××村。因涉嫌盗窃罪,2015年1月2日被某某市公安局刑事拘留,同年2月1日被某某市公安局取保候审,经本院批准,2015年7月30日被某某市公安局执行逮捕。

本案由某某市公安局侦查终结,以被告人王某某涉嫌盗窃罪于2015年8月29日向本院移送起诉。本院受理后,于同年9月19日告知被告人有权委托辩护人,依法讯问了被告人,审查了全部案件材料,其间退回公安机关补充侦查一次。

经依法审查查明:

2014年8月2日晚,被告人王某某和李某某(已判刑),石老妖、刘狗屎、刘狗屎的一个朋友五人(此三人均在逃)商量,驾车至某某市工业园区,窜至南方铜业有限公司园内,盗得铜线200卷,得逞后,由刘狗屎的一个朋友销赃。经鉴定,盗得铜线价值人民币7560元。2015年1月2日被告人王某某被抓获归案。

认定上述事实的证据如下:

1. 书证:受案登记表、归案情况说明、户籍证明、销售合同等;

2. 证人胡某某、林某某等人的证言及同案犯李某某的供述;

3. 被告人王某某的供述和辩解;

4. 鉴定意见:公(九)物鉴(法)字[2015]××号物证检验报告,九价鉴字[2015]××号鉴定结论书;

5. 勘察笔录、辨认笔录、指认照片等。

本院认为:被告人王某某以非法占有为目的,伙同他人秘密窃取公司财物,数额较大,其行为已经触犯《中华人民共和国刑法》第二百六十四条之规定,犯罪事实清楚,证据确实充分,应以盗窃罪追究其刑事责任。被告人王某某且具有《中华人民共和国刑法》第二十五条第一款规定之情节,根据《中华人民共和国刑事诉讼法》第一百七十二条之规定,提起公诉,请依法判处。

此致

××省××市人民法院

检察员:××

2015年9月5日

(院印)

侦查卷部分案卷情况说明:(由于刑事诉讼案卷属于依法不能公开的材料,所以本教材没有提供刑事诉讼案卷的复印材料,上述起诉书也作了技术处理,隐去了真实姓名和单位。)

1.本案同案犯五人,只抓获两人,两人的供述存在巨大差异。王某某的供述表明,他只到过现场,但是,没有参与盗窃。李某某的供述表明,他参加了盗窃,王某某也参加了盗窃。

2.公安机关的DNA鉴定报告检测的结果:案发现场发现的烟头上的DNA与王某某的DNA吻合。

3.胡某某系被盗单位法定代表人,案发当晚她就在被盗的仓库附近的办公楼居住。她在案发第二天早晨7:00,对公安机关讲述了案发当晚的情况:那天下午公司与平时一样,17:30员工下班后,仓库那边静悄悄的。我到仓库那边喂了狗,然后到办公楼这边来休息了。我是在办公楼二楼居住,站在办公楼二楼,可以看到仓库那边的情况,没有什么情况。我正在休息的时候,突然听到仓库那边狗叫的声音。我赶紧起床,看了看表,时间是22点10分。于是,我叫了值班人员,到仓库那边查看。到仓库后,看到堆放铜线的地方似乎少了不少铜线。仔细一看,地面上还有洒落在地下的铜线。于是,我们立刻报警,等待公安机关的到来。此时,时间是22点35分。大约20分钟后,公安机关的人员就来到现场了。

4.李某某系王某某的同案犯,他也是本案被抓的第二名犯罪嫌疑人。李某某在公安机关抓捕归案后的第一次讯问中,供述了全部的作案过程。他说:那天下午,王某某他们开车到街上去买了楼梯、绳子、包装袋等作案用品,回到他们居住的旅店后,17点20分左右吃了晚饭,19点30分左右就出发了。王某某开的车,大约半个小时就到了厂区边的围墙外。我坐在车子里等,他们三个人翻围墙到厂里去了。大约40分钟后,他们就出来了。每人手中都抱了铜线。他们把铜线放在地上的时候,我数了数,共计12捆。大家一起装车,约一刻钟的时间就装好了。装好车以后,我与王某某、石老妖就与刘狗屎把车子开走了,刘狗屎开的车,我坐在车上。约半个小时后,开到了一个村子边,这时,刘狗屎的一个朋友等在那里。刘狗屎就把铜线都卖给了他。然后,我就和刘狗屎回旅馆了。

5.公安机关带王某某指认作案现场的照片，有王某某用手对着现场的姿势，但是，照片下面没有王某某的签字。

6.李某某在公安机关的讯问笔录只有一次供述了作案的全部过程，另外两次讯问笔录均没有对案件作案过程的供述。

7.侦查卷中有一份李某某自己书写的关于作案过程的材料。这份材料中介绍了他是如何认识王某某的，他和王某某是如何来到××市作案的。他与王某某已经是认识多年的老朋友了。但是，在这份材料中，他将王某某，写成陈某某。

8.林某某是现任被盗公司的法定代表人，案发当时他不在公司，他在上海。之后，他接替胡某某担任公司法定代表人。他介绍了被盗铜线的来源及品种，并且由他提供了铜线给公安机关作为被盗铜线的鉴定样品。公安机关将林某某提供的样品送鉴定机构鉴定，确定了被盗物品的价值，并且将该价值作为定案的依据。

9.案卷中没有收购铜线的人的信息，也没有收购铜线的地点的信息。

【训练要求】

1.请参加训练者，根据上述案卷的情况，分析侦查卷中控方的证据是否能够证明待证事实？并且将你分析的结果填写一份检察机关起诉书指控的待证事实存在问题及证明效力分析一览表。

2.建议进行训练的学生和初任律师，在根据上述材料训练的基础上，还可以采用真实案例进行训练，让接受训练者从真实案卷中寻找控方证据的缺陷和问题，对提高办案能力会有更大的帮助。

【法规链接】

《中华人民共和国刑事诉讼法》（节选）

发布：2012-03-14　实施：2013-01-01　时效性：现行有效

第五十四条　采用刑讯逼供等非法方法收集的犯罪嫌疑人、被告人供述和采用暴力、威胁等非法方法收集的证人证言、被害人陈述，应当予以排除。收集物证、书证不符合法定程序，可能严重影响司法公正的，应当予以补正或者作出合理解释；不能补正或者作出合理解释的，对该证据应当予以排除。

在侦查、审查起诉、审判时发现有应当排除的证据的，应当依法予以排除，不得作为起诉意见、起诉决定和判决的依据。

《最高人民法院关于适用〈中华人民共和国刑事诉讼法〉的解释》(节选)

发布:2012-12-20　实施:2013-01-03　时效性:现行有效

第四章　证据

第一节　一般规定

第六十三条　证据未经当庭出示、辨认、质证等法庭调查程序查证属实,不得作为定案的根据,但法律和本解释另有规定的除外。

第六十四条　应当运用证据证明的案件事实包括:

(一)被告人、被害人的身份;

(二)被指控的犯罪是否存在;

(三)被指控的犯罪是否为被告人所实施;

(四)被告人有无刑事责任能力,有无罪过,实施犯罪的动机、目的;

(五)实施犯罪的时间、地点、手段、后果以及案件起因等;

(六)被告人在共同犯罪中的地位、作用;

(七)被告人有无从重、从轻、减轻、免除处罚情节;

(八)有关附带民事诉讼、涉案财物处理的事实;

(九)有关管辖、回避、延期审理等的程序事实;

(十)与定罪量刑有关的其他事实。

认定被告人有罪和对被告人从重处罚,应当适用证据确实、充分的证明标准。

第六十五条　行政机关在行政执法和查办案件过程中收集的物证、书证、视听资料、电子数据等证据材料,在刑事诉讼中可以作为证据使用;经法庭查证属实,且收集程序符合有关法律、行政法规规定的,可以作为定案的根据。

根据法律、行政法规规定行使国家行政管理职权的组织,在行政执法和查办案件过程中收集的证据材料,视为行政机关收集的证据材料。

第六十六条　人民法院依照刑事诉讼法第一百九十一条的规定调查核实证据,必要时,可以通知检察人员、辩护人、自诉人及其法定代理人到场。上述人员未到场的,应当记录在案。

人民法院调查核实证据时,发现对定罪量刑有重大影响的新的证据材料的,应当告知检察人员、辩护人、自诉人及其法定代理人。必要时,也可以直接提取,并及时通知检察人员、辩护人、自诉人及其法定代理人查阅、摘抄、复制。

第六十七条　下列人员不得担任刑事诉讼活动的见证人:

(一)生理上、精神上有缺陷或者年幼,不具有相应辨别能力或者不能正确表达的人;

(二)与案件有利害关系,可能影响案件公正处理的人;

(三)行使勘验、检查、搜查、扣押等刑事诉讼职权的公安、司法机关的工作人员或者其聘用的人员。

由于客观原因无法由符合条件的人员担任见证人的,应当在笔录材料中注明情况,并对相关活动进行录像。

第六十八条　公开审理案件时,公诉人、诉讼参与人提出涉及国家秘密、商业秘密或者个人隐私的证据的,法庭应当制止。有关证据确与本案有关的,可以根据具体情况,决定将案件转为不公开审理,或者对相关证据的法庭调查不公开进行。

第二节　物证、书证的审查与认定

第六十九条　对物证、书证应当着重审查以下内容:

(一)物证、书证是否为原物、原件,是否经过辨认、鉴定;物证的照片、录像、复制品或者书证的副本、复制件是否与原物、原件相符,是否由二人以上制作,有无制作人关于制作过程以及原物、原件存放于何处的文字说明和签名;

(二)物证、书证的收集程序、方式是否符合法律、有关规定;经勘验、检查、搜查提取、扣押的物证、书证,是否附有相关笔录、清单,笔录、清单是否经侦查人员、物品持有人、见证人签名,没有物品持有人签名的,是否注明原因;物品的名称、特征、数量、质量等是否注明清楚;

(三)物证、书证在收集、保管、鉴定过程中是否受损或者改变;

(四)物证、书证与案件事实有无关联;对现场遗留与犯罪有关的具备鉴定条件的血迹、体液、毛发、指纹等生物样本、痕迹、物品,是否已作DNA鉴定、指纹鉴定等,并与被告人或者被害人的相应生物检材、生物特征、物品等比对;

(五)与案件事实有关联的物证、书证是否全面收集。

第七十条　据以定案的物证应当是原物。原物不便搬运,不易保存,依法应当由有关部门保管、处理,或者依法应当返还的,可以拍摄、制作足以反映原物外形和特征的照片、录像、复制品。

物证的照片、录像、复制品，不能反映原物的外形和特征的，不得作为定案的根据。

物证的照片、录像、复制品，经与原物核对无误、经鉴定为真实或者以其他方式确认为真实的，可以作为定案的根据。

第七十一条 据以定案的书证应当是原件。取得原件确有困难的，可以使用副本、复制件。

书证有更改或者更改迹象不能作出合理解释，或者书证的副本、复制件不能反映原件及其内容的，不得作为定案的根据。

书证的副本、复制件，经与原件核对无误、经鉴定为真实或者以其他方式确认为真实的，可以作为定案的根据。

第七十二条 对与案件事实可能有关联的血迹、体液、毛发、人体组织、指纹、足迹、字迹等生物样本、痕迹和物品，应当提取而没有提取，应当检验而没有检验，导致案件事实存疑的，人民法院应当向人民检察院说明情况，由人民检察院依法补充收集、调取证据或者作出合理说明。

第七十三条 在勘验、检查、搜查过程中提取、扣押的物证、书证，未附笔录或者清单，不能证明物证、书证来源的，不得作为定案的根据。

物证、书证的收集程序、方式有下列瑕疵，经补正或者作出合理解释的，可以采用：

（一）勘验、检查、搜查、提取笔录或者扣押清单上没有侦查人员、物品持有人、见证人签名，或者对物品的名称、特征、数量、质量等注明不详的；

（二）物证的照片、录像、复制品，书证的副本、复制件未注明与原件核对无异，无复制时间，或者无被收集、调取人签名、盖章的；

（三）物证的照片、录像、复制品，书证的副本、复制件没有制作人关于制作过程和原物、原件存放地点的说明，或者说明中无签名的；

（四）有其他瑕疵的。

对物证、书证的来源、收集程序有疑问，不能作出合理解释的，该物证、书证不得作为定案的根据。

第三节 证人证言、被害人陈述的审查与认定

第七十四条　对证人证言应当着重审查以下内容：

（一）证言的内容是否为证人直接感知；

（二）证人作证时的年龄，认知、记忆和表达能力，生理和精神状态是否影响作证；

（三）证人与案件当事人、案件处理结果有无利害关系；

（四）询问证人是否个别进行；

（五）询问笔录的制作、修改是否符合法律、有关规定，是否注明询问的起止时间和地点，首次询问时是否告知证人有关作证的权利义务和法律责任，证人对询问笔录是否核对确认；

（六）询问未成年证人时，是否通知其法定代理人或者有关人员到场，其法定代理人或者有关人员是否到场；

（七）证人证言有无以暴力、威胁等非法方法收集的情形；

（八）证言之间以及与其他证据之间能否相互印证，有无矛盾。

第七十五条　处于明显醉酒、中毒或者麻醉等状态，不能正常感知或者正确表达的证人所提供的证言，不得作为证据使用。

证人的猜测性、评论性、推断性的证言，不得作为证据使用，但根据一般生活经验判断符合事实的除外。

第七十六条　证人证言具有下列情形之一的，不得作为定案的根据：

（一）询问证人没有个别进行的；

（二）书面证言没有经证人核对确认的；

（三）询问聋、哑人，应当提供通晓聋、哑手势的人员而未提供的；

（四）询问不通晓当地通用语言、文字的证人，应当提供翻译人员而未提供的。

第七十七条　证人证言的收集程序、方式有下列瑕疵，经补正或者作出合理解释的，可以采用；不能补正或者作出合理解释的，不得作为定案的根据：

（一）询问笔录没有填写询问人、记录人、法定代理人姓名以及询问的起止时间、地点的；

（二）询问地点不符合规定的；

（三）询问笔录没有记录告知证人有关作证的权利义务和法律责任的；

（四）询问笔录反映出在同一时段，同一询问人员询问不同证人的。

第七十八条 证人当庭作出的证言，经控辩双方质证、法庭查证属实的，应当作为定案的根据。

证人当庭作出的证言与其庭前证言矛盾，证人能够作出合理解释，并有相关证据印证的，应当采信其庭审证言；不能作出合理解释，而其庭前证言有相关证据印证的，可以采信其庭前证言。

经人民法院通知，证人没有正当理由拒绝出庭或者出庭后拒绝作证，法庭对其证言的真实性无法确认的，该证人证言不得作为定案的根据。

第七十九条 对被害人陈述的审查与认定，参照适用本节的有关规定。

第四节 被告人供述和辩解的审查与认定

第八十条 对被告人供述和辩解应当着重审查以下内容：

（一）讯问的时间、地点，讯问人的身份、人数以及讯问方式等是否符合法律、有关规定；

（二）讯问笔录的制作、修改是否符合法律、有关规定，是否注明讯问的具体起止时间和地点，首次讯问时是否告知被告人相关权利和法律规定，被告人是否核对确认；

（三）讯问未成年被告人时，是否通知其法定代理人或者有关人员到场，其法定代理人或者有关人员是否到场；

（四）被告人的供述有无以刑讯逼供等非法方法收集的情形；

（五）被告人的供述是否前后一致，有无反复以及出现反复的原因；被告人的所有供述和辩解是否均已随案移送；

（六）被告人的辩解内容是否符合案情和常理，有无矛盾；

（七）被告人的供述和辩解与同案被告人的供述和辩解以及其他证据能否相互印证，有无矛盾。

必要时，可以调取讯问过程的录音录像、被告人进出看守所的健康检查记录、笔录，并结合录音录像、记录、笔录对上述内容进行审查。

第八十一条 被告人供述具有下列情形之一的，不得作为定案的根据：

（一）讯问笔录没有经被告人核对确认的；

（二）讯问聋、哑人，应当提供通晓聋、哑手势的人员而未提供的；

（三）讯问不通晓当地通用语言、文字的被告人，应当提供翻译人员而未提供的。

第八十二条　讯问笔录有下列瑕疵，经补正或者作出合理解释的，可以采用；不能补正或者作出合理解释的，不得作为定案的根据：

（一）讯问笔录填写的讯问时间、讯问人、记录人、法定代理人等有误或者存在矛盾的；

（二）讯问人没有签名的；

（三）首次讯问笔录没有记录告知被讯问人相关权利和法律规定的。

第八十三条　审查被告人供述和辩解，应当结合控辩双方提供的所有证据以及被告人的全部供述和辩解进行。

被告人庭审中翻供，但不能合理说明翻供原因或者其辩解与全案证据矛盾，而其庭前供述与其他证据相互印证的，可以采信其庭前供述。

被告人庭前供述和辩解存在反复，但庭审中供认，且与其他证据相互印证的，可以采信其庭审供述；被告人庭前供述和辩解存在反复，庭审中不供认，且无其他证据与庭前供述印证的，不得采信其庭前供述。

第五节　鉴定意见的审查与认定

第八十四条　对鉴定意见应当着重审查以下内容：

（一）鉴定机构和鉴定人是否具有法定资质；

（二）鉴定人是否存在应当回避的情形；

（三）检材的来源、取得、保管、送检是否符合法律、有关规定，与相关提取笔录、扣押物品清单等记载的内容是否相符，检材是否充足、可靠；

（四）鉴定意见的形式要件是否完备，是否注明提起鉴定的事由、鉴定委托人、鉴定机构、鉴定要求、鉴定过程、鉴定方法、鉴定日期等相关内容，是否由鉴定机构加盖司法鉴定专用章并由鉴定人签名、盖章；

（五）鉴定程序是否符合法律、有关规定；

（六）鉴定的过程和方法是否符合相关专业的规范要求；

（七）鉴定意见是否明确；

（八）鉴定意见与案件待证事实有无关联；

（九）鉴定意见与勘验、检查笔录及相关照片等其他证据是否矛盾；

（十）鉴定意见是否依法及时告知相关人员，当事人对鉴定意见有无异议。

第八十五条 鉴定意见具有下列情形之一的，不得作为定案的根据：

（一）鉴定机构不具备法定资质，或者鉴定事项超出该鉴定机构业务范围、技术条件的；

（二）鉴定人不具备法定资质，不具有相关专业技术或者职称，或者违反回避规定的；

（三）送检材料、样本来源不明，或者因污染不具备鉴定条件的；

（四）鉴定对象与送检材料、样本不一致的；

（五）鉴定程序违反规定的；

（六）鉴定过程和方法不符合相关专业的规范要求的；

（七）鉴定文书缺少签名、盖章的；

（八）鉴定意见与案件待证事实没有关联的；

（九）违反有关规定的其他情形。

第八十六条 经人民法院通知，鉴定人拒不出庭作证的，鉴定意见不得作为定案的根据。

鉴定人由于不能抗拒的原因或者有其他正当理由无法出庭的，人民法院可以根据情况决定延期审理或者重新鉴定。

对没有正当理由拒不出庭作证的鉴定人，人民法院应当通报司法行政机关或者有关部门。

第八十七条 对案件中的专门性问题需要鉴定，但没有法定司法鉴定机构，或者法律、司法解释规定可以进行检验的，可以指派、聘请有专门知识的人进行检验，检验报告可以作为定罪量刑的参考。

对检验报告的审查与认定，参照适用本节的有关规定。

经人民法院通知，检验人拒不出庭作证的，检验报告不得作为定罪量刑的参考。

第六节 勘验、检查、辨认、侦查实验等笔录的审查与认定

第八十八条 对勘验、检查笔录应当着重审查以下内容：

（一）勘验、检查是否依法进行，笔录的制作是否符合法律、有关规定，勘验、检查人员和见证人是否签名或者盖章；

（二）勘验、检查笔录是否记录了提起勘验、检查的事由，勘验、检查的时

间、地点,在场人员、现场方位、周围环境等,现场的物品、人身、尸体等的位置、特征等情况,以及勘验、检查、搜查的过程;文字记录与实物或者绘图、照片、录像是否相符;现场、物品、痕迹等是否伪造、有无破坏;人身特征、伤害情况、生理状态有无伪装或者变化等;

(三)补充进行勘验、检查的,是否说明了再次勘验、检查的原由,前后勘验、检查的情况是否矛盾。

第八十九条 勘验、检查笔录存在明显不符合法律、有关规定的情形,不能作出合理解释或者说明的,不得作为定案的根据。

第九十条 对辨认笔录应当着重审查辨认的过程、方法,以及辨认笔录的制作是否符合有关规定。辨认笔录具有下列情形之一的,不得作为定案的根据:

(一)辨认不是在侦查人员主持下进行的;

(二)辨认前使辨认人见到辨认对象的;

(三)辨认活动没有个别进行的;

(四)辨认对象没有混杂在具有类似特征的其他对象中,或者供辨认的对象数量不符合规定的;

(五)辨认中给辨认人明显暗示或者明显有指认嫌疑的;

(六)违反有关规定、不能确定辨认笔录真实性的其他情形。

第九十一条 对侦查实验笔录应当着重审查实验的过程、方法,以及笔录的制作是否符合有关规定。

侦查实验的条件与事件发生时的条件有明显差异,或者存在影响实验结论科学性的其他情形的,侦查实验笔录不得作为定案的根据。

第七节 视听资料、电子数据的审查与认定

第九十二条 对视听资料应当着重审查以下内容:

(一)是否附有提取过程的说明,来源是否合法;

(二)是否为原件,有无复制及复制份数;是复制件的,是否附有无法调取原件的原因、复制件制作过程和原件存放地点的说明,制作人、原视听资料持有人是否签名或者盖章;

(三)制作过程中是否存在威胁、引诱当事人等违反法律、有关规定的情形;

(四)是否写明制作人、持有人的身份,制作的时间、地点、条件和方法;

（五）内容和制作过程是否真实，有无剪辑、增加、删改等情形；

（六）内容与案件事实有无关联。

对视听资料有疑问的，应当进行鉴定。

第九十三条　对电子邮件、电子数据交换、网上聊天记录、博客、微博客、手机短信、电子签名、域名等电子数据，应当着重审查以下内容：

（一）是否随原始存储介质移送；在原始存储介质无法封存、不便移动或者依法应当由有关部门保管、处理、返还时，提取、复制电子数据是否由二人以上进行，是否足以保证电子数据的完整性，有无提取、复制过程及原始存储介质存放地点的文字说明和签名；

（二）收集程序、方式是否符合法律及有关技术规范；经勘验、检查、搜查等侦查活动收集的电子数据，是否附有笔录、清单，并经侦查人员、电子数据持有人、见证人签名；没有持有人签名的，是否注明原因；远程调取境外或者异地的电子数据的，是否注明相关情况；对电子数据的规格、类别、文件格式等注明是否清楚；

（三）电子数据内容是否真实，有无删除、修改、增加等情形；

（四）电子数据与案件事实有无关联；

（五）与案件事实有关联的电子数据是否全面收集。对电子数据有疑问的，应当进行鉴定或者检验。

第九十四条　视听资料、电子数据具有下列情形之一的，不得作为定案的根据：

（一）经审查无法确定真伪的；

（二）制作、取得的时间、地点、方式等有疑问，不能提供必要证明或者作出合理解释的。

第五节　缺陷证据后果比较

所谓缺陷证据是指非法证据、瑕疵证据和不得采信证据等具有缺陷的证据。这三类证据，一旦被认定，对于辩护律师而言，依法具有不同的法律后果。

一、非法证据(证据收集方法违法)

【技巧理论】

刑讯逼供取证的,律师可以启动非法证据排除程序 。认定刑讯逼供必须有事实依据。辩护律师在辩护工作中,发现有刑讯逼供的取证行为,如果是在侦查阶段,可以向人民检察院侦查监督机关申诉、控告。这样做可以让检察机关介入调查,从而留下事实证据,便于认定刑讯逼供的事实。

但是,这里需要提醒辩护律师,向人民检察院申诉、控告刑讯逼供,必须十分谨慎。如果仅仅是犯罪嫌疑人、被告人口头告诉辩护律师有刑讯逼供行为,而辩护律师在会见时没有亲眼所见伤痕,刑讯逼供不是证据确凿的情况下,辩护律师如果代为申诉、控告,成功的概率较低。如果是伤痕明显,则成功的概率较高。如果在看守所羁押期间,有查证属实的刑讯逼供行为,到审判阶段,律师申请非法证据排除成功率较高。

【法规链接】

《中华人民共和国刑事诉讼法》(节选)

发布:2012-03-14　实施:2013-01-01　时效性:现行有效

第五十四条　采用刑讯逼供等非法方法收集的犯罪嫌疑人、被告人供述和采用暴力、威胁等非法方法收集的证人证言、被害人陈述,应当予以排除。收集物证、书证不符合法定程序,可能严重影响司法公正的,应当予以补正或者作出合理解释;不能补正或者作出合理解释的,对该证据应当予以排除。

在侦查、审查起诉、审判时发现有应当排除的证据的,应当依法予以排除,不得作为起诉意见、起诉决定和判决的依据。

第五十五条　人民检察院接到报案、控告、举报或者发现侦查人员以非法方法收集证据的,应当进行调查核实。对于确有以非法方法收集证据情形的,应当提出纠正意见;构成犯罪的,依法追究刑事责任。

第五十六条　法庭审理过程中,审判人员认为可能存在本法第五十四条规定的以非法方法收集证据情形的,应当对证据收集的合法性进行法庭调查。

当事人及其辩护人、诉讼代理人有权申请人民法院对以非法方法收集的证据依法予以排除。申请排除以非法方法收集的证据的,应当提供相关线索或者材料。

第五十七条　在对证据收集的合法性进行法庭调查的过程中，人民检察院应当对证据收集的合法性加以证明。

现有证据材料不能证明证据收集的合法性的，人民检察院可以提请人民法院通知有关侦查人员或者其他人员出庭说明情况；人民法院可以通知有关侦查人员或者其他人员出庭说明情况。有关侦查人员或者其他人员也可以要求出庭说明情况。经人民法院通知，有关人员应当出庭。

第五十八条　对于经过法庭审理，确认或者不能排除存在本法第五十四条规定的以非法方法收集证据情形的，对有关证据应当予以排除。

《最高人民法院关于适用〈中华人民共和国刑事诉讼法〉的解释》（节选）

发布：2012-12-20　实施：2013-01-03　时效性：现行有效

第八节　非法证据排除

第九十五条　使用肉刑或者变相肉刑，或者采用其他使被告人在肉体上或者精神上遭受剧烈疼痛或者痛苦的方法，迫使被告人违背意愿供述的，应当认定为刑事诉讼法第五十四条规定的“刑讯逼供等非法方法”。

认定刑事诉讼法第五十四条规定的“可能严重影响司法公正”，应当综合考虑收集物证、书证违反法定程序以及所造成后果的严重程度等情况。

第九十六条　当事人及其辩护人、诉讼代理人申请人民法院排除以非法方法收集的证据的，应当提供涉嫌非法取证的人员、时间、地点、方式、内容等相关线索或者材料。

第九十七条　人民法院向被告人及其辩护人送达起诉书副本时，应当告知其申请排除非法证据的，应当在开庭审理前提出，但在庭审期间才发现相关线索或者材料的除外。

第九十八条　开庭审理前，当事人及其辩护人、诉讼代理人申请人民法院排除非法证据的，人民法院应当在开庭前及时将申请书或者申请笔录及相关线索、材料的复制件送交人民检察院。

第九十九条　开庭审理前，当事人及其辩护人、诉讼代理人申请排除非法证据，人民法院经审查，对证据收集的合法性有疑问的，应当依照刑事诉讼法第一百八十二条第二款的规定召开庭前会议，就非法证据排除等问题了解情况，听取意见。人民检察院可以通过出示有关证据材料等方式，对证据收集的合法性加以说明。

第一百条 法庭审理过程中，当事人及其辩护人、诉讼代理人申请排除非法证据的，法庭应当进行审查。经审查，对证据收集的合法性有疑问的，应当进行调查；没有疑问的，应当当庭说明情况和理由，继续法庭审理。当事人及其辩护人、诉讼代理人以相同理由再次申请排除非法证据的，法庭不再进行审查。

对证据收集合法性的调查，根据具体情况，可以在当事人及其辩护人、诉讼代理人提出排除非法证据的申请后进行，也可以在法庭调查结束前一并进行。

法庭审理过程中，当事人及其辩护人、诉讼代理人申请排除非法证据，人民法院经审查，不符合本解释第九十七条规定的，应当在法庭调查结束前一并进行审查，并决定是否进行证据收集合法性的调查。

第一百零一条 法庭决定对证据收集的合法性进行调查的，可以由公诉人通过出示、宣读讯问笔录或者其他证据，有针对性地播放讯问过程的录音录像，提请法庭通知有关侦查人员或者其他人员出庭说明情况等方式，证明证据收集的合法性。

公诉人提交的取证过程合法的说明材料，应当经有关侦查人员签名，并加盖公章。未经有关侦查人员签名的，不得作为证据使用。上述说明材料不能单独作为证明取证过程合法的根据。

第一百零二条 经审理，确认或者不能排除存在刑事诉讼法第五十四条规定的以非法方法收集证据情形的，对有关证据应当排除。

人民法院对证据收集的合法性进行调查后，应当将调查结论告知公诉人、当事人和辩护人、诉讼代理人。

第一百零三条 具有下列情形之一的，第二审人民法院应当对证据收集的合法性进行审查，并根据刑事诉讼法和本解释的有关规定作出处理：

（一）第一审人民法院对当事人及其辩护人、诉讼代理人排除非法证据的申请没有审查，且以该证据作为定案根据的；

（二）人民检察院或者被告人、自诉人及其法定代理人不服第一审人民法院作出的有关证据收集合法性的调查结论，提出抗诉、上诉的；

（三）当事人及其辩护人、诉讼代理人在第一审结束后才发现相关线索或者材料，申请人民法院排除非法证据的。

二、瑕疵证据(收集证据程序违法)

【技巧理论】

律师在阅卷、会见后,如果发现侦查机关收集物证、书证不符合法定程序,可能严重影响司法公正的,应当在法庭审理中提出,要求予以补正或者作出合理解释,侦查机关不能补正或者不能作出合理解释的,律师可以要求对该证据予以排除。

【法规链接】

《中华人民共和国刑事诉讼法》(节选)

发布:2012-03-14　实施:2013-01-01　时效性:现行有效

第五十四条　采用刑讯逼供等非法方法收集的犯罪嫌疑人、被告人供述和采用暴力、威胁等非法方法收集的证人证言、被害人陈述,应当予以排除。收集物证、书证不符合法定程序,可能严重影响司法公正的,应当予以补正或者作出合理解释;不能补正或者作出合理解释的,对该证据应当予以排除。

在侦查、审查起诉、审判时发现有应当排除的证据的,应当依法予以排除,不得作为起诉意见、起诉决定和判决的依据。

三、不得采信证据(出现法定瑕疵)

【技巧理论】

如果律师在阅卷、会见后,发现有不得采信证据,一定要记录在案。这应该成为辩护律师的工作重点。对于辩护工作而言,发现了"不得采信证据",其价值是相当高的。因为这种不得采信证据,可以在法庭上直接确认不得采信,不需要庭外调查、补充材料等费时、费力的程序,从而使律师的辩护意见得到有力的支撑。

不得采信证据比非法证据、瑕疵证据更容易确认其效力。因为非法证据排除程序启动后,只是启动了一个证据审查程序,至于是否能够确认属于非法证据还不确定。一般而言,确认非法证据的难度非常大。除非有确凿刑讯逼供的证据。瑕疵证据,控方往往也可以通过补正、说明,使其被法庭采信。

【法规链接】

对于"不得采信证据",《中华人民共和国刑事诉讼法》没有规定这个概念。但是,《最高人民法院关于适用〈中华人民共和国刑事诉讼法〉的解释》第六十三条至第九十四条专门规定了“不得采信证据”的种类和法律后果。(参见本章第四节法规链接)

缺陷证据法律后果比较表

种类	认定原因	是否能当庭确认其是否采信	法律后果
非法证据	取证方法违法	不能。必须启动非法证据排查程序,专门对是否有非法取证行为进行法庭调查。 举证责任:由人民检察院对不存在刑讯逼供取证行为举证证明。	确认刑讯逼供收集的证据,依法必须排除。
瑕疵证据	取证程序违法	不能。可以要求侦查机关解释,需要等待下次开庭。 举证责任:由侦查机关对不存在程序违法举证证明。	能补正或者作出合理解释的,可以采信。不能补正或者作出合理解释的,依法必须排除。
不得采信证据	出现法定瑕疵	能。只要在法庭调查中发现有司法解释规定的证据,可以当庭确认该证据不得采信。	确认属于不得采信证据的,直接在法庭上确认该证据不得采信。

第六节　会见技巧

律师接受犯罪嫌疑人、被告人的监护人、近亲属委托后,首先应该了解犯罪嫌疑人、被告人的羁押地点,搞清楚去看守所的线路及交通情况。

然后,要准备好会见用的法律文书及律师执业证。出发前,最好仔细检查律师会见犯罪嫌疑人、被告人专用介绍信,授权委托书,律师执业证是否带齐。

再者,会见最好是选择看守所上班的时间进入,这样可以为会见争取更多的时间。

最后,辩护律师在每次会见之前,无论是哪个阶段会见,都必须事先拟好会见提纲,把需要了解、掌握的问题,用会见笔录写好。

进入看守所会见时,还应该注意以下事项:

一、告知委托情况，被告人补签授权委托书，按手印

由于被羁押的犯罪嫌疑人、被告人不可能自己聘请律师，因此，律师接受他们的监护人、近亲属委托后，必须让犯罪嫌疑人、被告人在授权委托书上签字、按指印。辩护律师必须牢记此事。签字、按手印之后，才能进行下一步工作。实践中，有时会出现犯罪嫌疑人、被告人拒绝签字的情况，这时，辩护律师不能一走了之，而是应该问明原因，说服他们签字。

二、核实有关案件事实

在犯罪嫌疑人、被告人在授权委托书上签字、按手印后，辩护律师可以开展下一步工作。

1.如果是在侦查阶段会见，辩护律师可以为犯罪嫌疑人提供法律帮助。侦查阶段辩护律师为犯罪嫌疑人提供法律帮助包括：第一，告知有关法律规定，解答有关法律问题。第二，了解犯罪嫌疑人、被告人是否遭遇刑讯逼供，如果存在刑讯逼供，辩护律师可以代理申诉、控告。第三，了解犯罪嫌疑人、被告人是否有依法不宜关押的疾病，如果有，辩护律师可以申请变更强制措施。第四，了解犯罪嫌疑人、被告人是否有涉嫌罪名的行为。

2.如果是在审查起诉阶段会见，辩护律师应该先阅卷后会见。辩护律师可以向犯罪嫌疑人、被告人核实有关案件事实。由于辩护律师已经阅卷，对侦查机关掌握的证据有所了解，辩护律师就可以根据阅卷掌握的证据，对案件事实进行核对了解，从而判断侦查机关证据是否存在缺陷，为下一步找出缺陷证据奠定基础。

3.如果是在审判阶段会见，辩护律师应该先阅卷后会见。辩护律师应根据阅卷掌握的控方证据，有针对性地向被告人了解有关事实，核实有关情况。辩护律师应该做好会见笔录，对关键事实必须详细记录，为庭审辩护奠定基础。

三、避免违反法律的行为

【技巧理论】

我国《刑法》和《刑事诉讼法》专门规定了辩护律师禁止的行为。因此，辩

护律师在会见时应该避免违反法律的行为。比如,犯罪嫌疑人要求辩护律师带纸条给外面的人;犯罪嫌疑人、被告人的监护人、近亲属要让律师带纸条、带话给犯罪嫌疑人、被告人;犯罪嫌疑人、被告人向辩护律师讨要香烟抽等。一句话,凡是违反法律的行为,辩护律师应该绝对禁止。

【训练案例-29】[①]

朱某甲犯辩护人妨害作证罪案

［基本案情］

被告人朱某甲系某律师事务所专职律师,2014年6月28日被告人朱某甲接受被告人卓某的委托,担任某市某财政所原所长步某甲涉嫌贪污、受贿一案的辩护人,被告人卓某系步某甲的妻子。

被告人朱某甲接受委托后,于2014年7月3日在某市看守所第一次会见了已被采取强制措施的犯罪嫌疑人步某甲。第一次会见后,被告人朱某甲向被告人卓某表示可以写一些内容与案情无关的纸条捎带给步某甲看。

2014年9月17日上午,朱某甲在某市人民检察院复印了步某甲案件的卷宗材料准备到某市看守所会见步某甲时,卓某将事先写好的涉及案件内容的纸条交予朱某甲。朱某甲阅览后利用会见之际将该纸条传递给步某甲,经步某甲要求朱某甲又将步某甲在该纸条背面书写的找相关证人按走访、借款作证涉及案情内容的纸条带出羁押场所,经朱某甲审阅后转交给了卓某。被告人朱某甲也将其记录的涉及案件内容的会见笔录复印给了卓某,卓某在朱某甲会见步某甲时,将朱某甲留在车内的步某甲案卷材料中的证人证言部分进行了复印。

其间,被告人朱某甲与卓某就证人徐某乙、王某证言对步某甲案件的利弊进行分析,朱某甲告知卓某如要证明步某甲与王某有借款关系,借款要有凭证或有证人,这事就好办了;证人徐某乙的证言漏洞、疑点很大,需要核实真伪,如徐某乙能够按走访作证,其将重新取证。后被告人卓某按照步某甲书写纸条和朱某甲对证人证言的分析建议,找到证人徐某乙,并将朱某甲带出的步某

---

①引自无讼案例库。

甲所写的含有检举揭发相威胁内容的纸条出示给徐某乙看，质问徐某乙在检察机关怎么作的证，要求徐某乙按单位走访冲账作证，后徐某乙以回忆起来了存在这种情况为由同意按走访作证，卓某遂将徐某乙同意按走访作证之事告知朱某甲并要求朱某甲尽快调取、固定徐某乙的证言，朱某甲遂向某市人民检察院提出重新调取徐某乙证言的申请，徐某乙在某市人民检察院向其复核证言时将卓某找其作证之事告知了某市人民检察院办案人员。2014年9月24日某市人民检察院办案人员从卓某住处搜缴了朱某甲为卓某、步某甲捎带传递的纸条、复印的会见笔录及卷宗材料等物品一宗，次日某市公安局对卓某妨害作证一案立案侦查，并对卓某采取了强制措施。2015年9月29日，被告人朱某甲利用会见之际将卓某因涉嫌妨害作证被刑事拘留及证人徐某乙同意按单位走访作证之事告知了步某甲。

被告人卓某在步某甲被采取强制措施后，找到证人王某，质问王某在检察机关怎么作的证，质疑王某作伪证，多次给王某打电话、发送手机短信，妨害证人作证。

[法院认为]

被告人朱某甲作为刑事案件的辩护人，在刑事诉讼活动中意图为其辩护案件的当事人减轻刑罚，为当事人及其家属传递含有威胁、引诱证人违背事实改变证言或者作伪证内容的纸条，并由被告人卓某找到相关证人，意图让证人提供虚假证言，该行为已经侵犯了正常的司法秩序，被告人朱某甲、卓某的行为均已构成犯罪。因刑法规定的辩护人妨害作证罪的犯罪主体是刑事案件的辩护人或诉讼代理人，作为一般主体的被告人卓某不能构成该罪，故应根据被告人朱某甲、卓某各自实施的犯罪行为和作用，分别予以定罪量刑处罚，被告人朱某甲构成辩护人妨害作证罪，被告人卓某构成妨害作证罪，被告人朱某甲在犯罪中情节较轻，可免予刑事处罚。被告人卓某因法律意识淡薄，顾念亲情，最终触犯刑律，依法应判处刑罚，案发后能够认罪悔罪，量刑时可酌情从轻处罚。

[判决认定上述事实的证据]

(一)证人证言

1.证人王某证言陈述了步某甲案发后，步某甲的妻子卓某要求跟其见面，第一次见面时卓某抱怨说是他将步某甲弄进去的，过了一段时间，卓某再次要求见面，见面时卓某还是抱怨他，说他没说实话，后来卓某又多次打电话，其不再接卓某的电话，卓某就给其发短信，在卓某跟其见面时卓某没有骂过他，但说话很难听，卓某给其发的手机短信其感觉到有些威胁的意思等情况。其也陈述其承揽了某某市息陬镇一些村庄的监控安装工程，2010年底某某市息陬镇政府给其结账前，步某戊给其打招呼说步某戊手里有一些镇里不好处理的费用，让其帮忙处理一下，其心想这是第一次给息陬镇干活，以后工作业务上还需要经常联系，需要镇里领导帮忙，其便同意了步某甲的要求。在息陬镇政府给其结账后没几天，步某甲给其打电话又说了镇里有些账不好处理的事，于是其将结算工程款中一张为47290.6元的存单给了步某甲，后来这张存单步某甲如何处理、存单上的款项怎么存到陈某丁名下其不知情以及在2010年承揽息陬镇的监控安装工程期间，其与步某甲之间没有相互借款等经济牵扯。

2.证人徐某乙证言。

（1）证人徐某乙于2014年7月30日所作证言，陈述了其在2005年7月至2011年11月担任息陬乡乡长，在2009年息陬乡政府与翟某田签订了大峪水库加固除险施工合同、现代农业生产项目，与王某签订了息陬乡监控安装工程，相关施工合同和发票上的工程量都是真实的，相关工程款已经结清，其没有安排过他人截留工程款用来解决乡里开支或冲抵走访费用以及乡里过年过节的走访费用一般都是用餐费、招待费等发票报销出来，一般不存在个人垫资的情况，如确有个人垫资走访，这都需要乡里研究决定，走访完后不久经办人再拿着单子去乡财政所报销。

（2）证人徐某乙于2015年9月26日所作证言，该证言系某某市人民检察院复核时所作证言，其陈述了2009年大峪水库加固工程和第二批现代农业发展项目是交由乡里水利站翟某田的施工队施工的，息陬乡视频联网监控工程是王某承包施工的，工程结算发票上的工程量都是实际工程量，其没有安排过步某甲或乡里的其他人截留项目资金用于解决乡里不好下账的费用，步某甲也没有向其提出过要截留部分工程款用于乡里的其他支出等情况。

（3）证人徐某乙于2014年11月27日、12月8日、12月24日所作证言，陈述了翟某田施工的第二批现代农业发展项目工程是实际发生的，结算发票上的价格是实际工程量价格，王某施工的监控工程都已经结账，其没有安排过任何人在上述工程上截留资金，步某甲也没有给其说过要截留该工程款用于冲账，只是在现代农业发展项目上步某甲说过因该工程系市财政局安排的项目，要对相关领导表示感谢，但步某甲具体怎么感谢的，其不知情。但2009年大峪水库加固工程是虚列工程，因为当年乡里的走访费用不好下账，其让步某甲去处理的这个事，步某甲提议找水利站虚列工程，用于冲抵当年走访的费用，大峪水库加固工程合同是步某甲和翟某田商量制作的，以及陈述了其所作证言前后不一致，是因为经过其仔细回忆，回忆起了2009年大峪水库加固工程是虚列工程，该虚列工程是为了处理2009年春节走访费用，并在其自己家的储藏室里找到了走访名单后才予以确认等情况。

(4)证人徐某乙于2014年9月24日、9月25日、9月29日及2015年5月12日所作证言，陈述了步某甲出事后步某甲的妻子卓某找过他，一次是在其到检察机关作证后大约10天的时间，应卓某要求在某某东关三联家电附近，见面时卓某说知道检察机关向其了解过情况，要求其在步某甲的案子上多操操心，这次没多说几句话就离开了；第二次见面是2014年9月18日，这次见面卓某还是说其是步某甲的老领导，让其多操操心；第三次见面是9月22日的上午，应卓某的要求在某某信用社附近见的面，见面时卓某还是要求其在步某甲案件上多操心、多帮忙，并给其看了一张约四分之一A4纸大小的纸条，在其看纸条的过程中卓某还质问他，问他怎么向检察机关说的，其听后有点生气，并说这些事和卓某说不着，随后卓某又提到步某甲的律师想跟他见个面，其答应说如有必要可以跟律师见面等情况。其也陈述了在息陬乡2009年现代农业发展项目完工后步某甲提议要对市财政局的相关领导表示感谢，但步某甲从哪个渠道弄的钱、具体怎么感谢的，其不清楚以及2009年大峪水库加固工程是为了处理当年乡里的一些不好下账的走访费用而虚列的工程等情况。

3. 证人孔某甲证言陈述了其系山东某某律师事务所的律师，在2014年9月份的一天，应朱某甲的要求其陪同朱某甲去邹城市看守所会见一个姓步的当事人，一起去的还有姓步的家属(后得知叫卓某)及两个不认识的男的，在去邹城市看守所的路上，卓某翻看朱某甲带上车的塑料袋里面的材料，到了邹城市看守所会见时某承音将那个塑料袋留在了车上，在会见步姓当事人时某承音将夹带的纸条递给了姓步的当事人，应当事人的要求，朱某甲又将步姓当事人写的纸条带了出来，在朱某甲看过后交给了卓某等情况。其也陈述了在去邹城市看守所和回某某的途中，朱某甲跟卓某商量着案情，具体怎么商量的其没有注意，只记得讨论着下一步要找什么证人作证之类的话。

4. 证人步某乙、步某丙证言陈述了步某甲被立案侦查后，卓某通过他人介绍为步某甲聘请了姓朱的律师，到了2014年9月底的一天，步某乙、步某丙、卓某和一个叫张某乙的邻居约着朱律师在步某丙开的饭店里一起吃饭，吃饭时某律师把步某甲的案情给他们说了说，但具体怎么谈的记不清了。其中证人步某乙陈述了当时他们想让朱律师帮忙出个主意；证人张某乙也陈述了在9月份的一天，步某丙给其打电话让其到步某丙开的饭店里帮忙陪陪客人，在吃饭的过程中，其听着姓朱的律师给步某乙、步某丙及步某甲的妻子在商量着步某甲案子的事，吃完饭后，他们又在那里商量，其便先行离开等情况。

5. 证人步某甲证言陈述了其涉嫌的犯罪一共有三笔钱款，一笔是王某安装监控的4.7万多元，一笔是翟某田施工的现代农业发展项目的3万元，一笔是息陬乡大峪水库加固工程的工程款6万余元，其中王某的4.7万多元是因自己当时急需用钱，就找了个理由说镇里用钱，王某就把该4.7万余元的存单给了自己，其将该存单给了卓某，后转存至其岳母陈某丁的名下；翟某田的3万元，是因为镇里走访费用无法下账，镇长徐某乙安排其从翟某田施工的现代农业发展项目工程款中多开了3万多元，其将多开的3万元工程款用于冲抵走访费用的事情也给翟某田说了，翟某田结算完工程款后将该3万元交给他，后其将该款存入了其持有的邢某银行卡内的情况；息陬乡大峪水库加固工程是虚列的工程，当时也是因为镇里走访的6万多费用不好下账，其经徐某乙安排，其与翟某田签订了一份没有实际施工的大峪水库施工合同，套取了虚列的大峪水库工程款6万余元，因其个人先垫付了相关走访费用，所以以上3万元、6万余元款项被套出后都被其个人占有的情况。其也陈述了在2014年9月份，其涉嫌犯罪的案件到了审查起诉阶段后，朱某甲到看守所会见他时，从口袋里拿出其妻子卓某写给他的纸条，其看了纸条后经朱某甲同意又将在背面写有找徐某乙按走访作证、找王某按借款作证内容的纸条交给了朱某甲的情况。其也陈述了其写“检察院一直问徐某乙有什么问题，我什么也没有说”这句话有点威胁的意思以及其在被关押到嘉祥看守所后朱某甲又会见了他两次，第一次会见时某承音告诉他因为纸条的事，卓某被刑事拘留和徐某乙想起走访冲账的事，第二次会见时没说几句话就被中止的情况。

6.证人张某甲证言陈述了其签字的第二批现代农业项目的发票上记载的最后工程量是真实的，不存在故意虚增工程量的情况，其没有安排过步某甲截留工程款等情况，其并解释了其所签字的发票上涂改的原因、经过情况。

7.证人翟某田证言陈述了其带着镇水利站的一些临时工承包了镇里现代农业生产项目的部分施工，2009年7月现代农业项目施工后结算工程款，息陬镇财政所所长步某甲说的扣3万块钱给镇里用，其便将领取的8.4万元工程款中的3万元存成存单在步某甲的办公室里给了步某甲，至于该3万元怎么入了邢某的账户其不知情以及2009年息陬乡大峪水库加固工程其实际没有干，2009年的时候步某甲让其在施工合同和领款发票上签字，并对他说要把这个钱放在乡里用等情况；证人吴某亦陈述了2009年息陬乡财政所在结算现代农业生产项目工程款时，翟某田给其打电话说，乡里要扣3万块钱费用的情况。

8.证人陈某丙证言陈述了其按照财政所所长步某甲的安排，将大峪水库加固工程的工程款扣除税款后共计62361.92元办成自己名下的存单交给步某甲以及镇里走访费用的报销程序情况。

9.证人孔某乙证言陈述了其从2007年7月开始到中国农业银行某某市息陬乡储蓄所工作，其与陈某丙、步某甲都认识，户名为陈某丙金额为62361.92元的存单由步某甲于2009年9月18日取出并转存至步某甲名下的情况。

（二）书证

1.某某市人民检察院起诉意见书证明步某甲涉嫌受贿、贪污一案，由某某市人民检察院立案侦查，步某甲涉嫌犯罪事实一是向施工商翟某田索要某某市息陬镇现代农业生产发展项目结算工程款中的3万元，二是向施工商王某索要某某市息陬镇视频联网监控工程款中的47290.6元，三是步某甲采取虚构工程，套取贪污工程款62361.92元的情况。

2.某某市息陬镇财政所记账凭证、施工合同、工程决算表、资金往来收据及发票、银行存取款凭证等书证一宗，证明了步某甲涉嫌贪污、受贿案中的相关工程款项被步某甲取出占有的情况。

3.律师执业证复印件证明了被告人朱某甲系山东某某律师事务所专职律师。

4.委托书、山东某某律师事务所公函、解除委托辩护函等书证，证明了被告人朱某甲于2014年6月28日接受卓某的委托担任步某甲涉嫌受贿、贪污犯罪案件的辩护人，2014年11月5日因朱某甲涉嫌违规、妨害诉讼经山东某某律师事务所决定解除与卓某的委托关系。

5.某某市人民检察院从卓某住处扣押的纸条两份，证明卓某通过朱某甲传递给步某甲的纸条内容即“事情最后结果如何，我也不知道，我求了这个找那个，都没有一个肯定的结果，我不知道下一步该怎么办(你给我找个方法去)，你告诉我去找谁，我继续找，如果你能写个信，我想你给他们各写一封，告诉他们，你需要他们，我找过他们好多次，写过信，发过短信……还是你的话能引起他们重视”以及步某甲通过朱某甲传递给卓某的纸条内容为“……找徐某乙做好6万多和3万的证言，确实是为了镇里走访冲账用的，另外告诉他，检察院一直问我他有什么问题，我什么也没说，让他操操心。找丁某、高某，帮忙协调一下，为了公事我承担责任不值得……王某那里你再找他，我没有亏待过他，想尽千方百计，按借款作证”，该两份纸条的内容均涉及步某甲案件情况并经过了卓某、步某甲辨认认可。

6.某某市人民检察院从卓某住处扣押的会见笔录复印件证明在卓某处搜查到朱某甲会见步某甲时将涉及找证人徐某乙、王某作证内容的会见笔录复印给了卓某，印证了被告人朱某甲、卓某供述的该细节。

7.某某市人民检察院从卓某住处扣押的其他纸条三份，证明了卓某自己书写的其他纸条在卓某住处被搜查到的情况，印证了卓某供述的有两张纸条是2014年9月24日晚上其在家中写的，是准备让朱某甲在第二天会见时传给步某甲的，还有张纸条是其和朱某甲讨论案情的时候，朱某甲根据以前办的案子并结合步某甲的案子说的一些话，其觉得很有用处，就记在纸条上了，并准备传给徐某乙看，后被办案机关搜查到的情况。

8.某某市人民检察院出具的搜查笔录、调取证据清单、扣押物品、文件清单及照片证明某某市人民检察院于2014年9月24日在卓某家中搜查到涉案相关纸条、会见笔录、步某甲案证人证言材料及卓某使用的手机等情况。

9.提取于王某手机上的短信照片证明从王某手机中提取到卓某发送给王

某含有质问语气的手机短信。

10.提取于朱某甲处的会见笔录三份证明了朱某甲担任步某甲案件的辩护人后，于2014年7月3日、9月17日和9月29日会见步某甲的情况。

11.某某市人民检察院出具的补充侦查决定书、延期审理建议书、办案说明，证明了步某甲嫌疑受贿、贪污一案在2014年9月17日朱某甲将会见步某甲的纸条带给卓某后，卓某找到证人徐某乙要求违背事实改变证言，某某市人民检察院发现线索后及时采取措施，查扣了相关纸条，在复核证言时证人徐某乙改变证言，致使案件证据体系发生重大变化，影响了步某甲案贪污6万余元和受贿3万元的犯罪事实认定，为补充证据材料分别于2014年9月30日、12月15日退回补充侦查两次，在步某甲案进入审判阶段因法院对徐某乙证言材料的采信有较大分歧，某某市人民检察院于2015年5月4日、8月31日向法院提出延期审理，在补充侦查和延期审理期间动用干警几十人次提审、询问证人和查阅账目材料，影响了其他案件的正常办理，导致诉讼拖延和司法资源浪费。

12.某某市人民检察院线索移交函、到案说明、指定管辖复函、指定管辖决定书证明了在2014年9月25日，某某市公安局刑警大队接某某市检察院移交线索称，发现卓某有妨害作证的行为，某某市公安局于2015年9月25日对卓某妨害作证案立案侦查。在侦查卓某妨害作证过程中，发现被告人朱某甲涉嫌犯罪，2014年12月3日，经济某市公安局指定管辖由泗某县公安局对朱某甲妨害作证立案管辖，后泗某县人民检察院根据济某市人民检察院指定管辖审查起诉，泗某县人民法院于2015年2月2日遵照济某市中级人民法院指定对被告人朱某甲、卓某妨害作证案审判管辖。

（三）被告人供述与辩解

1.被告人朱某甲供述了2014年6月28日其接受了步某甲妻子卓某的委托后，在办案人员陪同下于7月3日在某某市看守所对步某甲进行了会见，会见后其将会见情况告知了卓某，后卓某又多次要求会见，但一直没能会见。到了2014年9月12日步某甲案件到了审查起诉阶段，其告知卓某可以会见了，并告诉卓某可以将需要告诉步某甲的事项和要问步某甲的事项写到纸条上，到时候可以捎带给步某甲。2014年9月17日其从某某检察院复印出步某甲的卷宗材料后与孔某甲律师及步某甲的家属卓某等人一起去邹城市看守所会见步某甲，途中卓某可能看了步某甲的案卷，其看了步某甲案的起诉意见书后与卓某讨论了案件情况，告诉卓某其丈夫步某甲主要涉嫌三起犯罪事实以及涉案证人的情况，到了邹城市看守所因为下雨其将卷宗材料留在了车上，其拿着起诉意见书去会见了步某甲。在会见时其将卓某写好的纸条递给了步某甲，后经步某甲的要求其又将步某甲在纸条背面写的关于案件内容的纸条带出来了看守所并转交给了卓某，在从邹城市看守所回某某的途中其将步某甲告诉他的情况告知了卓某，卓某对证人王某非常不满。到了9月20日上午卓某到办公室又找其商量问案子怎么办，其给卓某说需要找徐某乙、张某甲等人，问问他们同意作证吗，能给作关于镇里的资金存在有走访下账费用的情况的证吗，主要找徐某乙作证，如徐某乙同意作证其就去调查他，如徐某乙不同意也无关紧要，其可以让他出庭作证，其辩护思路就是只要徐某乙承认单位有走访费用下账的情况，把步某甲涉嫌贪污、受贿的钱就能搅混，让步某甲的犯罪事实不清，这样就能起到作用。当天中午其与卓某、步某甲的大哥、二哥在饭店里吃饭，吃饭时其向他们说了辩护意见，大体意思是让卓某找找领导，看看领导能不能作证，能够证明步某甲涉案款项是走访费用。吃完饭后没几天卓某给其打电话说徐某乙同意作证，内容是按走访费用下账，其便告知卓某如果调查徐某乙应该经过检察院的批准，卓某多次打电话催问提交申请了吗，后来卓某被刑事拘留的情况。其也供述了其不认识徐某乙，如果其直接去找徐某乙，徐某乙如果说的和在检察院说的一致，再找徐某乙就没意义了以及其看过纸条上的内容即“找徐某乙做好6万多和3万多的证言，确实为了镇里走访冲账用……王某那里你再找他，我没亏待过他，想尽千方百计按借款作证”感觉有串供的嫌疑等情况；其也供述承认了给当事人捎带纸条、让当事人家属复印卷宗材料等都是违规行为，其一直让卓某销毁该纸条，卓某也表示同意销毁以及在从××路上其告诉卓某，步某甲说王某的钱是他本人向王某借的，3万和6万多的钱是走访下账用的，卓某在路上一直骂王某等情况；其也供述了在9月20日中午其和步某甲的家属在步某丙的饭店里见面时，主要商量步某甲案件下步怎么做，怎么做对步某甲有利，其说找案件相关证人的工作还是由步某甲的亲属出面，最后其再给证人做个材料以及在卓某被刑事拘留后，其于9月29日和10月份的一天又去嘉祥看守所会见过步某甲，告诉步某甲，卓某因妨害作证被刑事拘留以及徐某乙想起来有走访冲账等情况。

2. 被告人卓某供述，供述了其丈夫步某甲因涉嫌贪污被某某检察院立案侦查后，其聘请了朱某甲律师作为步某甲的辩护律师，第一次朱某甲会见步某甲后，朱某甲给其说有什么话带给步某甲可以写在纸上，朱某甲感觉合适的话可以带给步某甲，并在朱某甲第二次会见时将写好的纸条交给了朱某甲，朱某甲会见完步某甲后，朱某甲给了其一张步某甲写给自己的纸条，其拿到纸条后朱某甲让其找找证人徐某乙以及在2014年9月17日去邹城市看守所时，其看到朱某甲手里提着一个塑料袋子，朱某甲说是步某甲的卷宗，然后其在车上就翻看了步某甲的卷宗，到了邹城市看守所朱某甲他们下车去会见，其便将卷宗中证人证言部分进行了复印。在朱某甲与其以及步某甲的大哥、二哥吃饭时，朱某甲让她去找找步某甲的主要领导，问问那个钱花什么地方了，如果能证实是走访的，步某甲就没事，如果不能证明，那么这个事就推到步某甲身上了。后在一天上午八点左右，其给徐某乙约好在某某××街南头的信用社附近见面，见面后其问徐某乙案卷上说一个6万多和一个3万块钱的事徐某乙知道吗，并问徐某乙在检察院怎么说的，还给徐某乙说步某甲的律师想见见他。其也供述了在步某甲被抓后其找过王某，与王某见过两次面、通过几次电话，主要是问王某因何事步某甲被抓的以及在其家中搜出的其他纸条内容都是其平时听朱某甲告诉她的，朱某甲还把他以前代理过的案子给她分析，其把这些话写在了纸上等情况；其也供述了其和徐某乙见面时，其将步某甲写的纸条给徐某乙看了，也给徐某乙录了音，后其将与徐某乙见面的事告诉了朱某甲，朱某甲说去给徐某乙做好书面证词，朱某甲还让其找步某甲的领导，说作证的人越多，力度越大；被告人卓某也供述了其一共写过四张纸条，一张是2014年9月17日通过朱某甲传递给步某甲的纸条，一张是9月24日晚上在家写的，是准备9月25日会见时让朱某甲传给步某甲的，还有两张纸条是其和朱某甲讨论案情的时候，朱某甲根据以前办的案子，结合步某甲的案子说的一些话，其觉得很有用处，就记在纸条上了，后来被检察院的人搜查到的情况以及其对相关纸条进行了辨认，并解释了纸条上内容的意思，2号纸条上“检察院有可能再找您了解，您一定说死，千万别乱改口”是其找过徐某乙录完音后写的，其想着把这个纸条给徐某乙看，让徐某乙别再改口，因为朱某甲说过要找徐某乙寄材料，如把徐某乙的材料交给检察院，检察院一定会重新调查，检察院再次调查的时候，徐某乙又改口否认，就对步某甲不利了，所以朱某甲交代让徐某乙一定要说死，不能乱改口了，纸条上“账上查不出什么来了”的内容是朱某甲给她说的，朱某甲说账已经全部查完了，不会再有其他事了，纸条上“只要老步不开口，您不开口就什么也查不出来”的内容是其根据朱某甲平时交流分析案情的意思其自己想着写的，纸条上“实在不好说的事，您就说时间长、事多，记不清了”也是朱某甲平时给其交流分析案情的时候说的，意思是乡镇领导比较忙，有些事不一定能想起来；3号、4号纸条上“老徐已认此事，并且作证……还是想好王的事如何说能不能想法证明和王有经济上的往来”是其写给步某甲的。在朱某甲第二次会见完步某甲他们一起回某某的路上，朱某甲让其找找徐某乙，问问3万、6万块钱是怎么回事，问问乡里领导知道步某甲的事吗？还说那4万多的钱，让其找找王某，如果是借款必须有经济往来，如果有凭证、有证人，证明他俩之间有借款关系，这个事就好办等情况。

另有证人侯光民、朱明友、陈某丙证言以及某某市息陬镇财政所记账凭证、某某市公安局出具的涉案材料来源说明、从卓某手机中提取的谈话录音及二被告人的户籍证明等证据在卷佐证。

［判决结果］

依照《中华人民共和国刑法》第三百零六条第一款、第三百零七条第一款、第三十七条、第七十二条第一款、第七十三条第二、三款之规定，以辩护人妨害作证罪判处被告人朱某甲免予刑事处罚；以妨害作证罪判处被告人卓某有期徒刑一年六个月，缓刑二年。

【训练提示】

本案是一起典型的执业律师因违反律师执业行为规范而触犯刑法的案例。律师在刑事辩护业务中，必须依法执业，不能为迎合当事人的违法要求而失去执业行为底线。本案中，执业律师朱某甲，知法犯法，最终导致自己陷入刑事犯罪的不利泥潭。本案对于即将成为执业律师的法学本科毕业生，以及新入职律师，其教训是十分深刻的。

【训练问题】

1.上述案例中，朱某甲的执业行为违反了什么法律？

2.朱某甲的执业行为违反了律师协会什么规范？

3.谈谈自己对律师在刑事辩护中应该如何防范执业风险？

【法规链接】

《中华人民共和国刑法》（节选）

发布：2015-08-29 实施：2015-11-01 时效性：现行有效

第三百零六条 在刑事诉讼中，辩护人、诉讼代理人毁灭、伪造证据，帮助当事人毁灭、伪造证据，威胁、引诱证人违背事实改变证言或者作伪证的，处三年以下有期徒刑或者拘役；情节严重的，处三年以上七年以下有期徒刑。

辩护人、诉讼代理人提供、出示、引用的证人证言或者其他证据失实，不是有意伪造的，不属于伪造证据。

第四十二条 辩护人或者其他任何人，不得帮助犯罪嫌疑人、被告人隐匿、毁灭、伪造证据或者串供，不得威胁、引诱证人作伪证以及进行其他干扰司法机关诉讼活动的行为。

违反前款规定的，应当依法追究法律责任，辩护人涉嫌犯罪的，应当由办理辩护人所承办案件的侦查机关以外的侦查机关办理。辩护人是律师的，应当及时通知其所在的律师事务所或者所属的律师协会。

【训练案例-30】①

根据下面提供的案卷，进行阅卷，然后回答问题。

讯问笔录 （第一次）

时间：2016年6月3日0时1分至2016年6月2日24时
地点：××派出所
讯问人： ×× ，工作单位：××公安分局刑警大队
×× ，工作单位：××派出所
记录人：××
被讯问人：刘某某，男，1977年9月6日生，身份证号：51252719770906××77，现住址：

①作者根据真实案例改编。

福建省晋江市开发区多美滋火锅餐厅，户籍所在地：四川省宜宾县观音镇56号。
问：我们是××市××派出所的民警（出示工作证），因你涉嫌盗窃罪，现依法对你讯问。
跟据《中华人民共和国刑事诉讼法》的规定，你应当如实回答我们的提问，对与案件无关
的问题，你有拒绝回答的权利。对你的讯问过程，我们将全程录音录像，你听明白了吗？
答：我听明白了。
问：你是因为什么事情到派出所来的？
答：因为盗窃被你们抓了。
问：你要如实交代你作案的全部情况，如有虚假，要负法律责任的。你听清楚了吗？
答：我听清楚了。
问：那你把盗窃的过程讲下。
答：好的。我是2016年4月23日到江西省南昌市XX开发区的，当天下午伙同王老根、吴
三娃一起到开发区的一个工地踩点。当晚10点，我们开车到工地旁的地方，是王老根
开的车。下车后，我与吴三娃到工地里面打探，发现没有人，工地的门也没有锁，我们
就进到工地里面。我们看到地上堆满了脚手架的铁扣子，一包一包的。我们就把铁扣
子背到车上。当时，王老根在工地外望风，我和吴三娃搬运。车装满后，我们就开车回
出租屋了。就这样，我们来回共运了五趟。第二天，王老根联系了买家，然后开车过
去，把那些铁扣子卖了。下午的时候，王老根让我到他的屋里，给了我1000元钱，说是
我的报酬。
问：一共卖了多少钱？买家是谁？
答：我不清楚卖了多少钱。我只拿到1000元钱。那个买家我也不认识。
问：你要老实交代，说假话是要承担法律责任的。你还有其他犯罪行为吗？
答：我说的都是实话，如有假话，你们加重处罚我。我就是这唯一的一次参与盗窃。没有
其他的犯罪了。
问：好，今天就到这里。你想起来再详细交代你的问题。
答：好的。
问：以上你讲的是否属实？
答：属实。

（表格下面空白）

【训练提示】

本案是针对辩护律师阅卷能力的专项训练。辩护律师阅卷,最忌讳的就是走马观花。因此,本书专门对辩护律师阅卷的要求进行了阐述,以帮助辩护律师提高阅卷质量。

本训练材料是一份讯问笔录。这份讯问笔录,设计了讯问笔录中不应该出现的多种情况。这些情况有的属于违法情况,有的甚至可能导致该笔录有可能被辩护律师发现后提交法庭,使该笔录成为“不得采信证据”“瑕疵证据”。

参训者要仔细审查本案中的讯问笔录中的每一个细节。

【训练问题】

以上案卷中涉及的证据是否存在缺陷?如果有,属于什么缺陷?

第五章

律师代理行政诉讼基本技巧

【导语】

了解律师介入行政诉讼的途径,知晓行政诉讼的受案范围,掌握行政诉讼原告、被告的举证责任,了解行政诉讼原告请求权基础,并能熟练运用上述知识代理诉讼。这些是行政诉讼代理律师的基本技能。

第一节 律师如何介入行政诉讼

一、法律咨询

法律咨询是律师代理行政诉讼原告介入行政诉讼的主要方式。由于行政诉讼是行政管理相对人的自然人、法人、非法人组织,认为行政主体的行政行为侵犯其合法权益,依法向人民法院提起行政诉讼,请求人民法院对行政行为的合法性进行审查并作出裁判的活动。因此,行政诉讼的发动,只能是行政管理相对人,也就是自然人、法人、非法人组织。行政管理相对人是永恒的原告。如果行政管理相对人不提起行政诉讼,就不会有行政诉讼。因此,行政诉讼百分之百是由自然人、法人、非法人组织发动的。而自然人、法人、非法人组织,他们往往对行政诉讼专业知识不了解,或者是了解不够清晰,这就导致他们必须借助咨询律师获得对行政主体行政行为合法性的判断。

当自然人、法人、非法人组织在生产、生活和工作中与行政主体发生行政纠纷时，他们首先想到的是咨询律师。律师接待自然人、法人、非法人组织咨询时，根据自己掌握的行政法律知识以及行政法律规范，从法律专业的角度，对行政主体行为的合法性作出专业的判断，这往往是自然人、法人、非法人组织对行政行为合法性认知的开始。

当律师的专业分析判断确定了行政主体的行政行为违法，并且得到了自然人、法人、非法人组织的认可时，行政诉讼的发动则是顺利成章的事情。

当行政管理相对人提起行政诉讼之后，行政诉讼的被告如果没有自己聘请的法律顾问，则会通过咨询律师，了解相关法律问题，选择自己认为合适的律师，代理行政诉讼被告参与诉讼。

二、政府法律顾问

政府法律顾问代理行政诉讼被告介入行政诉讼，也是律师介入行政诉讼的途径之一。如果行政诉讼的被告自己聘请了法律顾问，一般而言，根据法律顾问的合同约定，作为法律顾问的律师，有义务代理顾问单位的诉讼法律事务，但是，必须另外办理委托代理手续，交纳律师代理费。当法院行政审判庭的行政起诉状送达行政主体时，行政主体首先想到的是让政府法律顾问过来处理。他们会把行政起诉书交给政府法律顾问，然后研究具体对策。

由于政府是行政诉讼永恒的被告，政府永远也不会发动行政诉讼。也就是说，在行政诉讼中，政府永远是被动介入的。当法院送来了行政起诉书之后，通常情况下，行政主体会立刻办理行政诉讼的委托律师手续。此时，律师则成为行政诉讼被告的代理人。

律师担任行政诉讼被告的代理人，则要站在行政主体的角度，收集、整理行政主体作出行政行为的事实依据及法律依据，证明行政行为的合法性。但是，由于行政诉讼法对于行政诉讼被告及其代理人在行政诉讼立案后，收集证据、调查取证的限制性规定，使得代理行政诉讼被告进行诉讼的律师，在行政诉讼立案后，不能向行政诉讼的原告及其他证人收集证据。对此，行政诉讼被告的代理律师必须有清醒的认识，不能作出违反法律的诉讼行为。

第二节 律师代理行政诉讼的注意事项

依据《中华人民共和国行政诉讼法》第三十一条之规定，行政诉讼的当事人，包括行政诉讼的原告、被告、第三人，可以委托律师代理行政诉讼。律师可以接受行政管理相对人委托，代理行政诉讼的原告提起行政诉讼。律师也可以接受行政诉讼被告的委托，代理被告应诉。律师还可以依法接受行政诉讼第三人的委托，代理行政诉讼的第三人参加到已经开始的行政诉讼活动中来。在律师代理行政诉讼的业务中，应注意以下几点：

一、以律师事务所的名义接受委托

虽然接受咨询的是律师，但是，正式接受委托代理行政诉讼时，依法必须以律师事务所的名义签订委托代理合同。律师应该以律师事务所的名义与自然人、法人、非法人组织或者行政主体签订委托代理合同。

二、要求当事人书面明确授权

行政诉讼中，律师无论是接受行政管理相对人的委托担任原告代理人，还是接受行政主体的委托担任行政诉讼被告代理人，或者是接受行政诉讼第三人的委托担任行政诉讼第三人的代理人，都必须由当事人书面授权，签署授权委托书，明确律师的代理权限是一般代理，还是特别授权必须明确注明。代为诉讼、调解，变更、放弃诉讼请求的特别授权还必须具体写明，不能笼统写一个特别授权。否则，将有可能被视为一般代理。

三、以律师事务所的名义收取代理费

律师代理行政诉讼不能私自收费，应当以律师事务所的名义收取律师代理费，并且开具收费凭证给委托人。这是律师代理行政诉讼的基本要求。

四、把握行政诉讼的审查范围

【技巧理论】

根据《中华人民共和国行政诉讼法》的规定，人民法院审理行政案件，对行政行为是否合法进行审查。因此，律师在代理行政诉讼原告提起行政诉讼之

前,要认真审查当事人的诉求,如果当事人的诉求属于行政行为的合法性问题,可以通过行政诉讼解决。但是,如果是行政行为的合理性问题,则不能单独提起行政诉讼。

【训练案例-31】[①]

2012年2月16日,B省A市政府作出A市征(2012)07号《房屋征收决定》,主要内容为:为棚户区(危旧房)改造的需要,决定对A市东至清水大街,西至春风路,南至清水大街,北至新安大街范围内的房屋实施征收,进行甲棚户区改造(二期)项目建设。征收主体为A市政府,征收部门为A市房屋征收经办中心,征收实施单位为A市宏途房屋拆迁有限公司,签约期为自公告之日起30日内。赵某某的60.8平方米私产住宅,位于A市某某街春民委,在此次征收范围内。2012年3月1日,A市住房和城市建设局发布《A市2012年保障性安居工程建设信息公示》,主要内容为:A市2012年度城市棚户区(危旧房)改造项目计划改造户数1030户,改造面积7万平方米。其中,有关甲棚户区改造(二期)项目用地范围为东至滨水路、西至光明路、南至清水大街、北至新安大街,共155套,开工时间为2012年5月25日。建设单位为A市金城房地产开发有限公司。签约期限内,赵某某未能与A市政府达成补偿协议。2012年12月26日,A市政府作出A政房征补(2012)387号《A市人民政府关于对赵某某房屋征收补偿决定》(以下简称387号补偿决定),主要内容为:对被征收人予以货币补偿。1.房屋补偿:按B市乙房地产评估咨询有限公司(以下简称乙评估公司)出具的房屋评估报告,给予131805元补偿。2.室内装潢补偿费:按乙评估公司评估结果,给予3163元补偿。3.附属物:按乙评估公司评估结果,给予22823元补偿。4.搬迁补助费:1000元。共计158791元。被征收人搬迁之日起3日内给予结算。被征收人应当在387号补偿决定送达之日起15日内搬迁。387号补偿决定告知诉权和起诉期限。2013年1月11日,387号补偿决定送达赵某某。赵某某逾期未搬迁。2013年4月10日,A市政府作出催告通知,限赵某某10日内搬迁,逾期不搬,将依法申请人民法院强制执行。赵某某不服387号

---

①引自中国裁判文书网,作者对内容作了调整。

补偿决定，提起行政诉讼。

【训练提示】

本案是针对行政诉讼受案范围的专项训练。根据我国现行《行政诉讼法》的规定，人民法院对于行政诉讼的受案范围是有限的。因此，行政诉讼原告的代理律师，必须精通我国《行政诉讼法》对于行政诉讼的受案范围相关规定，并且要及时掌握最高人民法院对于行政诉讼有关的司法解释的最新动态。

参训者应根据本案事实，对照相关法律法规、司法解释，审查双方当事人的法律关系性质，重点围绕本案纠纷是否属于行政诉讼的受案范围展开思考，然后回答训练问题。

【训练问题】

1.你作为接待赵某某咨询的律师，赵某某不服387号补偿决定，提起行政诉讼，是否属于行政诉讼受案范围？为什么？

2.387号补偿决定，是否属于行政诉讼审查对象？

【法规链接】

《中华人民共和国行政诉讼法》（节选）

发布:2017-06-27　实施:2017-07-01　时效性:现行有效

第六条　人民法院审理行政案件，对行政行为是否合法进行审查。

《国有土地上房屋征收与补偿条例》（节选）

发布:2011-01-21　实施:2011-01-21　时效性:现行有效

第一章　总则

第二条　为了公共利益的需要，征收国有土地上单位、个人的房屋，应当对被征收房屋所有权人（以下称被征收人）给予公平补偿。

第三条　房屋征收与补偿应当遵循决策民主、程序正当、结果公开的原则。

第四条　市、县级人民政府负责本行政区域的房屋征收与补偿工作。

市、县级人民政府确定的房屋征收部门（以下称房屋征收部门）组织实施本行政区域的房屋征收与补偿工作。

市、县级人民政府有关部门应当依照本条例的规定和本级人民政府规定的职责分工，互相配合，保障房屋征收与补偿工作的顺利进行。

第五条　房屋征收部门可以委托房屋征收实施单位，承担房屋征收与补偿的具体工作。房屋征收实施单位不得以营利为目的。

房屋征收部门对房屋征收实施单位在委托范围内实施的房屋征收与补偿行为负责监督,并对其行为后果承担法律责任。

第六条　上级人民政府应当加强对下级人民政府房屋征收与补偿工作的监督。

国务院住房城乡建设主管部门和省、自治区、直辖市人民政府住房城乡建设主管部门应当会同同级财政、国土资源、发展改革等有关部门,加强对房屋征收与补偿实施工作的指导。

第七条　任何组织和个人对违反本条例规定的行为,都有权向有关人民政府、房屋征收部门和其他有关部门举报。接到举报的有关人民政府、房屋征收部门和其他有关部门对举报应当及时核实、处理。

监察机关应当加强对参与房屋征收与补偿工作的政府和有关部门或者单位及其工作人员的监察。

第二章　征收决定

第八条　为了保障国家安全、促进国民经济和社会发展等公共利益的需要,有下列情形之一,确需征收房屋的,由市、县级人民政府作出房屋征收决定:

(一)国防和外交的需要;

(二)由政府组织实施的能源、交通、水利等基础设施建设的需要;

(三)由政府组织实施的科技、教育、文化、卫生、体育、环境和资源保护、防灾减灾、文物保护、社会福利、市政公用等公共事业的需要;

(四)由政府组织实施的保障性安居工程建设的需要;

(五)由政府依照城乡规划法有关规定组织实施的对危房集中、基础设施落后等地段进行旧城区改建的需要;

(六)法律、行政法规规定的其他公共利益的需要。

第九条　依照本条例第八条规定,确需征收房屋的各项建设活动,应当符合国民经济和社会发展规划、土地利用总体规划、城乡规划和专项规划。保障性安居工程建设、旧城区改建,应当纳入市、县级国民经济和社会发展年度计划。

制定国民经济和社会发展规划、土地利用总体规划、城乡规划和专项规划,应当广泛征求社会公众意见,经过科学论证。

第十条 房屋征收部门拟定征收补偿方案，报市、县级人民政府。

市、县级人民政府应当组织有关部门对征收补偿方案进行论证并予以公布，征求公众意见。征求意见期限不得少于30日。

第十一条 市、县级人民政府应当将征求意见情况和根据公众意见修改的情况及时公布。

因旧城区改建需要征收房屋，多数被征收人认为征收补偿方案不符合本条例规定的，市、县级人民政府应当组织由被征收人和公众代表参加的听证会，并根据听证会情况修改方案。

第十二条 市、县级人民政府作出房屋征收决定前，应当按照有关规定进行社会稳定风险评估；房屋征收决定涉及被征收人数量较多的，应当经政府常务会议讨论决定。

作出房屋征收决定前，征收补偿费用应当足额到位、专户存储、专款专用。

第十三条 市、县级人民政府作出房屋征收决定后应当及时公告。公告应当载明征收补偿方案和行政复议、行政诉讼权利等事项。

市、县级人民政府及房屋征收部门应当做好房屋征收与补偿的宣传、解释工作。

房屋被依法征收的，国有土地使用权同时收回。

第十四条 被征收人对市、县级人民政府作出的房屋征收决定不服的，可以依法申请行政复议，也可以依法提起行政诉讼。

第十五条 房屋征收部门应当对房屋征收范围内房屋的权属、区位、用途、建筑面积等情况组织调查登记，被征收人应当予以配合。调查结果应当在房屋征收范围内向被征收人公布。

第十六条 房屋征收范围确定后，不得在房屋征收范围内实施新建、扩建、改建房屋和改变房屋用途等不当增加补偿费用的行为；违反规定实施的，不予补偿。

房屋征收部门应当将前款所列事项书面通知有关部门暂停办理相关手续。暂停办理相关手续的书面通知应当载明暂停期限。暂停期限最长不得超过1年。

第三章　补偿

第十七条　作出房屋征收决定的市、县级人民政府对被征收人给予的补偿包括：

(一)被征收房屋价值的补偿；

(二)因征收房屋造成的搬迁、临时安置的补偿；

(三)因征收房屋造成的停产停业损失的补偿。

市、县级人民政府应当制定补助和奖励办法，对被征收人给予补助和奖励。

第十八条　征收个人住宅，被征收人符合住房保障条件的，作出房屋征收决定的市、县级人民政府应当优先给予住房保障。具体办法由省、自治区、直辖市制定。

第十九条　对被征收房屋价值的补偿，不得低于房屋征收决定公告之日被征收房屋类似房地产的市场价格。被征收房屋的价值，由具有相应资质的房地产价格评估机构按照房屋征收评估办法评估确定。

对评估确定的被征收房屋价值有异议的，可以向房地产价格评估机构申请复核评估。对复核结果有异议的，可以向房地产价格评估专家委员会申请鉴定。

房屋征收评估办法由国务院住房城乡建设主管部门制定，制定过程中，应当向社会公开征求意见。

第二十条　房地产价格评估机构由被征收人协商选定；协商不成的，通过多数决定、随机选定等方式确定，具体办法由省、自治区、直辖市制定。

房地产价格评估机构应当独立、客观、公正地开展房屋征收评估工作，任何单位和个人不得干预。

第二十一条　被征收人可以选择货币补偿，也可以选择房屋产权调换。

被征收人选择房屋产权调换的，市、县级人民政府应当提供用于产权调换的房屋，并与被征收人计算、结清被征收房屋价值与用于产权调换房屋价值的差价。

因旧城区改建征收个人住宅，被征收人选择在改建地段进行房屋产权调换的，作出房屋征收决定的市、县级人民政府应当提供改建地段或者就近地段的房屋。

第二十二条　因征收房屋造成搬迁的，房屋征收部门应当向被征收人支付搬迁费；选择房屋产权调换的，产权调换房屋交付前，房屋征收部门应当向被征收人支付临时安置费或者提供周转用房。

第二十三条　对因征收房屋造成停产停业损失的补偿，根据房屋被征收前的效益、停产停业期限等因素确定。具体办法由省、自治区、直辖市制定。

第二十四条　市、县级人民政府及其有关部门应当依法加强对建设活动的监督管理，对违反城乡规划进行建设的，依法予以处理。

市、县级人民政府作出房屋征收决定前，应当组织有关部门依法对征收范围内未经登记的建筑进行调查、认定和处理。对认定为合法建筑和未超过批准期限的临时建筑的，应当给予补偿；对认定为违法建筑和超过批准期限的临时建筑的，不予补偿。

第二十五条　房屋征收部门与被征收人依照本条例的规定，就补偿方式、补偿金额和支付期限、用于产权调换房屋的地点和面积、搬迁费、临时安置费或者周转用房、停产停业损失、搬迁期限、过渡方式和过渡期限等事项，订立补偿协议。

补偿协议订立后，一方当事人不履行补偿协议约定的义务的，另一方当事人可以依法提起诉讼。

第二十六条　房屋征收部门与被征收人在征收补偿方案确定的签约期限内达不成补偿协议，或者被征收房屋所有权人不明确的，由房屋征收部门报请作出房屋征收决定的市、县级人民政府依照本条例的规定，按照征收补偿方案作出补偿决定，并在房屋征收范围内予以公告。

补偿决定应当公平，包括本条例第二十五条第一款规定的有关补偿协议的事项。

被征收人对补偿决定不服的，可以依法申请行政复议，也可以依法提起行政诉讼。

第二十七条　实施房屋征收应当先补偿、后搬迁。

作出房屋征收决定的市、县级人民政府对被征收人给予补偿后，被征收人应当在补偿协议约定或者补偿决定确定的搬迁期限内完成搬迁。

任何单位和个人不得采取暴力、威胁或者违反规定中断供水、供热、供气、供电和道路通行等非法方式迫使被征收人搬迁。禁止建设单位参与搬迁活动。

第二十八条 被征收人在法定期限内不申请行政复议或者不提起行政诉讼,在补偿决定规定的期限内又不搬迁的,由作出房屋征收决定的市、县级人民政府依法申请人民法院强制执行。

强制执行申请书应当附具补偿金额和专户存储账号、产权调换房屋和周转用房的地点和面积等材料。

第二十九条 房屋征收部门应当依法建立房屋征收补偿档案,并将分户补偿情况在房屋征收范围内向被征收人公布。

审计机关应当加强对征收补偿费用管理和使用情况的监督,并公布审计结果。

第三节 行政诉讼当事人的举证责任

一、行政诉讼中被告的举证责任

【技巧理论】

行政诉讼的价值在于采用司法权制约行政权。司法机关在行政诉讼中,要对行政行为的合法性进行审查。因此,《中华人民共和国行政诉讼法》规定,行政诉讼中,行政主体是永恒的被告,行政诉讼的被告对行政行为的合法性负有举证责任。

不仅如此,《中华人民共和国行政诉讼法》第三十五条还对被告的证据收集作了限制性规定:在诉讼过程中,被告及其诉讼代理人不得自行向原告、第三人和证人收集证据。之所以要这样规定,是因为行政诉讼的被告手中往往握有公权力,这就是行政权。行政主体的行政权必须有法律的授权才能行使,行政主体在实施行政行为时,必须已经得到了法律的授权,而且行政主体也知道得到了法律的授权。行政行为是依据法律和事实作出的。

《中华人民共和国行政诉讼法》规定,当行政诉讼发生以后,禁止行政主体再收集事实的证据,其目的就是制约行政权,防止行政主体在行政诉讼发生以后再去补充证据,防止行政权的滥用。使行政行为只有依法、依事实才能作出。

【训练案例-32】[①]

汪某某就征地拆迁及安置补偿问题,于2014年6月14日在北京中南海周边上访,被A市公安局B分局派出所训诫后送往某分流中心。2014年6月15日,C市公安局D分局对汪某某进行询问调查,并制作了询问笔录,认为汪某某到北京中南海周边非信访接待场所上访,扰乱公共场所秩序,并告知汪某某拟对其在北京中南海周边上访扰乱公共场所秩序的违法行为作出行政拘留十日的处罚。C市公安局D分局于2014年6月15日作出对汪某某处行政拘留十日的处罚并将决定书送达汪某某。汪某某不服,提起行政诉讼,请求依法确认C市公安局D分局作出的行政处罚决定违法并依法予以撤销。

【训练提示】

本案是一起不服行政处罚提起行政诉讼的典型案例。本案的训练主要是针对行政诉讼的被告的代理律师进行的。

由于行政法律关系主体的不平等性,使得行政主体处于管理者的有利地位。为了防止行政主体滥用行政管理权,我国建立了行政诉讼法律制度。行政诉讼的实质是用司法权制约行政权。当行政管理相对人提起行政诉讼,认为行政行为违法侵犯其合法权利时,行政主体作为行政诉讼的被告必须按照《中华人民共和国行政诉讼法》的要求进行答辩,并且应该向人民法院提交相应的证据,否则,将面临败诉的不利后果。

至于应该提交哪些证据,则是属于对本案的参训者提出的问题。

【训练问题】

1. 如果汪某某提起行政诉讼,被告A市公安局B分局派出所对其作出行政处罚决定的行政行为负有哪些举证责任?

2. 你作为被告的律师,你认为被告作出行政处罚决定的法律依据是什么?

---

①引自中国裁判文书网,作者对内容作了调整。

【法规链接】

《中华人民共和国治安管理处罚法》(节选)

发布:2012-10-26　实施:2013-01-01　时效性:现行有效

第二条　扰乱公共秩序,妨害公共安全,侵犯人身权利、财产权利,妨害社会管理,具有社会危害性,依照《中华人民共和国刑法》的规定构成犯罪的,依法追究刑事责任;尚不够刑事处罚的,由公安机关依照本法给予治安管理处罚。

第三条　治安管理处罚的程序,适用本法的规定;本法没有规定的,适用《中华人民共和国行政处罚法》的有关规定。

第十条　治安管理处罚的种类分为:

(一)警告;

(二)罚款;

(三)行政拘留;

(四)吊销公安机关发放的许可证。

对违反治安管理的外国人,可以附加适用限期出境或者驱逐出境。

第二十三条　有下列行为之一的,处警告或者二百元以下罚款;情节较重的,处五日以上十日以下拘留,可以并处五百元以下罚款:

(一)扰乱机关、团体、企业、事业单位秩序,致使工作、生产、营业、医疗、教学、科研不能正常进行,尚未造成严重损失的;

(二)扰乱车站、港口、码头、机场、商场、公园、展览馆或者其他公共场所秩序的;

(三)扰乱公共汽车、电车、火车、船舶、航空器或者其他公共交通工具上的秩序的;

(四)非法拦截或者强登、扒乘机动车、船舶、航空器以及其他交通工具,影响交通工具正常行驶的;

(五)破坏依法进行的选举秩序的。

聚众实施前款行为的,对首要分子处十日以上十五日以下拘留,可以并处一千元以下罚款。

二、行政诉讼中原告的举证责任

【技巧理论】

虽然《中华人民共和国行政诉讼法》规定了对行政行为的合法性由被告负举证责任，但是，这不代表行政诉讼中，原告就没有举证责任。根据法律规定，原告应该就原告与被告存在行政管理关系以及被告对原告作出了行政行为负有举证责任。

《中华人民共和国行政诉讼法》第二条规定，“公民、法人或者其他组织认为行政机关和行政机关工作人员的行政行为侵犯其合法权益，有权依照本法向人民法院提起诉讼”。而公民、法人或者其他组织认为行政机关和行政机关工作人员的行政行为侵犯其合法权益的前提是，公民、法人或者其他组织与行政主体存在行政管理关系，并且行政主体实施了行政行为。

行政诉讼制度设立的初衷就是为了给行政管理相对人一个救济权。因此，法律要求提起行政诉讼的原告必须是行政管理相对人。行政诉讼的原告起诉的时候，必须有证据证明自己是行政管理相对人，同时必须有证据证明行政主体实施了针对原告的行政行为。依据《中华人民共和国行政诉讼法》第二条的规定，行政诉讼的原告在提起行政诉讼的时候，必须提供两个事实的证据，一个是原告是行政管理相对人的证据，另一个是行政主体实施了针对原告的行政行为的证据。

假如行政诉讼的原告在提起行政诉讼的时候，还向行政主体提出了行政赔偿请求，那么，根据《中华人民共和国行政诉讼法》第三十八条规定，行政诉讼的原告还应该就行政主体的行政行为给原告造成的经济损失进行举证。

【训练案例-33】[①]

2016年3月17日，原告罗某某等五人代表A市B区西樵镇岭西村十七股份合作经济社（以下简称十七经济社）89名成员向被告B区政府邮寄《履行法定职责申请书》，被告于次日签收。2016年3月22日，被告下属的A市B区法制办公室对原告罗某某等五人作出《A市B区法制办公室关于退回〈履行法定

---

①引自中国裁判文书网，作者对内容作了调整。

职责申请书〉及相关材料的告知书》(以下简称《告知书》),认为:对属于行政机关管理职能范围的违法行为,当事人可以先依法向行政机关进行投诉举报;行政机关有条件而未能履行法定职责、损害当事人合法权益的,当事人可以依法向上级行政机关申请行政复议或者向法院提起行政诉讼。原告以邮寄《履行法定职责申请书》形式直接要求被告督促多个所属职能部门或镇政府履行其法定职责的做法并无任何法律依据;同时,行政机关亦没有处理民事侵权纠纷或者追究刑事责任的职能。故将相关材料予以退回,并指引原告另行依法寻求救济。

【训练提示】

本案是针对行政诉讼的原告代理律师进行的专项训练。根据行政诉讼原理,行政诉讼的原告必须是行政管理的相对人,并且与具体行政行为之间存在法律上的利害关系,是认为自己合法权益受到行政行为侵害的人。

行政诉讼法之所以赋予行政行为的管理相对人起诉权,是因为让行政管理相对人起诉,可以借助司法权来监督行政权。因此,行政诉讼原告资格的获得,与其处于行政管理相对人的地位密切相关。

参训者必须围绕证明罗某某等五人属于行政管理相对人的事实以及与本案中的行政行为有法律上的利害关系进行举证。

【训练问题】

原告罗某某等五人如果依法提起行政诉讼,应该向法院提交哪些证据?为什么?

【法规链接】

《中华人民共和国行政诉讼法》(节选)

发布:2017-06-27　实施:2017-07-01　时效性:现行有效

第二条　公民、法人或者其他组织认为行政机关和行政机关工作人员的行政行为侵犯其合法权益,有权依照本法向人民法院提起诉讼。

前款所称行政行为,包括法律、法规、规章授权的组织作出的行政行为。

第四节　行政诉讼原告请求权基础

【技巧理论】

行政诉讼解决的核心问题就是行政行为的合法性问题。法律之所以给予行政诉讼的原告以请求权，是因为这样可以通过行政诉讼原告的起诉，使行政行为进入司法审查的程序，从而实现司法权对行政权的监督。

行政诉讼原告请求得到法院支持的前提是行政行为违法。当行政行为违法而又给行政管理相对人造成了损害，那么，人民法院将判决撤销违法行政行为。如果是行政主体依法必须履行的职责，人民法院还可以责令行政主体另行作出行政行为。如果违法行政行为给行政管理相对人造成了损害，人民法院可以根据行政诉讼原告的请求，判令行政主体赔偿行政管理相对人的损失。因此，行政诉讼原告的请求权基础是，行政主体的行政行为违法，并且违法的行政行为直接涉及行政管理相对人的权利。对此，代理行政诉讼的原告律师必须明白。

【法规链接】

《中华人民共和国行政诉讼法》（节选）

发布：2017-06-27　实施：2017-07-01　时效性：现行有效

第二条　公民、法人或者其他组织认为行政机关和行政机关工作人员的行政行为侵犯其合法权益，有权依照本法向人民法院提起诉讼。

前款所称行政行为，包括法律、法规、规章授权的组织作出的行政行为。

第三十四条　被告对作出的行政行为负有举证责任，应当提供作出该行政行为的证据和所依据的规范性文件。

被告不提供或者无正当理由逾期提供证据，视为没有相应证据。但是，被诉行政行为涉及第三人合法权益，第三人提供证据的除外。

第三十五条　在诉讼过程中，被告及其诉讼代理人不得自行向原告、第三人和证人收集证据。

第三十六条　被告在作出行政行为时已经收集了证据，但因不可抗力等正当事由不能提供的，经人民法院准许，可以延期提供。

原告或者第三人提出了其在行政处理程序中没有提出的理由或者证据

的，经人民法院准许，被告可以补充证据。

第三十七条　原告可以提供证明行政行为违法的证据。原告提供的证据不成立的，不免除被告的举证责任。

第三十八条　在起诉被告不履行法定职责的案件中，原告应当提供其向被告提出申请的证据。但有下列情形之一的除外：

（一）被告应当依职权主动履行法定职责的；

（二）原告因正当理由不能提供证据的。

在行政赔偿、补偿的案件中，原告应当对行政行为造成的损害提供证据。因被告的原因导致原告无法举证的，由被告承担举证责任。

【训练案例-34】①

甲省乙市为扩大城市规模，向甲省人民政府申请批准18公顷规划建设用地。甲省人民政府2012年8月23日作出×政地字［2012］683号《关于乙市实施市级规划批次用地的批复》，同意将鲅鱼圈区农用地17.1822公顷、园地6.7626公顷、农村道路0.2667公顷，公路用地0.0639公顷，红旗镇金屯村园地8.4281公顷、农村道路0.1089公顷、沟渠0.0856公顷、公路用地0.0950公顷，合计批准征收集体土地17.3411公顷，作为乙市实施市级规划建设用地。

《关于乙市实施市级规划批次用地的批复》下达后，乙市政府在涉及征地的范围内向当地居民公布了该文件。此次征地范围中，红旗镇金屯村园地8.4281公顷土地属于甲省乙市鲅鱼圈区红旗满族镇金屯村399号村民李某某的家庭承包经营土地。

李某某认为甲省人民政府下达《关于乙市实施市级规划批次用地的批复》侵犯了他依法享有的的土地承包权。并且征收的土地没有获得建设规划许可证，程序上也未经与被征地方协商，属于违法行政行为。

因此，李某某来到律师事务所咨询律师，想通过司法途径撤销《关于乙市实施市级规划批次用地的批复》。

①引自中国裁判文书网，作者对内容作了调整。

【训练提示】

本案是针对行政诉讼原告的请求权基础问题进行的专项训练，也是针对行政诉讼原告的代理律师进行的一个专项训练。律师在代理行政诉讼的原告提起行政诉讼之前，必须审查原告是否具有行政诉讼的请求权。如果当事人不具有行政诉讼的请求权，那么，律师则不能接受其委托，更不能在没有行政诉讼请求权的情况下提起行政诉讼，否则，只能面临败诉的后果。

本案中，甲省乙市政府为扩大城市规模，向甲省政府申请批准建设用地，甲省政府批复同意。李某某家庭承包的土地位于省政府批复同意的建设用地范围之内。

参训者应在认真学习本教材关于行政诉讼请求权的基础的技巧理论之后，围绕甲省政府批复行为的合法性进行法律法规、司法解释的检索，搞清楚省政府是否得到了法律的授权，然后回答本案的训练问题。

【训练问题】

1.本案是否属于行政诉讼的受案范围？为什么？

2.本案李某某是否具有行政诉讼原告主体资格？

3.李某某的请求是否具有请求权基础？为什么？

【法规链接】

《中华人民共和国土地管理法》（节选）

发布：2004-08-28　实施：2004-08-28　时效性：现行有效

第一章　总则

第二条　中华人民共和国实行土地的社会主义公有制，即全民所有制和劳动群众集体所有制。

全民所有，即国家所有土地的所有权由国务院代表国家行使。

任何单位和个人不得侵占、买卖或者以其他形式非法转让土地。土地使用权可以依法转让。

国家为了公共利益的需要，可以依法对土地实行征收或者征用并给予补偿。

国家依法实行国有土地有偿使用制度。但是，国家在法律规定的范围内划拨国有土地使用权的除外。

第三条　十分珍惜、合理利用土地和切实保护耕地是我国的基本国策。

各级人民政府应当采取措施，全面规划，严格管理，保护、开发土地资源，制止非法占用土地的行为。

第四条　国家实行土地用途管制制度。

国家编制土地利用总体规划，规定土地用途，将土地分为农用地、建设用地和未利用地。严格限制农用地转为建设用地，控制建设用地总量，对耕地实行特殊保护。

前款所称农用地是指直接用于农业生产的土地，包括耕地、林地、草地、农田水利用地、养殖水面等；建设用地是指建造建筑物、构筑物的土地，包括城乡住宅和公共设施用地、工矿用地、交通水利设施用地、旅游用地、军事设施用地等；未利用地是指农用地和建设用地以外的土地。

使用土地的单位和个人必须严格按照土地利用总体规划确定的用途使用土地。

第五条　国务院土地行政主管部门统一负责全国土地的管理和监督工作。

县级以上地方人民政府土地行政主管部门的设置及其职责，由省、自治区、直辖市人民政府根据国务院有关规定确定。

第六条　任何单位和个人都有遵守土地管理法律、法规的义务，并有权对违反土地管理法律、法规的行为提出检举和控告。

第七条　在保护和开发土地资源、合理利用土地以及进行有关的科学研究等方面成绩显著的单位和个人，由人民政府给予奖励。

第二章　土地的所有权和使用权

第八条　城市市区的土地属于国家所有。

农村和城市郊区的土地，除由法律规定属于国家所有的以外，属于农民集体所有；宅基地和自留地、自留山，属于农民集体所有。

第九条　国有土地和农民集体所有的土地，可以依法确定给单位或者个人使用。使用土地的单位和个人，有保护、管理和合理利用土地的义务。

第十条　农民集体所有的土地依法属于村农民集体所有的，由村集体经济组织或者村民委员会经营、管理；已经分别属于村内两个以上农村集体经济组织的农民集体所有的，由村内各该农村集体经济组织或者村民小组经营、管理；已经属于乡(镇)农民集体所有的，由乡(镇)农村集体经济组织经营、管理。

第十一条　农民集体所有的土地，由县级人民政府登记造册，核发证书，确认所有权。

农民集体所有的土地依法用于非农业建设的，由县级人民政府登记造册，核发证书，确认建设用地使用权。

单位和个人依法使用的国有土地，由县级以上人民政府登记造册，核发证书，确认使用权；其中，中央国家机关使用的国有土地的具体登记发证机关，由国务院确定。

确认林地、草原的所有权或者使用权，确认水面、滩涂的养殖使用权，分别依照《中华人民共和国森林法》《中华人民共和国草原法》和《中华人民共和国渔业法》的有关规定办理。

第十二条　依法改变土地权属和用途的，应当办理土地变更登记手续。

第十三条　依法登记的土地的所有权和使用权受法律保护，任何单位和个人不得侵犯。

第十四条　农民集体所有的土地由本集体经济组织的成员承包经营，从事种植业、林业、畜牧业、渔业生产。土地承包经营期限为三十年。发包方和承包方应当订立承包合同，约定双方的权利和义务。承包经营土地的农民有保护和按照承包合同约定的用途合理利用土地的义务。农民的土地承包经营权受法律保护。

在土地承包经营期限内，对个别承包经营者之间承包的土地进行适当调整的，必须经村民会议三分之二以上成员或者三分之二以上村民代表的同意，并报乡（镇）人民政府和县级人民政府农业行政主管部门批准。

第十五条　国有土地可以由单位或者个人承包经营，从事种植业、林业、畜牧业、渔业生产。农民集体所有的土地，可以由本集体经济组织以外的单位或者个人承包经营，从事种植业、林业、畜牧业、渔业生产。发包方和承包方应当订立承包合同，约定双方的权利和义务。土地承包经营的期限由承包合同约定。承包经营土地的单位和个人，有保护和按照承包合同约定的用途合理利用土地的义务。

农民集体所有的土地由本集体经济组织以外的单位或者个人承包经营的，必须经村民会议三分之二以上成员或者三分之二以上村民代表的同意，并报乡(镇)人民政府批准。

第十六条　土地所有权和使用权争议,由当事人协商解决;协商不成的,由人民政府处理。

单位之间的争议,由县级以上人民政府处理;个人之间、个人与单位之间的争议,由乡级人民政府或者县级以上人民政府处理。

当事人对有关人民政府的处理决定不服的,可以自接到处理决定通知之日起三十日内,向人民法院起诉。

在土地所有权和使用权争议解决前,任何一方不得改变土地利用现状。

各级人民政府应当加强土地利用计划管理,实行建设用地总量控制。

第五章　建设用地

第四十四条　建设占用土地,涉及农用地转为建设用地的,应当办理农用地转用审批手续。

省、自治区、直辖市人民政府批准的道路、管线工程和大型基础设施建设项目、国务院批准的建设项目占用土地,涉及农用地转为建设用地的,由国务院批准。

在土地利用总体规划确定的城市和村庄、集镇建设用地规模范围内,为实施该规划而将农用地转为建设用地的,按土地利用年度计划分批次由原批准土地利用总体规划的机关批准。在已批准的农用地转用范围内,具体建设项目用地可以由市、县人民政府批准。

本条第二款、第三款规定以外的建设项目占用土地,涉及农用地转为建设用地的,由省、自治区、直辖市人民政府批准。

第四十五条　征收下列土地的,由国务院批准:

(一)基本农田;

(二)基本农田以外的耕地超过三十五公顷的;

(三)其他土地超过七十公顷的。

征收前款规定以外的土地的,由省、自治区、直辖市人民政府批准,并报国务院备案。

征收农用地的,应当依照本法第四十四条的规定先行办理农用地转用审批。其中,经国务院批准农用地转用的,同时办理征地审批手续,不再另行办理征地审批;经省、自治区、直辖市人民政府在征地批准权限内批准农用地转用的,同时办理征地审批手续,不再另行办理征地审批,超过征地批准权限的,应当依照本条第一款的规定另行办理征地审批。

第四十六条　国家征收土地的,依照法定程序批准后,由县级以上地方人民政府予以公告并组织实施。

被征收土地的所有权人、使用权人应当在公告规定期限内,持土地权属证书到当地人民政府土地行政主管部门办理征地补偿登记。

第四十七条　征收土地的,按照被征收土地的原用途给予补偿。

征收耕地的补偿费用包括土地补偿费、安置补助费以及地上附着物和青苗的补偿费。征收耕地的土地补偿费,为该耕地被征收前三年平均年产值的六至十倍。征收耕地的安置补助费,按照需要安置的农业人口数计算。需要安置的农业人口数,按照被征收的耕地数量除以征地前被征收单位平均每人占有耕地的数量计算。每一个需要安置的农业人口的安置补助费标准,为该耕地被征收前三年平均年产值的四至六倍。但是,每公顷被征收耕地的安置补助费,最高不得超过被征收前三年平均年产值的十五倍。

征收其他土地的土地补偿费和安置补助费标准,由省、自治区、直辖市参照征收耕地的土地补偿费和安置补助费的标准规定。

被征收土地上的附着物和青苗的补偿标准,由省、自治区、直辖市规定。

征收城市郊区的菜地,用地单位应当按照国家有关规定缴纳新菜地开发建设基金。

依照本条第二款的规定支付土地补偿费和安置补助费,尚不能使需要安置的农民保持原有生活水平的,经省、自治区、直辖市人民政府批准,可以增加安置补助费。但是,土地补偿费和安置补助费的总和不得超过土地被征收前三年平均年产值的三十倍。

国务院根据社会、经济发展水平,在特殊情况下,可以提高征收耕地的土地补偿费和安置补助费的标准。

第四十八条　征地补偿安置方案确定后,有关地方人民政府应当公告,并听取被征地的农村集体经济组织和农民的意见。

第四十九条　被征地的农村集体经济组织应当将征收土地的补偿费用的

收支状况向本集体经济组织的成员公布，接受监督。

禁止侵占、挪用被征收土地单位的征地补偿费用和其他有关费用。

第五十条 地方各级人民政府应当支持被征地的农村集体经济组织和农民从事开发经营，兴办企业。

第五十一条 大中型水利、水电工程建设征收土地的补偿费标准和移民安置办法，由国务院另行规定。

第五十二条 建设项目可行性研究论证时，土地行政主管部门可以根据土地利用总体规划、土地利用年度计划和建设用地标准，对建设用地有关事项进行审查，并提出意见。

第五十三条 经批准的建设项目需要使用国有建设用地的，建设单位应当持法律、行政法规规定的有关文件，向有批准权的县级以上人民政府土地行政主管部门提出建设用地申请，经土地行政主管部门审查，报本级人民政府批准。

第五十四条 建设单位使用国有土地，应当以出让等有偿使用方式取得；但是，下列建设用地，经县级以上人民政府依法批准，可以以划拨方式取得：

（一）国家机关用地和军事用地；

（二）城市基础设施用地和公益事业用地；

（三）国家重点扶持的能源、交通、水利等基础设施用地；

（四）法律、行政法规规定的其他用地。

第五十五条 以出让等有偿使用方式取得国有土地使用权的建设单位，按照国务院规定的标准和办法，缴纳土地使用权出让金等土地有偿使用费和其他费用后，方可使用土地。

自本法施行之日起，新增建设用地的土地有偿使用费，百分之三十上缴中央财政，百分之七十留给有关地方人民政府，都专项用于耕地开发。

第五十六条 建设单位使用国有土地的，应当按照土地使用权出让等有偿使用合同的约定或者土地使用权划拨批准文件的规定使用土地；确需改变该幅土地建设用途的，应当经有关人民政府土地行政主管部门同意，报原批准用地的人民政府批准。其中，在城市规划区内改变土地用途的，在报批前，应当先经有关城市规划行政主管部门同意。

第五十七条 建设项目施工和地质勘查需要临时使用国有土地或者农民

集体所有的土地的，由县级以上人民政府土地行政主管部门批准。其中，在城市规划区内的临时用地，在报批前，应当先经有关城市规划行政主管部门同意。土地使用者应当根据土地权属，与有关土地行政主管部门或者农村集体经济组织、村民委员会签订临时使用土地合同，并按照合同的约定支付临时使用土地补偿费。

临时使用土地的使用者应当按照临时使用土地合同约定的用途使用土地，并不得修建永久性建筑物。

临时使用土地期限一般不超过二年。

第五十八条　有下列情形之一的，由有关人民政府土地行政主管部门报经原批准用地的人民政府或者有批准权的人民政府批准，可以收回国有土地使用权：

（一）为公共利益需要使用土地的；

（二）为实施城市规划进行旧城区改建，需要调整使用土地的；

（三）土地出让等有偿使用合同约定的使用期限届满，土地使用者未申请续期或者申请续期未获批准的；

（四）因单位撤销、迁移等原因，停止使用原划拨的国有土地的；

（五）公路、铁路、机场、矿场等经核准报废的。

依照前款第（一）项、第（二）项的规定收回国有土地使用权的，对土地使用权人应当给予适当补偿。

第五十九条　乡镇企业、乡（镇）村公共设施、公益事业、农村村民住宅等乡（镇）村建设，应当按照村庄和集镇规划，合理布局，综合开发，配套建设；建设用地，应当符合乡（镇）土地利用总体规划和土地利用年度计划，并依照本法第四十四条、第六十条、第六十一条、第六十二条的规定办理审批手续。

第六十条　农村集体经济组织使用乡（镇）土地利用总体规划确定的建设用地兴办企业或者与其他单位、个人以土地使用权入股、联营等形式共同举办企业的，应当持有关批准文件，向县级以上地方人民政府土地行政主管部门提出申请，按照省、自治区、直辖市规定的批准权限，由县级以上地方人民政府批准；其中，涉及占用农用地的，依照本法第四十四条的规定办理审批手续。

按照前款规定兴办企业的建设用地，必须严格控制。省、自治区、直辖市可以按照乡镇企业的不同行业和经营规模，分别规定用地标准。

第六十一条　乡（镇）村公共设施、公益事业建设，需要使用土地的，经乡（镇）人民政府审核，向县级以上地方人民政府土地行政主管部门提出申请，按照省、自治区、直辖市规定的批准权限，由县级以上地方人民政府批准；其中，涉及占用农用地的，依照本法第四十四条的规定办理审批手续。

第六十二条　农村村民一户只能拥有一处宅基地，其宅基地的面积不得超过省、自治区、直辖市规定的标准。

农村村民建住宅，应当符合乡（镇）土地利用总体规划，并尽量使用原有的宅基地和村内空闲地。

农村村民住宅用地，经乡（镇）人民政府审核，由县级人民政府批准；其中，涉及占用农用地的，依照本法第四十四条的规定办理审批手续。

农村村民出卖、出租住房后，再申请宅基地的，不予批准。

第六十三条　农民集体所有的土地的使用权不得出让、转让或者出租用于非农业建设；但是，符合土地利用总体规划并依法取得建设用地的企业，因破产、兼并等情形致使土地使用权依法发生转移的除外。

第六十四条　在土地利用总体规划制定前已建的不符合土地利用总体规划确定的用途的建筑物、构筑物，不得重建、扩建。

第六十五条　有下列情形之一的，农村集体经济组织报经原批准用地的人民政府批准，可以收回土地使用权：

（一）为乡（镇）村公共设施和公益事业建设，需要使用土地的；

（二）不按照批准的用途使用土地的；

（三）因撤销、迁移等原因而停止使用土地的。

依照前款第（一）项规定收回农民集体所有的土地的，对土地使用权人应当给予适当补偿。

《中华人民共和国行政诉讼法》（节选）

发布：2017-06-27　实施：2017-07-01　时效性：现行有效

第二章　受案范围

第十二条　人民法院受理公民、法人或者其他组织提起的下列诉讼：

（一）对行政拘留、暂扣或者吊销许可证和执照、责令停产停业、没收违法所得、没收非法财物、罚款、警告等行政处罚不服的；

（二）对限制人身自由或者对财产的查封、扣押、冻结等行政强制措施和行政强制执行不服的；

（三）申请行政许可，行政机关拒绝或者在法定期限内不予答复，或者对行政机关作出的有关行政许可的其他决定不服的；

（四）对行政机关作出的关于确认土地、矿藏、水流、森林、山岭、草原、荒地、滩涂、海域等自然资源的所有权或者使用权的决定不服的；

（五）对征收、征用决定及其补偿决定不服的；

（六）申请行政机关履行保护人身权、财产权等合法权益的法定职责，行政机关拒绝履行或者不予答复的；

（七）认为行政机关侵犯其经营自主权或者农村土地承包经营权、农村土地经营权的；

（八）认为行政机关滥用行政权力排除或者限制竞争的；

（九）认为行政机关违法集资、摊派费用或者违法要求履行其他义务的；

（十）认为行政机关没有依法支付抚恤金、最低生活保障待遇或者社会保险待遇的；

（十一）认为行政机关不依法履行、未按照约定履行或者违法变更、解除政府特许经营协议、土地房屋征收补偿协议等协议的；

（十二）认为行政机关侵犯其他人身权、财产权等合法权益的。

除前款规定外，人民法院受理法律、法规规定可以提起诉讼的其他行政案件。

第十三条　人民法院不受理公民、法人或者其他组织对下列事项提起的诉讼：

（一）国防、外交等国家行为；

（二）行政法规、规章或者行政机关制定、发布的具有普遍约束力的决定、命令；

（三）行政机关对行政机关工作人员的奖惩、任免等决定；

（四）法律规定由行政机关最终裁决的行政行为。

第四章　诉讼参加人

第二十五条　行政行为的相对人以及其他与行政行为有利害关系的公民、法人或者其他组织，有权提起诉讼。

有权提起诉讼的公民死亡，其近亲属可以提起诉讼。

有权提起诉讼的法人或者其他组织终止，承受其权利的法人或者其他组织可以提起诉讼。

人民检察院在履行职责中发现生态环境和资源保护、食品药品安全、国有财产保护、国有土地使用权出让等领域负有监督管理职责的行政机关违法行使职权或者不作为，致使国家利益或者社会公共利益受到侵害的，应当向行政机关提出检察建议，督促其依法履行职责。行政机关不依法履行职责的，人民检察院依法向人民法院提起诉讼。

第二十六条　公民、法人或者其他组织直接向人民法院提起诉讼的，作出行政行为的行政机关是被告。

经复议的案件，复议机关决定维持原行政行为的，作出原行政行为的行政机关和复议机关是共同被告；复议机关改变原行政行为的，复议机关是被告。

复议机关在法定期限内未作出复议决定，公民、法人或者其他组织起诉原行政行为的，作出原行政行为的行政机关是被告；起诉复议机关不作为的，复议机关是被告。

两个以上行政机关作出同一行政行为的，共同作出行政行为的行政机关是共同被告。

行政机关委托的组织所作的行政行为，委托的行政机关是被告。

行政机关被撤销或者职权变更的，继续行使其职权的行政机关是被告。

第二十七条　当事人一方或者双方为二人以上，因同一行政行为发生的行政案件，或者因同类行政行为发生的行政案件、人民法院认为可以合并审理并经当事人同意的，为共同诉讼。

第二十八条　当事人一方人数众多的共同诉讼，可以由当事人推选代表人进行诉讼。代表人的诉讼行为对其所代表的当事人发生效力，但代表人变更、放弃诉讼请求或者承认对方当事人的诉讼请求，应当经被代表的当事人同意。

第二十九条　公民、法人或者其他组织同被诉行政行为有利害关系但没有提起诉讼,或者同案件处理结果有利害关系的,可以作为第三人申请参加诉讼,或者由人民法院通知参加诉讼。

人民法院判决第三人承担义务或者减损第三人权益的,第三人有权依法提起上诉。

第三十条　没有诉讼行为能力的公民,由其法定代理人代为诉讼。法定代理人互相推诿代理责任的,由人民法院指定其中一人代为诉讼。

第三十一条　当事人、法定代理人,可以委托一至二人作为诉讼代理人。

下列人员可以被委托为诉讼代理人:

(一)律师、基层法律服务工作者;

(二)当事人的近亲属或者工作人员;

(三)当事人所在社区、单位以及有关社会团体推荐的公民。

第三十二条　代理诉讼的律师,有权按照规定查阅、复制本案有关材料,有权向有关组织和公民调查,收集与本案有关的证据。对涉及国家秘密、商业秘密和个人隐私的材料,应当依照法律规定保密。

当事人和其他诉讼代理人有权按照规定查阅、复制本案庭审材料,但涉及国家秘密、商业秘密和个人隐私的内容除外。

第五章　证据

第三十三条　证据包括:

(一)书证;

(二)物证;

(三)视听资料;

(四)电子数据;

(五)证人证言;

(六)当事人的陈述;

(七)鉴定意见;

(八)勘验笔录、现场笔录。

以上证据经法庭审查属实,才能作为认定案件事实的根据。

第三十四条　被告对作出的行政行为负有举证责任,应当提供作出该行政行为的证据和所依据的规范性文件。

被告不提供或者无正当理由逾期提供证据,视为没有相应证据。但是,被诉行政行为涉及第三人合法权益,第三人提供证据的除外。

第三十五条　在诉讼过程中,被告及其诉讼代理人不得自行向原告、第三人和证人收集证据。

第三十六条　被告在作出行政行为时已经收集了证据,但因不可抗力等正当事由不能提供的,经人民法院准许,可以延期提供。

原告或者第三人提出了其在行政处理程序中没有提出的理由或者证据的,经人民法院准许,被告可以补充证据。

第三十七条　原告可以提供证明行政行为违法的证据。原告提供的证据不成立的,不免除被告的举证责任。

第三十八条　在起诉被告不履行法定职责的案件中,原告应当提供其向被告提出申请的证据。但有下列情形之一的除外:

(一)被告应当依职权主动履行法定职责的;

(二)原告因正当理由不能提供证据的。

在行政赔偿、补偿的案件中,原告应当对行政行为造成的损害提供证据。因被告的原因导致原告无法举证的,由被告承担举证责任。

第三十九条　人民法院有权要求当事人提供或者补充证据。

第四十条　人民法院有权向有关行政机关以及其他组织、公民调取证据。但是,不得为证明行政行为的合法性调取被告作出行政行为时未收集的证据。

第四十一条　与本案有关的下列证据,原告或者第三人不能自行收集的,可以申请人民法院调取:

(一)由国家机关保存而须由人民法院调取的证据;

(二)涉及国家秘密、商业秘密和个人隐私的证据;

(三)确因客观原因不能自行收集的其他证据。

第四十二条　在证据可能灭失或者以后难以取得的情况下,诉讼参加人可以向人民法院申请保全证据,人民法院也可以主动采取保全措施。

第四十三条　证据应当在法庭上出示,并由当事人互相质证。对涉及国家秘密、商业秘密和个人隐私的证据,不得在公开开庭时出示。

人民法院应当按照法定程序,全面、客观地审查核实证据。对未采纳的证据应当在裁判文书中说明理由。

以非法手段取得的证据,不得作为认定案件事实的根据。

第六章 起诉和受理

第四十四条 对属于人民法院受案范围的行政案件,公民、法人或者其他组织可以先向行政机关申请复议,对复议决定不服的,再向人民法院提起诉讼;也可以直接向人民法院提起诉讼。

法律、法规规定应当先向行政机关申请复议,对复议决定不服再向人民法院提起诉讼的,依照法律、法规的规定。

第四十五条 公民、法人或者其他组织不服复议决定的,可以在收到复议决定书之日起十五日内向人民法院提起诉讼。复议机关逾期不作决定的,申请人可以在复议期满之日起十五日内向人民法院提起诉讼。法律另有规定的除外。

第四十六条 公民、法人或者其他组织直接向人民法院提起诉讼的,应当自知道或者应当知道作出行政行为之日起六个月内提出。法律另有规定的除外。

因不动产提起诉讼的案件自行政行为作出之日起超过二十年,其他案件自行政行为作出之日起超过五年提起诉讼的,人民法院不予受理。

第四十七条 公民、法人或者其他组织申请行政机关履行保护其人身权、财产权等合法权益的法定职责,行政机关在接到申请之日起两个月内不履行的,公民、法人或者其他组织可以向人民法院提起诉讼。法律、法规对行政机关履行职责的期限另有规定的,从其规定。

公民、法人或者其他组织在紧急情况下请求行政机关履行保护其人身权、财产权等合法权益的法定职责,行政机关不履行的,提起诉讼不受前款规定期限的限制。

第四十八条 公民、法人或者其他组织因不可抗力或者其他不属于其自身的原因耽误起诉期限的,被耽误的时间不计算在起诉期限内。

公民、法人或者其他组织因前款规定以外的其他特殊情况耽误起诉期限的,在障碍消除后十日内,可以申请延长期限,是否准许由人民法院决定。

第四十九条 提起诉讼应当符合下列条件：

（一）原告是符合本法第二十五条规定的公民、法人或者其他组织；

（二）有明确的被告；

（三）有具体的诉讼请求和事实根据；

（四）属于人民法院受案范围和受诉人民法院管辖。

第五十条 起诉应当向人民法院递交起诉状，并按照被告人数提出副本。

书写起诉状确有困难的，可以口头起诉，由人民法院记入笔录，出具注明日期的书面凭证，并告知对方当事人。

第五十一条 人民法院在接到起诉状时对符合本法规定的起诉条件的，应当登记立案。

对当场不能判定是否符合本法规定的起诉条件的，应当接收起诉状，出具注明收到日期的书面凭证，并在七日内决定是否立案。不符合起诉条件的，作出不予立案的裁定。裁定书应当载明不予立案的理由。原告对裁定不服的，可以提起上诉。

起诉状内容欠缺或者有其他错误的，应当给予指导和释明，并一次性告知当事人需要补正的内容。不得未经指导和释明即以起诉不符合条件为由不接收起诉状。

对于不接收起诉状、接收起诉状后不出具书面凭证，以及不一次性告知当事人需要补正的起诉状内容的，当事人可以向上级人民法院投诉，上级人民法院应当责令改正，并对直接负责的主管人员和其他直接责任人员依法给予处分。

第五十二条 人民法院既不立案，又不作出不予立案裁定的，当事人可以向上一级人民法院起诉。上一级人民法院认为符合起诉条件的，应当立案、审理，也可以指定其他下级人民法院立案、审理。

第五十三条 公民、法人或者其他组织认为行政行为所依据的国务院部门和地方人民政府及其部门制定的规范性文件不合法，在对行政行为提起诉讼时，可以一并请求对该规范性文件进行审查。

前款规定的规范性文件不含规章。

【训练案例-35】[1]

2016年10月,甲市公安局在甲市城关区民主东路111号东岗消防中队院内东南角修建训练塔。住在附近的居民王某某发现该塔挡住了他家的采光。于是,他向甲市规划局了解情况,发现该塔的建设并未有规划许可证。之后,他多次向省公安厅、甲市政府、甲市规划局、甲市执法局申请强制拆除,均无果而终。于是,他来到律师事务所咨询律师,希望能通过行政诉讼,依法拆除训练塔,维护他的采光权。

【训练提示】

本案是针对行政诉讼受案范围的专项训练。对于律师而言,本案是否属于行政诉讼的受案范围,是律师能否接受委托,代理当事人提起行政诉讼的关键问题。

参训者要认真审查本案当事人王某某与甲市公安局之间的法律关系,是否属于行政管理法律关系?在此基础之上,然后回答本案的训练问题。

【训练问题】

1. 王某某与甲市公安局的纠纷是否属于行政诉讼的受案范围?为什么?

2. 王某某的诉求是否有行政诉讼的请求权基础?为什么?

3. 王某某应如何维权?

【法规链接】

《最高人民法院关于执行〈中华人民共和国行政诉讼法〉若干问题的解释》(节选)

发布:2000-03-08　实施:2000-03-10　时效性:现行有效

一、受案范围

第一条　公民、法人或者其他组织对具有国家行政职权的机关和组织及其工作人员的行政行为不服,依法提起诉讼的,属于人民法院行政诉讼的受案范围。

公民、法人或者其他组织对下列行为不服提起诉讼的,不属于人民法院行

①引自中国裁判文书网,作者对内容作了调整。

政诉讼的受案范围：

（一）行政诉讼法第十二条规定的行为；

（二）公安、国家安全等机关依照刑事诉讼法的明确授权实施的行为；

（三）调解行为以及法律规定的仲裁行为；

（四）不具有强制力的行政指导行为；

（五）驳回当事人对行政行为提起申诉的重复处理行为；

（六）对公民、法人或者其他组织权利义务不产生实际影响的行为。

第二条　行政诉讼法第十二条第（一）项规定的国家行为，是指国务院、中央军事委员会、国防部、外交部等根据宪法和法律的授权，以国家的名义实施的有关国防和外交事务的行为，以及经宪法和法律授权的国家机关宣布紧急状态、实施戒严和总动员等行为。

第三条　行政诉讼法第十二条第（二）项规定的“具有普遍约束力的决定、命令”，是指行政机关针对不特定对象发布的能反复适用的行政规范性文件。

第四条　行政诉讼法第十二条第（三）项规定的“对行政机关工作人员的奖惩、任免等决定”，是指行政机关作出的涉及该行政机关公务员权利义务的决定。

第五条　行政诉讼法第十二条第（四）项规定的“法律规定由行政机关最终裁决的具体行政行为”中的“法律”，是指全国人民代表大会及其常务委员会制定、通过的规范性文件。

【训练案例-36】①

2003年11月30日，A公司与B公司签订场地租赁合同，约定：A公司租赁B公司土地6亩用于建设汽车4S店销售展厅、办公室、车间等建筑设施，租赁期限自2003年12月26日至2021年12月25日，合同期满承租人在所承租场地上建设的房屋等不动产设施无偿归出租人所有。A公司在承租的土地上建设约3000平方米展厅用于汽车销售经营，该部分建筑物未进行过权属登记。根据城市建设需要，区政府于2010年启动××路南段拓宽改造工程，根据道路规

①引自中国裁判文书网，作者对内容作了调整。

划要求需对沿线的建筑物等地上附着物进行拆除，其中包括A公司在内的众多汽车销售经营业户承租B公司土地所建设的汽车销售展厅等。区政府按照属地管理的原则，确定涉案的××路拓宽改造工程中××街至××路段的拆迁工作由其下属的区街道办事处具体负责组织实施。在拆迁过程中，区街道办事处于2013年3月5日与C公司签订房地产估价合同，双方组织人员对需要拆除的建筑物价值进行了现场勘查评估。A公司所建展厅的总评估价值为3759971元，道路规划红线内部分评估价值为1486247元，线外部分为2273724元。因该路段拓宽改造涉及租赁B公司土地的经营业户众多，2013年5月15日区街道办事处与B公司签订××路拆迁协议，由B公司负责其土地范围内地上建筑物的拆除工作，并约定拆迁补偿根据审计部门验收审计情况进行结算，多退少补。协议签订后，区街道办事处将包括A公司在内的B公司土地上需要拆除的地上附着物的补偿款共计3800万元整体预付给B公司。

另查明，2013年6月9日，A公司与作为B公司所属的某会展有限公司就需要拆除的线内部分935.1平方米展厅的补偿事宜签订协议，约定补偿款为850941元，在协议签订后两日内A公司将展厅内物品搬迁完毕，B公司负责拆除工作，地上建筑物等不动产设施归B公司所有。该协议现已履行完毕。

再查明，A公司所建展厅道路规划红线外部分并未拆除，A公司与B公司经协商签订了场地租赁合同补充协议，对原场地租赁合同的部分内容进行了变更。现线外展厅仍由A公司继续经营使用。

之后，A公司觉得自己吃亏，只得到了850941元，认为自己应该得到A公司所建展厅的总评估价值即3759971元的全部补偿。于是，找到律师事务所咨询。A公司提出想起诉区政府，要求区政府将A公司所建展厅的总评估价值为3759971元的未付部分即2909030元继续补偿给A公司。

【训练提示】

本案是针对行政诉讼原告资格的审查能力的专项训练。本案中政府因道路拓宽改造工程需要拆迁房屋，案情介绍中出现了多家公司，到底哪家公司是行政管理相对人？这需要办案律师的专业能力才能甄别。

本案中除了行政管理关系之外，是否还存在其他法律关系？这需要办案律师认真思考。尤其需要提醒参训者的，是要注意不同的法律关系之间的权利义务的区别。在此基础上,对谁具有行政诉讼的原告资格做出准确的判断。

A公司提出了补偿要求,参训者要对其请求权的基础进行分析,是否具有法律依据或者合同约定的依据。

【训练问题】

1.本案A公司是否可以成为行政诉讼的原告?为什么?

2.本案是否属于行政诉讼的受案范围?为什么?

3.A公司是否具有要求补偿2909030元的请求权基础?为什么?

4.如果A公司提起行政诉讼,被告是谁?为什么?

5.如果提起行政诉讼,本案的当事人有谁?

【法规链接】

《国有土地上房屋征收与补偿条例》(节选)

发布:2011-01-21　实施:2011-01-21　时效性:现行有效

第一章　总则

第二条　为了公共利益的需要,征收国有土地上单位、个人的房屋,应当对被征收房屋所有权人(以下称被征收人)给予公平补偿。

第三条　房屋征收与补偿应当遵循决策民主、程序正当、结果公开的原则。

第四条　市、县级人民政府负责本行政区域的房屋征收与补偿工作。

市、县级人民政府确定的房屋征收部门(以下称房屋征收部门)组织实施本行政区域的房屋征收与补偿工作。

市、县级人民政府有关部门应当依照本条例的规定和本级人民政府规定的职责分工,互相配合,保障房屋征收与补偿工作的顺利进行。

第五条　房屋征收部门可以委托房屋征收实施单位,承担房屋征收与补偿的具体工作。房屋征收实施单位不得以营利为目的。

房屋征收部门对房屋征收实施单位在委托范围内实施的房屋征收与补偿行为负责监督,并对其行为后果承担法律责任。

第六条　上级人民政府应当加强对下级人民政府房屋征收与补偿工作的监督。

国务院住房城乡建设主管部门和省、自治区、直辖市人民政府住房城乡建设主管部门应当会同同级财政、国土资源、发展改革等有关部门，加强对房屋征收与补偿实施工作的指导。

第七条　任何组织和个人对违反本条例规定的行为，都有权向有关人民政府、房屋征收部门和其他有关部门举报。接到举报的有关人民政府、房屋征收部门和其他有关部门对举报应当及时核实、处理。

监察机关应当加强对参与房屋征收与补偿工作的政府和有关部门或者单位及其工作人员的监察。

第二章　征收决定

第八条　为了保障国家安全、促进国民经济和社会发展等公共利益的需要，有下列情形之一，确需征收房屋的，由市、县级人民政府作出房屋征收决定：

（一）国防和外交的需要；

（二）由政府组织实施的能源、交通、水利等基础设施建设的需要；

（三）由政府组织实施的科技、教育、文化、卫生、体育、环境和资源保护、防灾减灾、文物保护、社会福利、市政公用等公共事业的需要；

（四）由政府组织实施的保障性安居工程建设的需要；

（五）由政府依照城乡规划法有关规定组织实施的对危房集中、基础设施落后等地段进行旧城区改建的需要；

（六）法律、行政法规规定的其他公共利益的需要。

第九条　依照本条例第八条规定，确需征收房屋的各项建设活动，应当符合国民经济和社会发展规划、土地利用总体规划、城乡规划和专项规划。保障性安居工程建设、旧城区改建，应当纳入市、县级国民经济和社会发展年度计划。

制定国民经济和社会发展规划、土地利用总体规划、城乡规划和专项规划，应当广泛征求社会公众意见，经过科学论证。

第十条　房屋征收部门拟定征收补偿方案，报市、县级人民政府。

市、县级人民政府应当组织有关部门对征收补偿方案进行论证并予以公布，征求公众意见。征求意见期限不得少于30日。

第十一条　市、县级人民政府应当将征求意见情况和根据公众意见修改的情况及时公布。

因旧城区改建需要征收房屋，多数被征收人认为征收补偿方案不符合本条例规定的，市、县级人民政府应当组织由被征收人和公众代表参加的听证会，并根据听证会情况修改方案。

第十二条　市、县级人民政府作出房屋征收决定前，应当按照有关规定进行社会稳定风险评估；房屋征收决定涉及被征收人数量较多的，应当经政府常务会议讨论决定。

作出房屋征收决定前，征收补偿费用应当足额到位、专户存储、专款专用。

第十三条　市、县级人民政府作出房屋征收决定后应当及时公告。公告应当载明征收补偿方案和行政复议、行政诉讼权利等事项。

市、县级人民政府及房屋征收部门应当做好房屋征收与补偿的宣传、解释工作。

房屋被依法征收的，国有土地使用权同时收回。

第十四条　被征收人对市、县级人民政府作出的房屋征收决定不服的，可以依法申请行政复议，也可以依法提起行政诉讼。

第十五条　房屋征收部门应当对房屋征收范围内房屋的权属、区位、用途、建筑面积等情况组织调查登记，被征收人应当予以配合。调查结果应当在房屋征收范围内向被征收人公布。

第十六条　房屋征收范围确定后，不得在房屋征收范围内实施新建、扩建、改建房屋和改变房屋用途等不当增加补偿费用的行为；违反规定实施的，不予补偿。

房屋征收部门应当将前款所列事项书面通知有关部门暂停办理相关手续。暂停办理相关手续的书面通知应当载明暂停期限。暂停期限最长不得超过1年。

第三章　补偿

第十七条　作出房屋征收决定的市、县级人民政府对被征收人给予的补偿包括：

（一）被征收房屋价值的补偿；

（二）因征收房屋造成的搬迁、临时安置的补偿；

（三）因征收房屋造成的停产停业损失的补偿。

市、县级人民政府应当制定补助和奖励办法，对被征收人给予补助和奖励。

第十八条 征收个人住宅，被征收人符合住房保障条件的，作出房屋征收决定的市、县级人民政府应当优先给予住房保障。具体办法由省、自治区、直辖市制定。

第十九条 对被征收房屋价值的补偿，不得低于房屋征收决定公告之日被征收房屋类似房地产的市场价格。被征收房屋的价值，由具有相应资质的房地产价格评估机构按照房屋征收评估办法评估确定。

对评估确定的被征收房屋价值有异议的，可以向房地产价格评估机构申请复核评估。对复核结果有异议的，可以向房地产价格评估专家委员会申请鉴定。

房屋征收评估办法由国务院住房城乡建设主管部门制定，制定过程中，应当向社会公开征求意见。

第二十条 房地产价格评估机构由被征收人协商选定；协商不成的，通过多数决定、随机选定等方式确定，具体办法由省、自治区、直辖市制定。

房地产价格评估机构应当独立、客观、公正地开展房屋征收评估工作，任何单位和个人不得干预。

第二十一条 被征收人可以选择货币补偿，也可以选择房屋产权调换。

被征收人选择房屋产权调换的，市、县级人民政府应当提供用于产权调换的房屋，并与被征收人计算、结清被征收房屋价值与用于产权调换房屋价值的差价。

因旧城区改建征收个人住宅，被征收人选择在改建地段进行房屋产权调换的，作出房屋征收决定的市、县级人民政府应当提供改建地段或者就近地段的房屋。

第二十二条 因征收房屋造成搬迁的，房屋征收部门应当向被征收人支付搬迁费；选择房屋产权调换的，产权调换房屋交付前，房屋征收部门应当向被征收人支付临时安置费或者提供周转用房。

第二十三条 对因征收房屋造成停产停业损失的补偿，根据房屋被征收前的效益、停产停业期限等因素确定。具体办法由省、自治区、直辖市制定。

第二十四条　市、县级人民政府及其有关部门应当依法加强对建设活动的监督管理,对违反城乡规划进行建设的,依法予以处理。

市、县级人民政府作出房屋征收决定前,应当组织有关部门依法对征收范围内未经登记的建筑进行调查、认定和处理。对认定为合法建筑和未超过批准期限的临时建筑的,应当给予补偿;对认定为违法建筑和超过批准期限的临时建筑的,不予补偿。

第二十五条　房屋征收部门与被征收人依照本条例的规定,就补偿方式、补偿金额和支付期限、用于产权调换房屋的地点和面积、搬迁费、临时安置费或者周转用房、停产停业损失、搬迁期限、过渡方式和过渡期限等事项,订立补偿协议。

补偿协议订立后,一方当事人不履行补偿协议约定的义务的,另一方当事人可以依法提起诉讼。

第二十六条　房屋征收部门与被征收人在征收补偿方案确定的签约期限内达不成补偿协议,或者被征收房屋所有权人不明确的,由房屋征收部门报请作出房屋征收决定的市、县级人民政府依照本条例的规定,按照征收补偿方案作出补偿决定,并在房屋征收范围内予以公告。

补偿决定应当公平,包括本条例第二十五条第一款规定的有关补偿协议的事项。

被征收人对补偿决定不服的,可以依法申请行政复议,也可以依法提起行政诉讼。

第二十七条　实施房屋征收应当先补偿、后搬迁。

作出房屋征收决定的市、县级人民政府对被征收人给予补偿后,被征收人应当在补偿协议约定或者补偿决定确定的搬迁期限内完成搬迁。

任何单位和个人不得采取暴力、威胁或者违反规定中断供水、供热、供气、供电和道路通行等非法方式迫使被征收人搬迁。禁止建设单位参与搬迁活动。

第二十八条　被征收人在法定期限内不申请行政复议或者不提起行政诉讼,在补偿决定规定的期限内又不搬迁的,由作出房屋征收决定的市、县级人民政府依法申请人民法院强制执行。

第六章

律师担任法律顾问基本技巧

【导语】

由于政府法律顾问要求具有丰富执业经验的资深律师担任，因此，即将毕业的法学本科学生以及新入职的实习律师学习律师法律顾问业务的重点应放在企业法律顾问业务。在熟悉企业法律顾问业务技巧的基础上，逐步探索政府法律顾问业务技巧。

第一节 律师如何成为法律顾问

根据《中华人民共和国律师法》第二十八条第一项规定，律师可以接受自然人、法人或者其他组织的委托，担任法律顾问。因此，法律顾问业务是律师的主要业务之一。律师作为精通法律的高端人才，法律允许律师担任自然人、法人或者其他组织的法律顾问，可以为全社会的主体全面提供日常的法律咨询及日常的法律事务处理服务。其目的在于让律师成为自然人、法人或者其他组织的法律风险防范者。

律师担任法律顾问，可以帮助委托人依法处理生活、生产和人际交往中的关系，使委托人成为守法者，同时，由于律师能对可能发生的法律风险作出预案，往往能使委托人的合法利益最大化，从而使委托人获益。律师担任法律顾问，不仅可以使委托人的合法利益得到保护，而且可以使整个社会形成依法办事的氛围，对于建设法治国家具有不可替代的作用。

无数聘请法律顾问获利的成功案例，使得聘请法律顾问成为全社会的一种氛围。从律师的视角出发，律师获得法律顾问业务的途径，主要有以下几种：

一、竞标、中标担任法律顾问

竞标、中标担任法律顾问，通常是律师获得担任政府法律顾问业务的主要方式。在依法治国的背景下，我国提出了全面建立政府法律顾问制度的要求，以政府购买服务的模式，聘请律师担任政府法律顾问。由于政府购买法律服务的资金来源于财政，因此，根据《中华人民共和国招标投标法》规定的精神，政府聘请法律顾问，必须采取公开招标方式。符合招标条件的律师事务所，应当在招标文件要求提交投标文件的截止时间前，将投标文件送达投标地点参加投标。评标委员会应当按照招标文件确定的评标标准和方法，对投标文件进行评审和比较，选取最佳中标者。

中标的律师事务所，应该按照招标文件的要求，与招标的政府机关签订政府法律顾问协议，具体约定双方的权利义务。这样，中标的律师事务所则成为该政府机关的法律顾问。

【招标案例-37】

××市本级预算单位2016—2017年度

法律服务定点采购协议书

甲方：_____________________（甲方名称）

乙方：_____________________（乙方名称）

为了进一步推进政府采购工作，规范采购行为，提高采购效率，甲乙双方根据《中华人民共和国政府采购法》《中华人民共和国合同法》等相关法律法规、招标文件[招标编号：××××]及招标结果的规定，经平等协商就法律服务定点供应项目签订如下协议：

一、协议文件组成

甲方的招标文件、修正说明等，乙方的投标文件均为本协议不可分割的部分。

二、服务范围

本协议服务范围为(××市 / ××区 / ××区 / ×××区)本级预算单位(以下简称“招标人”)。

三、权利和义务

1.乙方应严格按《××市市级政府采购协议(定点)服务机构和代理机构诚信经营创建活动实施意见》的规定,建立健全服务机构诚信管理规章,切实做到诚信经营。

2.乙方在有效期限内按投标文件承诺的优惠率%对招标人提供服务,除不可抗力外,不得拒绝提供商品或服务(超出服务以外的不在此列)。

3.乙方提供优质的服务,应至少确定一名专门业务联系人作为政府采购联系人,在4个工作小时内响应招标人的采购要求。

4.乙方须向招标人提供符合招标人要求的合格服务,对质量出现问题的,应在24小时内作出响应并解决,并承担相应费用。

5.乙方有义务按季向________________(甲方名称)报送《政府采购信息统计报表》。

6.乙方在有效期限内应履行《定点服务承诺书》中的承诺。

7.甲方有权不定期对乙方所提供的服务价格和售后服务承诺进行检查和考核。

8.甲方有义务督促招标人按时结清服务款。

四、费用结算方式

1.乙方接受招标人业务委托后,凭《(××市/××区/××区/×××区)本级预算单位定点服务结算单》与招标人结算服务款,结算单的内容应填写完整。

2.招标人必须按国库集中支付程序支付服务款。

3.乙方须为招标人开具合法的发票。

五、服务地点

(××市/××区/××区/×××区)本级预算单位办公场所或其他指定地点。

六、违约投诉

1.招标人可就乙方的服务问题向甲方投诉,经核查,如招标人投诉情况属实则该投诉有效,即记录在案,甲方将按有关规定对违约方进行查处。

2. 乙方可就招标人的违反协议规定或违纪事项向________________(甲方名称)或(××市/××区/××区/×××区)监察局投诉。

七、违约责任

在定点供应协议执行期间,如发现乙方有如下行为者,甲方将报(甲方名称)终止乙方的定点服务资格,并按《中华人民共和国政府采购法》的规定追究乙方责任:

(一)无正当理由拒绝按乙方投标文件承诺向招标人提供服务经甲方查实超过三次的;

(二)乙方与其他服务机构恶意串通、抬高价格的;

(三)出现以次充好,降低质量标准的并经甲方查证欺骗行为属实的;

(四)没有遵守服务承诺,被招标人就服务质量进行投诉,经甲方查实超过三次的;

(五)乙方给予采购单位及其经办人回扣的;

(六)未按规定向____________________(甲方名称)报送《政府采购统计报表》的;

(七)拒绝接受甲方的监督、检查的;

(八)在协议有效期内,乙方擅自终止协议的;

(九)其他严重违反本协议条款的情况。

八、违约处理

第一次违规将书面警告,第二次违规将在"××市政府采购网"上曝光,第三次违规将取消定点服务资格,且三年内不得参加(××市/××区/××区/×××区)本级预算单位法律服务定点服务采购招投标活动。

九、协议的生效

本协议经双方执业机构负责人(负责人)或授权代表签字并加盖单位公章后生效,有效期限为2016年7月1日至2017年12月31日止。

十、其他约定

1.乙方经营地址、联系人及联系电话等变更应及时通知______________(甲方名称)。

2. 如需修改或补充协议内容,应经甲方、乙方协商,共同签署书面修改或补充协议。该协议将作为本协议不可分割的一部分。

3.一方当事人未经另一方当事人书面同意，不得将其在协议项下的权利和义务全部或部分转让给第三者。

4.协议双方应通过友好协商的原则解决因执行本协议所发生的一切争议。如协商不成，双方应按《中华人民共和国合同法》有关规定办理。

5.本协议一式两份，甲、乙双方各执一份，具有同等法律效力。

甲方：	乙方代表：
联系电话：	联系电话：
签订日期：　　年　月　日	签订日期：　　年　月　日

二、代理案件后担任法律顾问

代理案件后担任法律顾问，通常是律师获得企业法律顾问业务的主要来源。有的企业在经历了法律纠纷后，意识到法律顾问的重要性，从而决定聘请法律顾问。当然，企业往往聘请他们认为有能力、符合他们需要的律师担任法律顾问。不可否认，近年来，有的企业也有通过招标方式选取法律顾问。但是，通过招标选择法律顾问的方式，不是企业选聘法律顾问的主要方式。企业更多的是采取个别考察的方式选聘企业法律顾问，而最佳的考察方式往往是通过办理具体的法律实务。比如诉讼代理、非诉讼的合同谈判等活动，都是考察的重要方式。

第二节　律师担任企业法律顾问注意事项

律师担任法律顾问，从担任法律顾问的内容看，分为担任专项法律顾问和担任常年法律顾问两种，本教材主要介绍律师担任常年法律顾问的技巧。

鉴于政府法律顾问一般要求经验丰富的资深律师担任，因此，刚毕业的大学生以及上岗前的律师一般难以担任政府法律顾问，因此，本教材介绍的律师担任法律顾问注意事项，主要是指律师担任企业常年法律顾问的注意事项。

一、订立法律顾问合同要明确约定双方的权利义务

律师担任法律顾问前，必须先以律师事务所的名义与欲聘请律师担任法律顾问的企业之间签订聘请法律顾问合同。这份合同要约定律师事务所（受聘方）与顾问单位（聘请方）之间的权利义务。一份完善的聘请法律顾问合同，往往是律师担任企业法律顾问成功的开始，也可以为律师担任企业法律顾问减少纠纷提供保障。聘请法律顾问合同，一般应该在以下几个主要方面采取明白无误的、没有歧义的法律语言进行约定：

（一）合同双方的名称：受聘方应写律师事务所的全称，聘请方应写聘请单位（个人）的全称。

（二）聘请法律顾问的时间长度：要写明开始的年月日以及结束的年月日。

（三）律师事务所指派担任具体法律顾问工作的律师姓名。

（四）法律顾问费的金额及支付时间。

（五）聘请方指派的与法律顾问具体联络人的姓名。

（六）法律顾问应提供的法律服务范围。这是律师提供服务的边界，必须明确、具体。

必须强调指出，聘请法律顾问合同的签订工作非常重要。采取准确、没有歧义的法律语言，明确约定双方的权利义务，是做好法律顾问工作的第一步。

【参考案例-38】

以下是一份常见的聘请法律顾问合同，其中对双方权利义务的精细化约定，可以作为学习的参考材料。

聘请法律顾问合同

聘请方：________________________，（简称甲方）

地址：__________________________

法定代表人：____________________

受聘方：______________律师事务所，（简称乙方）

地址：__________________________

法定代表人：____________________

甲方因企业发展的需要，根据《中华人民共和国合同法》《中华人民共和国律师法》之规定，聘请乙方律师作为常年法律顾问。甲乙双方按照诚实信用原

则，经协商一致，约定以下各条，共同遵守。

一、乙方的服务范围

乙方律师的服务内容为协助甲方处理日常法律事务，包括：

1.代甲方草拟、制定、审查或者修改合同、章程等法律文书；

2. 解答甲方法律咨询、依法提供建议或者出具法律意见书；

3. 应甲方要求，参与磋商、谈判，进行法律分析、论证；

4. 受甲方委托，签署、送达或者接受法律文件；

5. 应甲方要求，就甲方已经面临或者可能发生的纠纷，进行法律论证，提出解决方案；出具律师函，发表法律意见；或者参与非诉讼谈判、协调、调解；

6. 应甲方要求，讲授法律实务知识。

二、乙方的义务

1.乙方委派______律师作为甲方常年法律顾问，甲方同意______律师主办其他律师配合完成本合同第一条约定的法律事务，但乙方更换律师担任甲方常年法律顾问应取得甲方认可；

2.乙方律师应当勤勉、尽责地完成第一条所列法律事务工作；

3.乙方律师应当依据法律规定，尽最大努力维护甲方利益；

4.乙方律师应当在收到甲方提供的文件资料后，及时完成委托事项，并根据甲方要求通报工作进程；

5.乙方律师在担任本法律顾问期间，不得为甲方员工个人提供不利于甲方的咨询意见；

6.乙方律师在涉及与甲方有对抗性的案件或者交易活动中，未经甲方同意，不得担任与甲方具有法律上利益冲突的对方的法律顾问或者代理人；

7.乙方律师对知晓的甲方商业秘密必须保密，非依法或者经甲方同意，不得向第三方披露；

8.乙方对甲方业务应单独建档，并保存完整的工作记录，对涉及甲方原始证据、法律文件和财物应当妥善保管。

三、甲方的义务

1.甲方应当全面客观和及时地向乙方提供与法律事务有关的各种情况、文件、资料；

2.甲方应当为乙方律师办理法律事务提出明确、合理的要求；

3.甲方应当按时足额向乙方支付法律顾问费和工作费用；

4.甲方指定______为常年法律顾问的联系人，负责转达甲方的指示和要求，提供文件和资料等，甲方更换联系人应当通知常年法律顾问。

四、法律顾问费

乙方法律顾问费为每年______元(大写)人民币。自本合同生效后____日内甲方向乙方支付。

甲方就第一条所列服务范围以外的诉讼案件需与乙方另行签订专项委托合同，按规定另行支付代理费，乙方可在标准收费基础上优惠____%。

五、工作费用

乙方律师办理甲方委托事项所发生的下列工作费用，应由甲方承担；

1.相关行政、司法、签定、公证等部门收取的费用；

2.______市外发生的差旅费、食宿费、翻译费、复印费，长途通信费等；

3.征得甲方同意后支出的其他费用。

乙方律师应当本着节俭的原则合理使用工作费用。

六、合同的解除

甲乙双方经协商同意，可以变更或者解除本合同。

乙方有下列情形之一的，甲方有权解除合同：

1.未经甲方同意，擅自更换作为甲方常年法律顾问的律师的；

2.因乙方律师工作延误、失职、失误导致甲方蒙受损失的；

3.违反第二条第5—8项规定的义务之一的。

甲方有下列情形之一的，乙方有权解除合同：

1.甲方的委托事项违反法律或者违反律师执业规范的；

2.甲方有捏造事实、伪造证据或者隐瞒重要情节等情形，致使乙方律师不能提供有效法律服务的；

3.甲方逾期不向乙方支付法律顾问费或者工作费用的。

七、违约责任

乙方未提供第一条规定的法律服务或者违反第二条规定的义务，甲方有权要求乙方退还部分或者全部已付的法律顾问费。

甲方无正当理由不支付法律顾问费或者工作费用，或者无故终止合同，乙方有权要求甲方支付未付的法律顾问费、未报销的工作费用以及延期支付的利息。

八、争议的解决

本合同适用中华人民共和国法律。

甲乙双方如果发生争议，应当友好协商解决。如协商不成，可通过乙方所在地人民法院解决。

九、合同的生效

本合同由甲乙双方加盖公章之日起生效，本合同正本一式两份，甲乙双方各执一份。

十、合同的期限

本合同的期限为______年____月____日至______年____月____日。

合同期满前____日内，由甲乙双方协商决定是否续签常年法律顾问合同。

甲方：（盖章）　　　　　　　　乙方：（盖章）

代表：　　　　　　　　　　　　代表：

二、建立联系人制度

一般而言，无论是政府法律顾问，还是企业法律顾问，顾问单位的领导都比较忙，因此，顾问单位领导很难每日直接与顾问律师联系，通常的做法是建立法律顾问联系人制度。律师事务所与法律顾问单位签订聘请法律顾问合同时，律师事务所应当要求法律顾问单位指定一名人员作为法律顾问单位与律师的联系人。这个联系人，是沟通律师与顾问单位的桥梁。他既可以将顾问单位的要求及时准确地转达担任顾问的律师，也可以将律师的建议和办案成果及时反馈给顾问单位领导。

有的比较正规的单位，还设立了专门的法律顾问室，并且安排了专职人员配合法律顾问的工作。法律顾问室，是单位专门处理日常法律实务的机构，这个机构在法律顾问律师的指导下开展日常法务工作。值得强调的一个问题是，在设立了法律顾问室的单位，依然需要建立联系人制度。这个联系人直接负责与律师顾问的联系，同时也是律师顾问与顾问单位沟通的具体人员。

三、做好法律顾问日记台账

由于法律顾问的工作繁杂,涉及面广,有的甚至是一个电话咨询,一个传真的回复,这些工作,如果不及时记载,很可能就忘记了,导致年终写法律顾问年度工作总结向顾问单位汇报的时候难以回忆。因此,担任法律顾问的律师必须建立自己的法律顾问日记台账。

这个台账,必须随时记载法律顾问为顾问单位所提供的法律服务内容。具体包括法律服务的内容、时间、地点、方式。所谓法律服务的内容是指律师为法律顾问单位提供的律师服务业务种类。比如:诉讼代理、参与谈判、出具法律意见书、合同审查、尽职调查等。

所谓时间是指具体的年、月、日、时。这个时间,反映是律师为顾问单位服务消耗的时间。记录时间,可以反映出律师工作的劳动强度和体力消耗情况。所谓地点是指律师具体为顾问单位提供法律服务的场所。这个场所越具体越好,最好能具体到门牌号码和具体的办公室。所谓方式是指律师为顾问单位工作的形式,比如接受电话咨询、传真文件处理、现场陪同谈判等。

值得一提的是,由于律师做好了法律顾问的日记台账,不仅可以为律师总结自己的工作经验提供材料,而且为律师向顾问单位做年度工作报告提供了详细的事实,为巩固律师与法律顾问单位的关系提供了坚实的事实基础。

四、建立年度汇报制度

由于律师担任法律顾问的聘期一般为一年,因此,律师必须以年度为单位进行法律顾问工作情况的汇报。律师向顾问单位进行年度汇报,一定要形成一个制度固定下来。无数律师担任法律顾问的成功案例告诉我们,这种年度法律顾问报告的最佳形式是书面形式。当担任法律顾问的律师将一年来为顾问单位提供的法律服务全部装订成一本厚厚的书本时,顾问单位的领导心中往往产生一种佩服的心灵感受。这种感受不仅是对法律顾问一年工作内容的肯定,也是对法律顾问律师工作态度的一种肯定。因此,这种年度汇报制度是每个致力于法律顾问律师业务开拓的律师必须掌握的一种技巧。

五、律师要有自己的独立思维

虽然说法律顾问单位是律师的衣食父母，律师必须为法律顾问单位的合法利益最大化竭尽全力。但是，每个担任法律顾问的律师必须牢牢记住，当事人与律师的思维是存在巨大差异的。当事人往往只专注于自己的利益，有时甚至可能为自己的利益而忘记法律的规定。而律师则应该牢牢记住，律师只能为当事人的合法利益而努力，律师绝对不能成为非法利益的同谋或军师。这是律师担任企业法律顾问必须防范的自身可能面临的风险。

律师在担任法律顾问时，必须有独立于当事人的法律思维，必须有法律底线。当顾问单位提出非法的要求时，律师切记不可以作出违法行为。担任法律顾问的律师此时应采取委婉的方式，做好解释工作，并且要注意说话的场合和语言表达方式，不要让顾问单位的领导在大众面前难以下台。这是律师担任法律顾问应掌握的一门艺术。

六、强化法律顾问的相关理论与实务

担任企业法律顾问的律师，应当在普遍掌握我国法律体系中的部门法知识和解决法律问题的能力之后，再重点掌握与企业法律顾问业务关系密切的部门法知识和解决法律问题的能力，对该部门法的法律、行政法规、部门规章、地方法规、地方规章等不同法律效力的规范性文件的全部内容和关键点，进行系统性、精细化掌握，并达到融会贯通、运用自如的境界。

对于担任企业法律顾问的律师而言，应强化的知识准备主要有合同法理论与实务、公司法理论与实务、劳动法理论与实务。

第三节　合同管理风险防范[①]

商务合同是指企业因基础设施建设、原料采购、设备采购、商品销售等商业活动而签订的合同。它不同于企业因员工招聘而签订的劳动合同。一般而言，企业不是在签订商务合同，就是在履行商务合同。企业几乎每天都要与商

①本节内容参考：隋彭生：《合同法要义》（第四版），中国人民大学出版社2015年版。

务合同发生关系。因此,作为企业专门处理日常法律事务的专业律师,必须精通合同法理论与实务,尤其是要精通合同的起草与合同的审查业务,防范企业商务合同法律风险。企业商务合同法律风险的防范主要通过合同审查来实现。合同审查主要审查以下关键点:

一、对合同主体资格审查

【技巧理论】

(一)企业与自然人签订商务合同的合同主体资格审查

企业如果要与自然人签订合同,要依法审查其民事行为能力。由于自然人的民事权利能力始于出生,终于死亡,因此,自然人不存在民事权利能力的问题,只要是活人,他就有民事权利能力。由于自然人的民事行为能力,取决于其年龄的大小、精神状态是否正常等因素,因此,在企业与自然人签订合同时,重点要审查其年龄及精神状态。只有经审查确定年满18周岁以上的正常人,才能与之签订商务合同。对于以自己劳动为主要生活来源的年满16周岁的应视为完全民事行为能力的人,与之签订商务合同要严格把握,慎之又慎。对于16周岁以下的自然人,一律不能与之签订商务合同。

在对自然人合同主体主体资格审查时,审查年龄,不仅要看其身份证,还要审查其户口本。如果金额特别巨大的合同,还可以到公安机关调查核实其身份证、户口的真实性,以确保万无一失。

审查自然人的精神状态,则要通过谈话、面试等方式进行考察。这种审查,需要企业合同管理部门选择有丰富经验的人员把关,以确保对自然人精神状态的准确判断。

(二)企业与法人签订商务合同的合同主体资格审查

1.法人的民事权利能力审查。由于法人的民事权利能力取决于其经工商行政管理部门批准的经营范围以及政府的相关行政许可,因此,经营范围不同的法人,行政许可不同的法人,其民事权利能力是不同的。

比如有一家建筑企业,其工商营业执照上注明的经营范围是建筑工程承包,但是,其建筑业企业资质等级为施工总承包资质序列三级资质,那么,这家建筑企业的民事权利能力只能定位于施工总承包资质序列三级(含三级)资质以下的工程施工总承包。三级(不含三级)以上的工程施工总承包,该建筑企业就没有资格承接,也就是没有承接三级(不含三级)以上的工程施工总承包的民事权利能力。

为了保证国家利益和社会公共利益,国家对某些涉及公共安全、社会公共利益的行业,设置了政府许可制度,以保证公共安全和社会公共利益。如"建筑业企业资质等级"审批制度。

因此,我们在审查法人商务合同主体时,不仅要审查其工商营业执照,还要审查相关行业的行政许可。这样,才能准确把握其是否具备合同主体资格。

2.法人的民事行为能力审查。法人的民事行为能力一般而言,与其民事权利能力同步。但是,有时也会出现例外。例如,一家具有三级施工总承包资质的建筑企业,在某一时间段内,已经承接了很多工程,其在某一时间段内的工作量已经达到饱和,无法再增加工作量。因此,这家建筑企业如果再承接工程,则不具备民事行为能力了,如果再与之签订工程承包合同,这家建筑企业很可能将该工程转包他人,也就是他不能以自己的行为履行合同义务,享受合同权利。因此,对法人的民事行为能力的审查,不仅要看其营业执照和相关资质等级,还要调查该企业在拟签订合同的履行期间的履约能力。

总而言之,合同对方的主体,如果是法人,既要审查其民事权利能力,又要审查其民事行为能力。

(三)企业与非法人组织签订商务合同的主体资格审查

合同主体如果是非法人组织,既要审查其民事权利能力,又要审查其民事行为能力。非法人组织是不具有法人资格,但是能够依法以自己的名义从事民事活动的组织。非法人组织包括个人独资企业、合伙企业、不具有法人资格的专业服务机构等。

非法人组织的民事权利能力取决于其工商行政部门批准的经营范围。其民事行为能力也取决于工商行政管理部门批准的经营范围。在审查非法人组织的签订商务合同的主体资格时,重点应放在对其营业执照的真实性、有效性审查上。必要时,可以到工商行政管理局查询其工商档案,对其工商登记资料进行核对,对其年检情况进行审查。如果要对其履约能力做尽职调查,确定其民事行为能力,还可以对其纳税情况以及企业征信情况进行调查。

【训练案例-39】[①]

河南永盛摩托车有限责任公司(以下简称永盛公司)于1999年3月26日成立,经营范围是生产与销售摩托车及配件,公司法定代表人为高某某,经营场所位于洛阳市洛龙区李楼乡西高村。北方永盛公司系由永盛公司和洛阳北方企业集团有限公司于2003年8月4日共同出资成立,主要经营范围是生产、销售汽车配件、摩托车配件、助力车以及销售摩托车、电动三轮摩托车,法定代表人和经营场所与永盛公司相同。

2002年底前永盛公司即将文字“永盛”和拼音“YONGSHENG”的组合用在其生产的农用摩托车上,2007年元月后北方永盛公司开始在其摩托车及配件上、经营场所内、宣传资料上、办公用品上等相继使用“”、文字“永盛”和拼音“YONGSHENG”的组合以及“”、图形等标识。

北方永盛公司曾相继获得洛阳市政府“重点保护”企业、科技进步先进企业、发展经济先进企业、国家A级守信企业、国际质量信用AAA级企业等多项荣誉,连续多年被河南省政府评为“重合同守信用企业”,其使用的“”、“文字永盛和拼音YONGSHENG的组合”以及图形“”等标识在相关消费者中具有一定的影响。

原山东省章丘市仪表厂成立于1994年5月23日,法定代表人为魏某某,性质为集体所有制,经营范围为压力表、仪表配件、机械配件加工等。1997年8月5日,章丘市仪表厂向国家工商行政管理总局商标局申请注册第1213649号“”商标,于1998年10月7日获得授权,有效期至2008年10月6日,核定使用商品为第12类:

1999年1月7日,章丘市仪表厂因“效益不好”“债权债务均处理完毕”等理由向章丘市工商局申请办理注销登记,企业申请注销登记书中载明“该企业所有行政章、财务章、合同章都已上交”。1999年1月29日章丘市工商局批准章丘市仪表厂注销。

李某某于2006年6月20日在洛阳市偃师市工商局注册成立偃师市顾县

①引自河南法院裁判文书网,作者对内容作了调整。

兴发摩托配件加工厂(以下简称兴发摩托车厂),该厂经营范围为机械加工制造及摩托车配件的生产销售,经营场所位于偃师市顾县镇东王村,该厂经营期间曾长期向北方永盛公司提供前轮、钢圈等摩托车零配件。

2006年9月12日,李某某到山东与原章丘市仪表厂法定代表人魏某某签订商标转让合同,约定将原章丘市仪表厂注册的第1213649号“”商标所有权转让给李某某。该商标转让合同上加盖有章丘市仪表厂的公章。此后,李某某持商标转让合同等相关材料到国家商标局办理了商标转让手续,并将以上商标的使用期限延长至2018年10月6日。

2007年12月3日,北方永盛公司向国家商标局提出对“”商标进行注册的申请,国家商标局审核后,以该申请商标和李某某受让取得的1213649号“”注册商标属于“在同一种类或类似商品上的近似商标”等由,驳回了北方永盛对“”商标的注册申请。北方永盛公司提出复议申请后,国家工商总局商标评审委员会于2010年7月26日作出了《驳回复审决定书》,北方永盛公司遂向北京市高级人民法院提起行政诉讼。目前,该行政案件正在审理之中。

2011年1月26日,河南开物律师事务所依北方永盛公司的申请,委托河南金剑司法鉴定中心对商标转让合同中的“章丘市仪表厂”章印及魏某某的签名进行鉴定,2011年2月14日,豫金剑司鉴中心[2011]文鉴字第9号鉴定意见书鉴定结论为:2006年9月12日商标转让合同中的章印与1997年8月5日商标注册申请书中的章印不是同一枚印章所盖印,“魏某某”签名是同一人所书写。原审庭审中,魏某某承认商标转让合同是自己的签名,但对所盖“章丘市仪表厂”公章的事情不知情;李某某称“章丘市仪表厂”公章并非自己所盖,而是魏某某盖的。

【训练提示】

本案是一起注册商标专用权纠纷案,是针对代理律师梳理案情能力的专项训练。本案文字中涉及多家公司和自然人,与注册商标的事实涉及多个环节。要在最短的时间里梳理清晰其中的法律关系,需要对商标法、合同法、民法等多方面的知识的精准掌握和灵活运用能力。

本案中涉及对注册商标专用权取得的法定条件的判断能力,对民事主体行为能力的判断能力,对民事法律行为的效力的判断能力等多方面的能力。

这些,对于参训者都是考验。

训练中,参训者可以阅读本教程法规链接提供的法律法规、司法解释等规范性文件,以帮助回忆相关的行为规范。

参训者可以运用本教程第二章介绍的法律可视化手段,将本案中出现的法律关系主体之间的权利义务表达出来,可以大大节约时间。

【训练问题】

1.章丘市仪表厂是否具有商标转让主体资格?

2.魏某某与李某某签订的商标转让合同是否有效?为什么?

3.李某某到国家商标局办理的商标转让手续是否有效?为什么?

【法规链接】

《中华人民共和国合同法》(节选)

发布:1999-03-15 实施:1999-10-01 时效性:现行有效

第九条 当事人订立合同,应当具有相应的民事权利能力和民事行为能力。

当事人依法可以委托代理人订立合同。

《中华人民共和国商标法》(节选)

发布:2013-08-30 实施:2014-05-01 时效性:现行有效

第三条 经商标局核准注册的商标为注册商标,包括商品商标、服务商标和集体商标、证明商标;商标注册人享有商标专用权,受法律保护。

【训练案例-40】[①]

2013年10月21日,A公司与B公司签订建设工程设计合同,约定由B公司承揽上海市××区××路×××号外立面改造设计及1-4层室内装饰设计,工程名称为××××中心设计项目,合同对价款等均作了具体约定。合同签订后,A公司于2013年11月支付B公司第一期设计费599535元,B公司亦开始设计工作。

另查明:A公司住所地所处的上海市××区××路×××号,原建筑为优秀近代建筑而被上海市人民政府列入市级文物保护单位。B公司不具备国家文物保护行政管理部门颁发的文物保护工程勘察设计资质。

①引自中国裁判文书网,作者对内容作了调整。

【训练提示】

本案是针对法人的民事权利能力和民事行为能力的判断的专项训练。准确判断法人的民事权利能力和民事行为能力，是民事代理律师必须具备的专业能力。不具备对法人民事行为能力和民事行为能力的判断能力，就不能成为一名合格的律师。

本案中涉及一起建设工程设计合同纠纷。其中，涉及对法人的民事权利能力和民事行为能力的判断问题，参训者要认真阅读本教程关于对合同主体资格审查的办案技巧理论，并且要认真学习相关的法规链接。在此基础之上，运用专业知识仔细地思考，准确地判断本案中当事人的民事法律行为的效力。

【训练问题】

1.A公司与B公司签订《建设工程设计合同》是否有效？为什么？

2.合同签订后，双方履行合同部分义务后，发生纠纷应该如何处理？

【法规链接】

《中华人民共和国建筑法》(节选)

发布:2011-04-22　实施:2011-07-01　时效性:现行有效

第二节　从业资格

第十二条　从事建筑活动的建筑施工企业、勘察单位、设计单位和工程监理单位，应当具备下列条件：

(一)有符合国家规定的注册资本；

(二)有与其从事的建筑活动相适应的具有法定执业资格的专业技术人员；

(三)有从事相关建筑活动所应有的技术装备；

(四)法律、行政法规规定的其他条件。

第十三条　从事建筑活动的建筑施工企业、勘察单位、设计单位和工程监理单位，按照其拥有的注册资本、专业技术人员、技术装备和已完成的建筑工程业绩等资质条件，划分为不同的资质等级，经资质审查合格，取得相应等级的资质证书后，方可在其资质等级许可的范围内从事建筑活动。

第十四条　从事建筑活动的专业技术人员，应当依法取得相应的执业资格证书，并在执业资格证书许可的范围内从事建筑活动。

二、对签约人资格审查

【技巧理论】

所谓对签约人资格审查，是指对合同签订时代表合同主体签字的自然人的资格审查问题。

如果合同主体是自然人本身，则只需要对其证件的真实性进行审查。只要证件与合同主体一致，而且证件是真实的，该签约人的签约资格就没有问题。

如果合同主体是法人或非法人组织，则要对其是否能够代表法人或非法人组织进行审查。根据法律规定，法人的法定代表人是有权代表法人签订合同的。这时，需要对该法人的法定代表人的姓名进行审查，具体方法可以通过该法人的行政主管机关核实该法人签约时的法定代表人姓名，以防止他人冒充法人的法定代表人签约。如果该法人是企业，则可以通过工商行政管理局查询工商档案了解情况。如果是非法人组织，根据法律规定，非法人组织的负责人有权代表非法人组织。签约人如果是非法人组织的负责人，则需要对其工商登记档案进行审查，核实情况是否属实。

如果签约人不是法人的法定代表人，也不是非法人组织的负责人，那么，则要审查该签约人是否有法人的有效授权，是否有非法人组织的有效授权。具体审查方法，不仅要看其手中的授权文件，还要与其代表的法人或非法人组织进行适当的核实，以防止假冒授权情况的发生。

【训练案例-41】[①]

周某是某广告公司的法定代表人，有一天他来到某医院推广广告业务。这时，他来到这家医院大门的马路对面的店面。这家店面的门面上，悬挂者某医院泌尿外科的牌子。他进入店面，询问谁是负责人？有一个自称是负责人的王某某过来答话："我是负责人，你有什么事？"周某介绍了自己公司可以制作发布的广告范围及广告效果。王某某听后表示他们泌尿科需要发布广告。于是，双方开始签订广告发布合同。双方就合同的主要条款达成一致后，周某某要求王某某要加盖对面医院的公章。于是，周某坐在泌尿科等待，王某某到

①作者根据真实案例改编。

医院里面去了。不一会儿，王某某拿着加盖了医院公章的合同回来了。于是，周某在合同上加盖了广告公司的公章。

合同签订后，王某某通知泌尿科店面里的财务人员，通过个人银行卡，给周某个人的银行卡汇款，将广告合同约定的第一笔广告费给了广告公司。同时，泌尿科的王某某通知周某，由李某负责验收广告发布情况。于是，广告公司依约制作并发布了医疗广告。（在周某与王某某洽谈广告业务整个过程中，没有查看王某某的工作证和身份证，也没有要求代表泌尿科验收广告发布情况的李某提供书面介绍信及授权手续，更没有到医院核实王某某是否属于医院的正式医生。）但是，在广告公司要求泌尿科的王某某支付剩余广告费时，王某某消失了。于是，周某只有找广告合同上盖章的医院支付剩余广告费。医院答复，本院没有与广告公司签订泌尿科广告。此时，周某脑中一片空白，只有寻求法律帮助。

【训练提示】

本案是针对合同实际签约人资格审查的专项训练。作为企业，经常要签订合同。为了防止合同签订中的法律风险，必须高度重视审查对方实际签约人的资格审查问题。如果对此审查不严，或者审查不专业，则可能导致合同无效情形的出现，进而给企业造成不必要的经济损失。

本案的参训者一定要认真学习本教程关于对签约人资格审查的技巧理论，并且仔细查找相关的法规链接，然后再结合本案中的案情，分析、回答训练问题。

【训练问题】

1.本案中，周某在签订合同时，对合同签约人的资格审查存在什么问题？

2.当合同签约要盖公章时，如何审查公章的真实性？

3.本案中，周某在收取广告费时提供个人银行卡作为收款账号存在什么问题？

4.周某的广告公司是否可以要求广告合同上盖章的医院支付剩余的广告费？为什么？

【法规链接】

《中华人民共和国民法总则》(节选)

发布:2017-03-15　实施:2017-10-01　时效性:现行有效

第七章　代理

第一节　一般规定

第一百六十一条　民事主体可以通过代理人实施民事法律行为。

依照法律规定、当事人约定或者民事法律行为的性质,应当由本人亲自实施的民事法律行为,不得代理。

第一百六十二条　代理人在代理权限内,以被代理人名义实施的民事法律行为,对被代理人发生效力。

第一百六十三条　代理包括委托代理和法定代理。

委托代理人按照被代理人的委托行使代理权。法定代理人依照法律的规定行使代理权。

第一百六十四条　代理人不履行或者不完全履行职责,造成被代理人损害的,应当承担民事责任。

代理人和相对人恶意串通,损害被代理人合法权益的,代理人和相对人应当承担连带责任。

第二节　委托代理

第一百六十五条　委托代理授权采用书面形式的,授权委托书应当载明代理人的姓名或者名称、代理事项、权限和期间,并由被代理人签名或者盖章。

第一百六十六条　数人为同一代理事项的代理人的,应当共同行使代理权,但是当事人另有约定的除外。

第一百六十七条　代理人知道或者应当知道代理事项违法仍然实施代理行为,或者被代理人知道或者应当知道代理人的代理行为违法未作反对表示的,被代理人和代理人应当承担连带责任。

第一百六十八条　代理人不得以被代理人的名义与自己实施民事法律行为,但是被代理人同意或者追认的除外。

代理人不得以被代理人的名义与自己同时代理的其他人实施民事法律行为,但是被代理的双方同意或者追认的除外。

第一百六十九条　代理人需要转委托第三人代理的，应当取得被代理人的同意或者追认。

转委托代理经被代理人同意或者追认的，被代理人可以就代理事务直接指示转委托的第三人，代理人仅就第三人的选任以及对第三人的指示承担责任。

转委托代理未经被代理人同意或者追认的，代理人应当对转委托的第三人的行为承担责任，但是在紧急情况下代理人为了维护被代理人的利益需要转委托第三人代理的除外。

第一百七十条　执行法人或者非法人组织工作任务的人员，就其职权范围内的事项，以法人或者非法人组织的名义实施民事法律行为，对法人或者非法人组织发生效力。

法人或者非法人组织对执行其工作任务的人员职权范围的限制，不得对抗善意相对人。

第一百七十一条　行为人没有代理权、超越代理权或者代理权终止后，仍然实施代理行为，未经被代理人追认的，对被代理人不发生效力。

相对人可以催告被代理人自收到通知之日起一个月内予以追认。被代理人未作表示的，视为拒绝追认。行为人实施的行为被追认前，善意相对人有撤销的权利。撤销应当以通知的方式作出。

行为人实施的行为未被追认的，善意相对人有权请求行为人履行债务或者就其受到的损害请求行为人赔偿，但是赔偿的范围不得超过被代理人追认时相对人所能获得的利益。

相对人知道或者应当知道行为人无权代理的，相对人和行为人按照各自的过错承担责任。

第一百七十二条　行为人没有代理权、超越代理权或者代理权终止后，仍然实施代理行为，相对人有理由相信行为人有代理权的，代理行为有效。

三、对合同公章的审查

【技巧理论】

公章是单位的法定代表符号，也是单位权力的象征。公章可以代表单位。因此，国家加强了对公章的刻制和使用的管理。签订合同时，尤其要注意对公章真实性的审查，以防对方使用假公章签订合同。

【法规链接】

《国务院关于国家行政机关和企业事业单位社会团体印章管理的规定》（节选）

发布：1999-10-31　实施：1999-10-31　时效性：现行有效

一、国家行政机关和企业事业单位、社会团体的印章为圆形，中央刊国徽或五角星。

二、国务院的印章，直径6厘米，中央刊国徽，国徽外刊机关名称，自左而右环行，由国务院自制。

三、各省、自治区、直辖市人民政府和国务院办公厅、国务院各部委的印章，直径5厘米，中央刊国徽、国徽外刊机关名称，自左而右环行，由国务院制发。

四、国务院直属机构、办事机构的印章，正部级单位的直径5厘米，副部级单位的直径4.5厘米，中央刊国徽，国徽外刊机关名称，自左而右环行，由国务院制发。

五、国务院直属事业单位的印章，正部级单位的直径5厘米，副部级单位的直径4.5厘米，经国家机构编制管理部门认定具有行政职能的单位的印章中央刊国徽，没有行政职能的单位的印章中央刊五角星，国徽或五角星外刊单位名称，自左而右环行，由国务院制发。

六、国务院议事协调机构和临时机构的印章，直径5厘米，中央刊五角星，五角星外刊机关名称，自左而右环行，由国务院制发。

七、国务院部委管理的国家局的印章，直径4.5厘米，中央刊国徽，国徽外刊机关名称，自左而右环行，由国务院制发。

八、国务院部委的外事司（局）的印章，直径4.2厘米，中央刊国徽，国徽外刊机关名称，自左而右环行，由国务院制发。

国务院部门的内设机构和所属事业单位，法定名称中“冠“中华人民共和国”或“国家”的单位的印章，直径4.2厘米，中央刊国徽，国徽外刊单位名称，自左而右环行，由国务院制发。

九、自治州、市、县级（县、自治县、县级市、旗、自治旗、特区、林区，下同）

和市辖区人民政府的印章，直径4.5厘米，中央刊国徽，国徽外刊机关名称，自左而右环行，由省、自治区、直辖市人民政府制发。

十、地区（盟）行政公署的印章，直径4.5厘米，中央刊五角星，五角星外刊机关名称，自左而右环行，由省、自治区人民政府制发。

十一、乡（镇）人民政府的印章，直径4.2厘米，中央刊五角星，五角星外刊机关名称，自左而右环行，由县级人民政府制发。

十二、驻外国的大使馆、领事馆的印章，直径4.2厘米，中央刊国徽，国徽外刊机关名称，自左而右环行，由外交部制发。

十三、国家行政机关内设机构或直属单位的印章，直径不得大于4.5厘米，中央刊五角星，五角星外刊单位名称，自左而右环行或者名称前段自左而右环行、后段自左而右横排，分别由国务院各部门和地方各级国家行政机关制发。

十四、企业事业单位、社会团体的印章，直径不得大于4.5厘米，中央刊五角星，五角星外刊单位名称，自左而右环行。制发办法由公安部会同有关部门另行制定。

十五、国家行政机关和企业事业单位、社会团体印章所刊名称，应为法定名称。如名称字数过多不易刻制，可以采用规范化简称。地区（盟）行政公署的印章，冠省（自治区）的名称。自治州、市、县级人民政府的印章，不冠省（自治区、直辖市）的名称。市辖区人民政府的印章冠市的名称，乡（镇）人民政府的印章，冠县级行政区域的名称。

十六、实行民族区域自治的地方人民政府的印章，可以并刊汉字和相应的民族文字。

十七、印章所刊汉字，应当使用国务院公布的简化字，字体为宋体。

十八、印章的质料，由制发机关根据实际需要确定。

十九、各省、自治区、直辖市人民政府和国务院各部委、各直属机构印制文件时使用的套印印章、印模，其规格、式样与正式印章等同，由国务院制发。

二十、国务院有关部委外事用的火漆印，直径4.2厘米，中央刊国徽，国徽外刊机关名称，自左而右环行，由国务院制发。

二十一、国务院的钢印，直径4.2厘米，中央刊国徽，国徽外刊机关名称，自左而右环行，由国务院自制。

地方外事机构、驻外使领馆钢印的规格、式样，由外交部制定。

其他确需使用钢印的单位，其钢印直径不得大于4.2厘米，不得小于3.5厘米，中央刊五角星，五角星外刊单位名称，自左而右环行，报经其印章制发机关批准后刻制。

二十二、国家行政机关和企业事业单位、社会团体的其他专用印章（包括经济合同章、财务专用章等），在名称、式样上应与单位正式印章有所区别，经本单位领导批准后可以刻制。

二十三、印章制发机关应规范和加强印章制发的管理，严格办理程序和审批手续。国家行政机关和企业事业单位、社会团体刻制印章，应到当地公安机关指定的刻章单位刻制。

二十四、国家行政机关和企业事业单位、社会团体的印章，如因单位撤销、名称改变或换用新印章而停止使用时，应及时送交印章制发机关封存或销毁，或者按公安部会同有关部门另行制定的规定处理。

二十五、国家行政机关和企业事业单位、社会团体必须建立健全印章管理制度，加强用印管理，严格审批手续。未经本单位领导批准，不得擅自使用单位印章。

二十六、对伪造印章或使用伪造印章者，要依照国家有关法规查处。如发现伪造印章或使用伪造印章者，应及时向公安机关或印章所刊名称单位举报。具体的印章社会治安管理办法，由公安部会同有关部门制定。

四、对合同主体的资信审查

【技巧理论】

由于合同主体的资信是其过去履约情况的记录，因此，合同主体的资信对于判断其履约能力和履约可能性具有重要参考价值。企业在签订合同前，对签约对方合同主体的资信情况进行调查，掌握真实的第一手资料，可以把签订合同的风险降到最低。

【训练案例-42】[①]

2013年3月31日李某某与A公司签订了购房协议，2013年9月27日双方签订了正式的商品房买卖合同，合同约定李某某购买B楼盘第5栋2单元601号商品房，总楼层34层，李某某所购房屋建筑面积97.17平方米，其中套内建筑面积72.4平方米，公共部位与公用房屋分摊建筑面积24.77平方米。合同第五条面积确认及面积差异处理：合同约定面积与产权登记面积有差异的，以产权登记面积为准。商品房交付后，产权登记面积与合同约定面积发生差异，双方同意以房管局实测面积为准，办理产权时按所交房款多退少补。李某某首付房款247095元，其余房款23万元申请办理按揭贷款。交房时间是2015年5月31日前。合同签订后，李某某按约定交纳了首付款并办理了银行按揭贷款手续。A公司也如约建好了房屋。但是在办理入住手续时，A公司要求李某某必须先交清面积差额款以及4350元太阳能费用后才能办理入住手续。李某某购房协议中是97.17平方米，实测面积是103.74平方米，面积差额6.57平方米，李某某应补交32258元。李某某认为多出的面积大部分是公摊面积，而且超过法律规定的3%误差，A公司在销售商品房的过程中存在欺诈消费者的行为；太阳能热水系统属强卖，李某某不予认可。

【训练提示】

本案是针对企业资信调查能力的专项训练。案例选择了一起商品房买卖合同作为材料，其中的纠纷是商品房开发商不诚信引发的。实践中，企业经常会与其他企业签订合同。在签约前，如何审查对方企业的资信情况，是摆在企业法律顾问面前的一道必答题。

参训者要认真学习相关法规链接的内容，了解我国市场主体征信法律制度的规定，搞清楚我国法定的征信机构、征信规则，并且可以通过法定征信机构的互联网官方网站了解相关情况，使调查的企业征信情况具有真实性、准确性和及时性。

---

①引自中国裁判文书网，作者对内容作了调整。

【训练问题】

1.合同签约前,如何审查A公司的资信情况?

2.调查企业资信的渠道有哪些?

【法规链接】

《征信业管理条例》(节选)

发布:2013-01-21　实施:2013-03-15　时效性:现行有效

第一章　总则

第二条　在中国境内从事征信业务及相关活动,适用本条例。

本条例所称征信业务,是指对企业、事业单位等组织(以下统称企业)的信用信息和个人的信用信息进行采集、整理、保存、加工,并向信息使用者提供的活动。

国家设立的金融信用信息基础数据库进行信息的采集、整理、保存、加工和提供,适用本条例第五章规定。

国家机关以及法律、法规授权的具有管理公共事务职能的组织依照法律、行政法规和国务院的规定,为履行职责进行的企业和个人信息的采集、整理、保存、加工和公布,不适用本条例。

第三条　从事征信业务及相关活动,应当遵守法律法规,诚实守信,不得危害国家秘密,不得侵犯商业秘密和个人隐私。

第四条　中国人民银行(以下称国务院征信业监督管理部门)及其派出机构依法对征信业进行监督管理。

县级以上地方人民政府和国务院有关部门依法推进本地区、本行业的社会信用体系建设,培育征信市场,推动征信业发展。

第二章　征信机构

第五条　本条例所称征信机构,是指依法设立,主要经营征信业务的机构。

第六条　设立经营个人征信业务的征信机构,应当符合《中华人民共和国公司法》规定的公司设立条件和下列条件,并经国务院征信业监督管理部门批准:

(一)主要股东信誉良好,最近3年无重大违法违规记录;

(二)注册资本不少于人民币5000万元;

(三)有符合国务院征信业监督管理部门规定的保障信息安全的设施、设备和制度、措施；

（四）拟任董事、监事和高级管理人员符合本条例第八条规定的任职条件；

（五）国务院征信业监督管理部门规定的其他审慎性条件。

第七条　申请设立经营个人征信业务的征信机构，应当向国务院征信业监督管理部门提交申请书和证明其符合本条例第六条规定条件的材料。

国务院征信业监督管理部门应当依法进行审查，自受理申请之日起60日内作出批准或者不予批准的决定。决定批准的，颁发个人征信业务经营许可证；不予批准的，应当书面说明理由。

经批准设立的经营个人征信业务的征信机构，凭个人征信业务经营许可证向公司登记机关办理登记。

未经国务院征信业监督管理部门批准，任何单位和个人不得经营个人征信业务。

第八条　经营个人征信业务的征信机构的董事、监事和高级管理人员，应当熟悉与征信业务相关的法律法规，具有履行职责所需的征信业从业经验和管理能力，最近3年无重大违法违规记录，并取得国务院征信业监督管理部门核准的任职资格。

第九条　经营个人征信业务的征信机构设立分支机构、合并或者分立、变更注册资本、变更出资额占公司资本总额5%以上或者持股占公司股份5%以上的股东的，应当经国务院征信业监督管理部门批准。

经营个人征信业务的征信机构变更名称的，应当向国务院征信业监督管理部门办理备案。

第十条　设立经营企业征信业务的征信机构，应当符合《中华人民共和国公司法》规定的设立条件，并自公司登记机关准予登记之日起30日内向所在地的国务院征信业监督管理部门派出机构办理备案，并提供下列材料：

（一）营业执照；

（二）股权结构、组织机构说明；

（三）业务范围、业务规则、业务系统的基本情况；

（四）信息安全和风险防范措施。

备案事项发生变更的，应当自变更之日起30日内向原备案机构办理变更备案。

第十一条　征信机构应当按照国务院征信业监督管理部门的规定，报告上一年度开展征信业务的情况。

国务院征信业监督管理部门应当向社会公告经营个人征信业务和企业征信业务的征信机构名单，并及时更新。

第十二条　征信机构解散或者被依法宣告破产的，应当向国务院征信业监督管理部门报告，并按照下列方式处理信息数据库：

（一）与其他征信机构约定并经国务院征信业监督管理部门同意，转让给其他征信机构；

（二）不能依照前项规定转让的，移交给国务院征信业监督管理部门指定的征信机构；

（三）不能依照前两项规定转让、移交的，在国务院征信业监督管理部门的监督下销毁。

经营个人征信业务的征信机构解散或者被依法宣告破产的，还应当在国务院征信业监督管理部门指定的媒体上公告，并将个人征信业务经营许可证交国务院征信业监督管理部门注销。

第三章　征信业务规则

第十三条　采集个人信息应当经信息主体本人同意，未经本人同意不得采集。但是，依照法律、行政法规规定公开的信息除外。

企业的董事、监事、高级管理人员与其履行职务相关的信息，不作为个人信息。

第十四条　禁止征信机构采集个人的宗教信仰、基因、指纹、血型、疾病和病史信息以及法律、行政法规规定禁止采集的其他个人信息。

征信机构不得采集个人的收入、存款、有价证券、商业保险、不动产的信息和纳税数额信息。但是，征信机构明确告知信息主体提供该信息可能产生的不利后果，并取得其书面同意的除外。

第十五条　信息提供者向征信机构提供个人不良信息，应当事先告知信息主体本人。但是，依照法律、行政法规规定公开的不良信息除外。

第十六条　征信机构对个人不良信息的保存期限，自不良行为或者事件终止之日起为5年;超过5年的,应当予以删除。

在不良信息保存期限内,信息主体可以对不良信息作出说明,征信机构应当予以记载。

第十七条　信息主体可以向征信机构查询自身信息。个人信息主体有权每年两次免费获取本人的信用报告。

第十八条　向征信机构查询个人信息的,应当取得信息主体本人的书面同意并约定用途。但是,法律规定可以不经同意查询的除外。

征信机构不得违反前款规定提供个人信息。

第十九条　征信机构或者信息提供者、信息使用者采用格式合同条款取得个人信息主体同意的,应当在合同中作出足以引起信息主体注意的提示,并按照信息主体的要求作出明确说明。

第二十条　信息使用者应当按照与个人信息主体约定的用途使用个人信息,不得用作约定以外的用途,不得未经个人信息主体同意向第三方提供。

第二十一条　征信机构可以通过信息主体、企业交易对方、行业协会提供信息,政府有关部门依法已公开的信息,人民法院依法公布的判决、裁定等渠道,采集企业信息。

征信机构不得采集法律、行政法规禁止采集的企业信息。

第二十二条　征信机构应当按照国务院征信业监督管理部门的规定,建立健全和严格执行保障信息安全的规章制度,并采取有效技术措施保障信息安全。

经营个人征信业务的征信机构应当对其工作人员查询个人信息的权限和程序作出明确规定,对工作人员查询个人信息的情况进行登记,如实记载查询工作人员的姓名,查询的时间、内容及用途。工作人员不得违反规定的权限和程序查询信息,不得泄露工作中获取的信息。

第二十三条　征信机构应当采取合理措施,保障其提供信息的准确性。

征信机构提供的信息供信息使用者参考。

第二十四条　征信机构在中国境内采集的信息的整理、保存和加工,应当在中国境内进行。

征信机构向境外组织或者个人提供信息,应当遵守法律、行政法规和国务院征信业监督管理部门的有关规定。

第八章　附则

第四十四条　本条例下列用语的含义：

（一）信息提供者，是指向征信机构提供信息的单位和个人，以及向金融信用信息基础数据库提供信息的单位。

（二）信息使用者，是指从征信机构和金融信用信息基础数据库获取信息的单位和个人。

（三）不良信息，是指对信息主体信用状况构成负面影响的下列信息：信息主体在借贷、赊购、担保、租赁、保险、使用信用卡等活动中未按照合同履行义务的信息，对信息主体的行政处罚信息，人民法院判决或者裁定信息主体履行义务以及强制执行的信息，以及国务院征信业监督管理部门规定的其他不良信息。

第四十五条　外商投资征信机构的设立条件，由国务院征信业监督管理部门会同国务院有关部门制定，报国务院批准。

境外征信机构在境内经营征信业务，应当经国务院征信业监督管理部门批准。

五、如何证明合同签约时是否存在无效、可撤销情形

【技巧理论】

法律事实是指已经有证据证明其存在的事实。客观事实是指实际发生的事实。法律事实是否等于客观事实取决于是否有证据。如果没有证据，即使存在客观事实，到法院诉讼时，也无法证明客观事实的存在，此时，法院则会依法认定该事实不存在。合同签约时，可以采用对签约现场录音、录像、书面签字确认双方已经阅读并理解合同全部内容、书面签字确认双方对合同标的物不存在应告知而未告知事项等方法，保留签约时不存在无效、可撤销的情形的证据，防范合同签订时的法律风险。

【训练案例-43】[①]

被告谭某某、黎某某系夫妻关系。2007年2月10日，谭某某、黎某某购得由A房产开发有限责任公司开发的B县金地花园8栋2单元504号商品住宅房，建筑面积204.78平方米。2013年3月3日，唐某某欲购买谭某某、黎某某所有的位于B县零阳镇北街文化路金地花园8栋2单元504号房屋，与其朋友覃某某、介绍人陈某某共同到二被告家现场看房，当晚便达成口头购房协议。同年3月7日，唐某某与谭某某签订一份购房合同，约定唐某某购买谭某某、黎某某夫妻所有的金地花园8栋2单元504号房屋，价格为512800元，若违约则承担10000元违约金，并于当日唐某某给付二被告购房定金100000元。为了办理房屋过户登记，唐某某与二被告于2013年3月14日签订了一份房地产买卖契约，并办理了该房屋的过户登记手续，该房屋产权所有人由二被告变更登记为唐某某，为此，唐某某支付该房屋过户税费、手续费、工本费等共计30940.5元。同年3月27日，唐某某为办理购房贷款，委托C房地产评估有限公司出具房地产抵押估价报告，并到中国工商银行B支行办理了住房公积金贷款，贷款250000元用于购买被告房屋，期限20年，按月等额本息还款，执行利率4.5%，首月归还利息937.5元，唐某某因购房贷款支付估价费、贷款工本费共计1945元。同年4月18日，唐某某给二被告付清全部购房款512800元，并由谭某某给唐某某出具一份收条，注明“今收到唐某某购房款伍拾壹万贰仟捌佰元整”。尔后，二被告将房屋钥匙移交给唐某某。唐某某拿到房屋钥匙后发现，该房屋楼梯墙靠洗手间侧、靠客厅侧墙体有裂缝，认为该房屋不适合安全居住，并认为在购房合同签订前看房过程中，被告隐瞒重大订约事实，欺诈唐某某以签订合同。后唐某某多次找二被告协商退房事宜，但均未果。唐某某于2013年5月28日向法院提起诉讼，要求判决。

【训练提示】

本案是针对如何证明合同签约时是否存在无效、可撤销情形的专项训练。实践中，人们签订合同时，往往不注意保存签约时的场景证据。这些场景

①引自中国裁判文书网，作者对内容作了调整。

证据,往往能够证明双方已经充分了解合同条款,并且是在全面了解合同标的物的真实情况下签订合同的。换言之,这些场景证据,可以证明签订合同的行为,完全是双方真实的意思表示。

但是,如果签约人没有这种证据意识,则不会去做签约场景的证据保存工作。作为企业的法律顾问,必须考虑如何防止企业在签订合同后,被对方以存在无效、可撤销情形的理由提起诉讼,使企业遭受不必要的损失。企业保存了相关证据,则可以在对方发起诉讼之前的谈判协商阶段,向对方出示相关证据,使对方打消无理诉讼的想法。

本案虽然是两个自然人之间的签订合同纠纷,但是,签订合同的协商过程及反悔过程可以作为学习的借鉴材料。本案的买方已经到卖方的房屋中实际查看了房屋情况,然后签订买卖合同,并且支付了全部购房款。在此情形之下,购房之后反悔,并且提起解除合同的诉讼,使卖方面临一个要证明自己不存在欺诈的证明责任。

作为企业法律顾问,还可以考虑在合同文本条款的设计上防范风险。具体可以直接采用文字在合同条款中明确:双方在签约前已经仔细阅读合同条款并且对合同标的物进行了全面了解。

参训者不仅要认真学习本教程的技巧理论,而且要仔细研究相关法规链接,并且要带着问题思考,才能完成训练。

【训练问题】

1. 你如果作为房地产开发公司的法律顾问,如何防止在商品房销售环节购房者以合同存在无效、可撤销情形的退房风险?

2. 如本案买方以卖方欺诈为由要求退房提起诉讼,试分析本案中卖方的举证责任。

【法规链接】

《中华人民共和国合同法》

发布:1999-03-15　实施:1999-10-01　时效性:现行有效

《最高人民法院关于适用〈中华人民共和国合同法〉若干问题的解释(一)》

发布:1999-12-19　实施:1999-12-29　时效性:现行有效

《最高人民法院关于适用〈中华人民共和国合同法〉若干问题的解释(二)》

发布:2009-04-24　实施:2009-05-13　时效性:现行有效

《国家工商行政管理局关于认真做好〈中华人民共和国合同法〉实施工作的通知》

发布:1999-04-19　实施:1999-04-19　时效性:现行有效

第四节　公司法风险防范①

【技巧理论】

公司是市场经济中最主要的市场主体。聘请律师担任法律顾问的企业绝大部分为公司。公司法是调整公司法律关系的法律规范,是民商法体系中非常重要的法律部门。

因此,担任企业法律顾问的律师必须精通公司法理论与实务,才能满足企业对法律顾问的需要。

与企业法务关系密切的公司法的理论,主要包括:公司的特征;公司财产权的性质;公司法人人格否认的法理依据;公司与合伙企业的区别;公司的分类(尤其是母公司与子公司、关联公司与公司集团、本公司与分公司、有限责任公司与股份有限公司等分类);公司章程;公司的能力;公司资本制度;股东出资制度;股东与股权;公司组织机构;公司债;公司的合并、分立与组织变更;公司的终止与清算等理论。

与企业法务关系密切的公司法的实务,主要包括:公司章程的合法性、合规性审查;公司章程的起草;公司治理结构的设计;公司控制权的掌握;股权转让;公司上市等专项业务。

①本节内容参考:赵旭东:《公司法》(第二版),中国政法大学出版社2013年版;江平、李国光:《最新公司法理解与适用》,人民法院出版社2006年版;江平、李国光:《最新公司法案例评析》,人民法院出版社2006年版。

【训练案例-44】[1]

A公司成立于2011年3月7日，类型为有限责任公司，注册资本为2000万元。王某和王某某为A公司的股东，王某出资1300万元，出资比例为65%，王某某出资700万元，出资比例为35%。

2014年9月9日，艾某某与王某签订A公司原始股权转让合同书，该合同约定：转让方是无色水性墨发明人，A公司发起人、法人王某，受让方艾某某。A公司生产以国家发明专利"无色水性墨"而形成的水印防伪产品。A公司到今日已运作4年，能大量生产并且一些企业已经开始使用该防伪产品。董事会决议按照上市公司运作方式进行运作，拟定1个亿原始股份，按照1股1元人民币的基础价格转让股份，转让公司原始股份400万股，以400万元人民币转让给艾某某，享有公司清算权；并提请公司承认艾某某以公司股东身份享受和承担各项权利和义务。

合同签订后，艾某某于2014年9月23日、2014年9月30日分三次向A公司账户转款共计260万元。A公司收到款项后，王某及A公司至今未与艾某某到工商管理部门办理相应股权转让手续。

【训练提示】

本案是针对公司法股份转让制度的一个专项训练。我国公司法规定了有限责任公司制度和股份有限公司制度。这两种制度中，分别规定了有限责任公司的设立条件和股份有限公司的设立条件。同时，公司法规定了有限责任公司股东转让自己股份的条件，也规定了股份有限公司股东转让股份的条件。公司法还规定了有限责任公司增资扩股的制度，以及股份有限公司发行新股的制度。这些公司法的制度，都是本案的参训者必须认真学习的内容。

参训者不仅要学习公司法相关规定，还要结合学习合同法的相关规定，综合运用法律法规才能回答本案的训练问题。

【训练问题】

1.有限责任公司股份转让与股份有限公司股份转让有何不同？

---

①引自中国裁判文书网，作者对内容作了调整。

2.有限责任公司股份转让合同与有限责任公司增资扩股合同有何不同?

3.本案中艾某某与王某签订的A公司原始股权转让合同书是否符合公司法规定?合同是否有效?

【法规链接】

《中华人民共和国公司法》(节选)

发布:2013-12-28　实施:2014-03-01　时效性:现行有效

第九条　有限责任公司变更为股份有限公司,应当符合本法规定的股份有限公司的条件。股份有限公司变更为有限责任公司,应当符合本法规定的有限责任公司的条件。

有限责任公司变更为股份有限公司的,或者股份有限公司变更为有限责任公司的,公司变更前的债权、债务由变更后的公司承继。

【训练案例-45】[①]

徐某桥,A公司法定代表人、原始股东、执行董事。

徐某岚,A公司原始股东,系徐某桥之女。

A公司工商登记的股东为徐某桥、徐某岚。2009年9月15日A公司章程修正案载明A公司股东由徐某桥、徐某岚变更为徐某桥、徐某岚、孙某。但是,工商登记中未将孙某登记为股东。

2010年1月23日,孙某、徐某桥、徐某岚(徐某岚委托吴某某签字)以A公司股东的名义签订决议,主要内容为"一、孙某承担建设3、8号楼所需的全部费用(土地款、纳税、债务等),享有3、8号楼售后的收益、债权,同时孙某不再占有A公司股份和担任任何职务;二、A公司承担孙某入股前的公司债务与修建6、7、10号楼的全部费用,享有孙某入股前的公司债权与6、7、10号楼的全部收益;三、1、4、5号楼归徐某桥所有;四、2、9号楼所占地在银行的贷款由孙某、徐某桥共同承担,一人一半"。

2010年徐某桥因犯伪造国家机关印章罪被刑事羁押期间(约8个月),A公司经营事务由孙某代管。2011年10月21日,某县人民法院裁定受理申请人某

---

①引自中国裁判文书网,作者对内容作了调整。

县住房和城乡规划建设局、某建筑工程有限公司对被申请人A公司的破产清算申请，并于2011年10月31日指定某会计师事务所刘某某律师担任被申请人A公司的破产管理人。

2015年10月30日A公司诉至法院请求确认2010年1月23日孙某、徐某桥、徐某岚签订的决议无效。

【训练提示】

本案是针对公司法的有限责任公司制度的综合训练。训练内容涉及有限责任公司股东资格的取得制度、有限责任公司股东会制度、有限责任公司的财产制度、有限责任公司破产管理人制度等相关法律制度。

参训者必须认真学习公司法有限责任公司制度，学习本教程关于请求权基础的理论，并且结合本案实际，准确回答本案的训练问题。

【训练问题】

1.孙某是否已经取得股东身份？为什么？

2.本案中的决议是否属于公司股东对公司重大事项作出的股东会决议？为什么？

3.本案中的决议是否损害了A公司作为独立法人的权益以及公司债权人的权益？

4.A公司诉至法院请求确认决议无效是否有请求权基础？

5.A公司起诉请求确认决议无效，A公司破产管理人作为原告，主体是否适格？

【法规链接】

《中华人民共和国公司法》（节选）

发布：2013-12-28　实施：2014-03-01　时效性：现行有效

第二十二条　公司股东会或者股东大会、董事会的决议内容违反法律、行政法规的无效。

股东会或者股东大会、董事会的会议召集程序、表决方式违反法律、行政法规或者公司章程，或者决议内容违反公司章程的，股东可以自决议作出之日起六十日内，请求人民法院撤销。

股东依照前款规定提起诉讼的，人民法院可以应公司的请求，要求股东提供相应担保。

公司根据股东会或者股东大会、董事会决议已办理变更登记的，人民法院宣告该决议无效或者撤销该决议后，公司应当向公司登记机关申请撤销变更登记。

第三十一条　有限责任公司成立后，应当向股东签发出资证明书。

出资证明书应当载明下列事项：

（一）公司名称；

（二）公司成立日期；

（三）公司注册资本；

（四）股东的姓名或者名称、缴纳的出资额和出资日期；

（五）出资证明书的编号和核发日期。

出资证明书由公司盖章。

第三十二条　有限责任公司应当置备股东名册，记载下列事项：

（一）股东的姓名或者名称及住所；

（二）股东的出资额；

（三）出资证明书编号。

记载于股东名册的股东，可以依股东名册主张行使股东权利。

公司应当将股东的姓名或者名称向公司登记机关登记；登记事项发生变更的，应当办理变更登记。未经登记或者变更登记的，不得对抗第三人。

第一百四十二条　公司不得收购本公司股份。但是，有下列情形之一的除外：

（一）减少公司注册资本；

（二）与持有本公司股份的其他公司合并；

（三）将股份奖励给本公司职工；

（四）股东因对股东大会作出的公司合并、分立决议持异议，要求公司收购其股份的。

公司因前款第（一）项至第（三）项的原因收购本公司股份的，应当经股东大会决议。公司依照前款规定收购本公司股份后，属于第（一）项情形的，应当自收购之日起十日内注销；属于第（二）项、第（四）项情形的，应当在六个月内转让或者注销。

公司依照第一款第(三)项规定收购的本公司股份,不得超过本公司已发行股份总额的百分之五;用于收购的资金应当从公司的税后利润中支出;所收购的股份应当在一年内转让给职工。

公司不得接受本公司的股票作为质押权的标的。

《最高人民法院关于适用〈中华人民共和国公司法〉若干问题的规定(一)》

发布:2014-02-17　实施:2014-02-17　时效性:现行有效

《最高人民法院关于适用〈中华人民共和国公司法〉若干问题的规定(二)》

发布:2014-02-17　实施:2014-02-17　时效性:现行有效

《最高人民法院关于适用〈中华人民共和国公司法〉若干问题的规定(三)》(节选)

发布:2014-02-17　实施:2014-02-17　时效性:现行有效

第十二条　公司成立后,公司、股东或者公司债权人以相关股东的行为符合下列情形之一且损害公司权益为由,请求认定该股东抽逃出资的,人民法院应予支持:

(一)制作虚假财务会计报表虚增利润进行分配;

(二)通过虚构债权债务关系将其出资转出;

(三)利用关联交易将出资转出;

(四)其他未经法定程序将出资抽回的行为。

《中华人民共和国合同法》(节选)

发布:1999-03-15　实施:1999-10-01　时效性:现行有效

第九十一条　有下列情形之一的,合同的权利义务终止:

(一)债务已经按照约定履行;

(二)合同解除;

(三)债务相互抵销;

(四)债务人依法将标的物提存;

(五)债权人免除债务;

(六)债权债务同归于一人;

(七)法律规定或者当事人约定终止的其他情形。

第九十二条　合同的权利义务终止后，当事人应当遵循诚实信用原则，根据交易习惯履行通知、协助、保密等义务。

第九十三条　当事人协商一致，可以解除合同。

当事人可以约定一方解除合同的条件。解除合同的条件成就时，解除权人可以解除合同。

第九十四条　有下列情形之一的，当事人可以解除合同：

（一）因不可抗力致使不能实现合同目的；

（二）在履行期限届满之前，当事人一方明确表示或者以自己的行为表明不履行主要债务；

（三）当事人一方迟延履行主要债务，经催告后在合理期限内仍未履行；

（四）当事人一方迟延履行债务或者有其他违约行为致使不能实现合同目的；

（四）法律规定的其他情形。

第五节　劳动管理风险防范[①]

【技巧理论】

劳动法是调整劳动者与用人单位之间权利义务的行为规范的总和。劳动法的调整对象是劳动关系，其中最重要的关系是劳动者与用人单位在签订劳动合同时双方的权利义务关系。

企业聘请法律顾问的目的之一，就是要企业法律顾问运用法律智慧，帮助企业处理好劳资关系。

帮助企业建立和谐的劳资关系，是企业法律顾问非常重要的工作任务。因此，致力于成为企业法律顾问的律师，必须下大气力重点强化学习和掌握劳动法知识。

企业法律顾问应重点掌握的劳动法运用技巧包括：企业招聘合法性管理、

---

①本节内容参考：中国法制出版社：《最新劳动法律政策全书》，中国法制出版社2017年版；徐智华：《劳动与社会保障法》（第二版），北京大学出版社2017年版。

使用员工不当的风险防范、劳动合同期限管理、劳动合同解除合法性管理等。

企业招聘合法性管理，要求企业在发布招聘广告时，不能违反《中华人民共和国劳动法》第十三条，劳动者就业，不因民族、种族、性别、宗教信仰等不同而受歧视；不能违反《中华人民共和国劳动法》第十五条及《禁止使用童工规定》，不能使用童工；不能违反《中华人民共和国残疾人保障法》第四章“劳动就业”的规定，依法履行保障残疾人就业的义务；不能违反《中华人民共和国兵役法》第五十六条规定，优待退伍军人；充分利用《中华人民共和国就业促进法》第十七条规定，争取享受国家税收优惠，不得违反《中华人民共和国就业促进法》二十七、二十八、二十九、三十、三十一条规定，不能侵犯妇女、少数民族、残疾人、传染病原携带者等社会弱势群体的平等就业权。否则，企业在招聘中可能发生法律风险。

【训练案例-46】①

2013年12月30日，A公司（甲方）与B公司（乙方）签订劳务派遣协议，约定乙方于本协议有效期内向甲方提供劳务派遣服务，派遣员工人选由乙方办理录用手续；甲乙双方经协商确定派遣员工人选后，乙方应及时向甲方发出聘用征询函，乙方接到经由甲方确认认可的聘用征询函后，应依据其内容为甲方确定的派遣员工办理包括签订劳动合同在内的人事手续、缴纳各种社会保险手续及派遣手续；本协议有效期为两年，自2014年1月1日起至2016年6月30日止。

后B公司在58同城网站上发布招聘信息，标题为“邮政速递员3千加计件”，内容为：岗位职责：邮政快递员；任职资格：男，年龄：18—45岁，身体健康、无纹身、无前科。该招聘信息注明该职位系B公司介绍、代招，工作单位为A公司。邓某某投递简历申请该职位后，经B公司通知于2014年9月25日到A公司进行了面试。邓某某主张其面试后在A公司某营投部试干了两天。A公司称其系代表B公司进行面试，面试后邓某某进行了2天的快递业务观摩。9月28日，根据试干结论，双方达成于10月8日签约的意向。10月1日，邓某某

①引自中国裁判文书网，作者对内容作了调整。

根据A公司要求做了入职体检，花费120元。10月18日，邓某某接到A公司的电话，得知未被录用。10月19日邓某某给A公司打电话询问不能签合同的原因，A公司确认因为邓某某是女性，所以总公司不批准签合同。

【训练提示】

本案是针对公司法律顾问的劳动管理法律风险防范的专项训练。公司招聘是公司的一项经常性工作。如何防范公司招聘中的法律风险是公司法律顾问必须高度重视的问题。

本案中的公司招聘广告及招聘管理，违反了我国劳动法的规定，导致劳动者向公司提起仲裁、诉讼，最终使公司遭受损失。

参训者要认真学习本书关于劳动管理风险防范的技巧理论，仔细检索与公司招聘相关的法律法规、司法解释，全面掌握我国劳动法、劳动合同法等相关法律制度。在此基础之上，才能回答训练问题，提高自己的劳动管理风险防范能力。

【训练问题】

1. 本案中的招聘广告违反了什么法律？

2. 如果应聘者起诉维权，B公司是否要承担法律责任？为什么？A公司要承担什么法律责任？为什么？

【法规链接】

《中华人民共和国劳动法》（节选）

发布：2009-08-27　实施：2009-08-27　时效性：现行有效

第十三条　妇女享有与男子平等的就业权利。在录用职工时，除国家规定的不适合妇女的工种或者岗位外，不得以性别为由拒绝录用妇女或者提高对妇女的录用标准。

【训练案例-47】[①]

A公司与张某某认可在2012年5月1日至2013年11月25日期间存在劳动关系，系某大学宿舍门值，工作24小时，休息24小时，双方未签订书面劳动

①引自中国裁判文书网，作者对内容作了调整。

合同，未给张某某缴纳社会养老保险，且未按最低标准支付工资。2013年11月25日，A公司电话通知张某某不要再到单位上班，张某某遂没有再上班。张某某的工资，2012年5月至2013年8月为1030元/月，2013年9月以后为1080元/月。

【训练提示】

本案是针对单位法律顾问劳动管理法律风险防范的专项训练。训练内容涉及我国劳动合同法、劳动法的相关制度。其中，劳动关系的成立制度、违法不签订书面劳动合同的惩罚制度、违法解除劳动合同的惩罚制度等劳动管理法律制度是本案训练的重点。

参训者必须认真学习我国劳动法、劳动合同法的法律规范，必须熟悉相关的司法解释，仔细研究本案中单位的行为，认真回答本案的训练问题，才能提高自己的劳动合同管理风险防范能力。

【训练问题】

1.A公司是否存在违法行为？为什么？

2.未签订书面劳动合同，劳动关系是否成立？为什么？

3.如果张某某依法维权，A公司将承担哪些法律责任？

4.你作为企业法律顾问，如何防止企业出现类似法律风险？

【法规链接】

《中华人民共和国劳动法》(节选)

发布:2009-08-27　实施:2009-08-27　时效性:现行有效

第十六条　劳动合同是劳动者与用人单位确立劳动关系、明确双方权利和义务的协议。建立劳动关系应当订立劳动合同。

第十七条　订立和变更劳动合同，应当遵循平等自愿、协商一致的原则，不得违反法律、行政法规的规定。劳动合同依法订立即具有法律约束力，当事人必须履行劳动合同规定的义务。

第十八条　下列劳动合同无效：

(一)违反法律、行政法规的劳动合同；

(二)采取欺诈、威胁等手段订立的劳动合同。无效的劳动合同，从订立的时候起，就没有法律约束力。确认劳动合同部分无效的，如果不影响其余部分的效力，其余部分仍然有效。劳动合同的无效，由劳动争议仲裁委员会或者人民法院确认。

第十九条　劳动合同应当以书面形式订立，并具备以下条款：

（一）劳动合同期限；

（二）工作内容；

（三）劳动保护和劳动条件；

（四）劳动报酬；

（五）劳动纪律；

（六）劳动合同终止的条件；

（七）违反劳动合同的责任。

劳动合同除前款规定的必备条款外，当事人可以协商约定其他内容。

第二十条　劳动合同的期限分为有固定期限、无固定期限和以完成一定的工作为期限。劳动者在同一用人单位连续工作满十年以上，当事人双方同意续延劳动合同的，如果劳动者提出订立无固定期限的劳动合同，应当订立无固定期限的劳动合同。

第二十一条　劳动合同可以约定试用期。试用期最长不得超过六个月。

第二十二条　劳动合同当事人可以在劳动合同中约定保守用人单位商业秘密的有关事项。

第二十三条　劳动合同期满或者当事人约定的劳动合同终止条件出现，劳动合同即行终止。

第二十四条　经劳动合同当事人协商一致，劳动合同可以解除。

第二十五条　劳动者有下列情形之一的，用人单位可以解除劳动合同：

（一）在试用期间被证明不符合录用条件的；

（二）严重违反劳动纪律或者用人单位规章制度的；

（三）严重失职，营私舞弊，对用人单位利益造成重大损害的；

（四）被依法追究刑事责任的。

第二十六条　有下列情形之一的，用人单位可以解除劳动合同，但是应当提前三十日以书面形式通知劳动者本人：

（一）劳动者患病或者非因工负伤，医疗期满后，不能从事原工作也不能从事由用人单位另行安排的工作的；

（二）劳动者不能胜任工作，经过培训或者调整工作岗位，仍不能胜任工作的；

（三）劳动合同订立时所依据的客观情况发生重大变化，致使原劳动合同无法履行，经当事人协商不能就变更劳动合同达成协议的。

第二十七条　用人单位濒临破产进行法定整顿期间或者生产经营状况发生严重困难，确需裁减人员的，应当提前三十日向工会或者全体职工说明情况，听取工会或者职工的意见，经向劳动行政部门报告后，可以裁减人员。

用人单位依据本条规定裁减人员，在六个月内录用人员的，应当优先录用被裁减的人员。

第二十八条　用人单位依据本法第二十四条、第二十六条、第二十七条的规定解除劳动合同的，应当依照国家有关规定给予经济补偿。

第二十九条　劳动者有下列情形之一的，用人单位不得依据本法第二十六条、第二十七条的规定解除劳动合同：

（一）患职业病或者因工负伤并被确认丧失或者部分丧失劳动能力的；

（二）患病或者负伤，在规定的医疗期内的；

（三）女职工在孕期、产期、哺乳期内的；

（四）法律、行政法规规定的其他情形。

第三十条　用人单位解除劳动合同，工会认为不适当的，有权提出意见。如果用人单位违反法律、法规或者劳动合同，工会有权要求重新处理；劳动者申请仲裁或者提起诉讼的，工会应当依法给予支持和帮助。

第三十一条　劳动者解除劳动合同，应当提前三十日以书面形式通知用人单位。

第三十二条　有下列情形之一的，劳动者可以随时通知用人单位解除劳动合同：

（一）在试用期内的；

（二）用人单位以暴力、威胁或者非法限制人身自由的手段强迫劳动的；

（三）用人单位未按照劳动合同约定支付劳动报酬或者提供劳动条件的。

《中华人民共和国劳动合同法》(节选)

发布:2012-12-28　实施:2013-07-01　时效性:现行有效

第七条

用人单位自用工之日起即与劳动者建立劳动关系。用人单位应当建立职工名册备查。

【训练案例-48】[①]

二机齿轮机床有限公司,简称二机公司。

法定代表人尹某某,二机公司总经理。

沈某某,男,1956年9月9日生,汉族。二机公司职工。

沈某某原系二机公司的员工,沈某某与二机公司签订了书面劳动合同,最后一期劳动合同约定:合同期限自2014年11月1日起至2015年10月31日止;沈某某主张在第二机床厂连续工龄为8年,经济补偿为8864元;沈某某进入二机公司工作至距法定退休年龄5年以内的,二机公司不得解除劳动合同;沈某某进入二机公司工作至距法定退休年龄5年以内的,沈某某要求解除劳动合同的,二机公司不计发沈某某在第二机床厂工作期间的经济补偿。2015年10月27日,二机公司出具关于与沈某某终止劳动合同的证明,决定自2015年10月31日起终止沈某某的劳动合同。2015年10月28日,沈某某向区劳动人事争议仲裁委员会申请仲裁,该委于2016年1月12日出具仲裁决定书。沈某某诉至法院,请求法院判令二机公司支付违法终止劳动合同赔偿金160000元。

沈某某自1995年7月进入第二机床厂,该厂与二机公司均属于机电集团的下属企业。2002年,第二机床厂进行国企改制,改制后成立了多家公司,二机床有限责任公司是其中之一。改制后,沈某某进入二机床有限责任公司。因二机床有限责任公司与其他公司合作失败,机电集团安排二机公司接收二机床有限责任公司的员工,沈某某进入二机公司,并主张双方已约定沈某某在第二机床厂工作8年期间的经济补偿8864元。

---

①引自中国裁判文书网,作者对内容作了调整。

【训练提示】

本案是针对公司法律顾问劳动管理风险防范的专项训练。本训练涉及劳动法、劳动合同法中关于劳动合同解除制度、违法解除劳动合同的补偿制度等制度。

参训者要认真学习我国劳动法、劳动合同法关于用人单位可以解除劳动合同的情形、用人单位不得解除劳动合同的规定，仔细研究违法解除劳动合同的法律后果以及违法解除劳动合同的补偿标准。

参训者只有认真学习了劳动管理风险防范技巧理论，并且正确回答本案训练问题之后，才能提高自己的劳动合同管理风险防范能力。

【训练问题】

1.二机公司出具关于与沈某某终止劳动合同的证明，决定自2015年10月31日起终止沈某某的劳动合同。是否违法？为什么？

2.沈某某依法可以向谁请求他在第二机床厂工作8年期间的经济补偿？补偿标准应该是多少？

3.二机公司解除与沈某某的劳动关系面临的法律风险有哪些？为什么？

4.沈某某诉至法院，请求法院判令二机公司支付违法终止劳动合同赔偿金160000元，是否有请求权基础？赔偿金依法应该是多少？

【法规链接】

《中华人民共和国劳动合同法》(节选)

发布:2012-12-28　实施:2013-07-01　时效性:现行有效

第十三条　固定期限劳动合同，是指用人单位与劳动者约定合同终止时间的劳动合同。

用人单位与劳动者协商一致，可以订立固定期限劳动合同。

第十四条　无固定期限劳动合同，是指用人单位与劳动者约定无确定终止时间的劳动合同。

用人单位与劳动者协商一致，可以订立无固定期限劳动合同。有下列情形之一，劳动者提出或者同意续订、订立劳动合同的，除劳动者提出订立固定期限劳动合同外，应当订立无固定期限劳动合同：

（一）劳动者在该用人单位连续工作满十年的；

（二）用人单位初次实行劳动合同制度或者国有企业改制重新订立劳动合同时，劳动者在该用人单位连续工作满十年且距法定退休年龄不足十年的；

（三）连续订立二次固定期限劳动合同，且劳动者没有本法第三十九条和第四十条第一项、第二项规定的情形，续订劳动合同的。

用人单位自用工之日起满一年不与劳动者订立书面劳动合同的，视为用人单位与劳动者已订立无固定期限劳动合同。

第四十六条　有下列情形之一的，用人单位应当向劳动者支付经济补偿：

（一）劳动者依照本法第三十八条规定解除劳动合同的；

（二）用人单位依照本法第三十六条规定向劳动者提出解除劳动合同并与劳动者协商一致解除劳动合同的；

（三）用人单位依照本法第四十条规定解除劳动合同的；

（四）用人单位依照本法第四十一条第一款规定解除劳动合同的；

（五）除用人单位维持或者提高劳动合同约定条件续订劳动合同，劳动者不同意续订的情形外，依照本法第四十四条第一项规定终止固定期限劳动合同的；

（六）依照本法第四十四条第四项、第五项规定终止劳动合同的；

（七）法律、行政法规规定的其他情形。

第四十七条　经济补偿按劳动者在本单位工作的年限，每满一年支付一个月工资的标准向劳动者支付。六个月以上不满一年的，按一年计算；不满六个月的，向劳动者支付半个月工资的经济补偿。

劳动者月工资高于用人单位所在直辖市、设区的市级人民政府公布的本地区上年度职工月平均工资三倍的，向其支付经济补偿的标准按职工月平均工资三倍的数额支付，向其支付经济补偿的年限最高不超过十二年。

本条所称月工资是指劳动者在劳动合同解除或者终止前十二个月的平均工资。

第四十八条　用人单位违反本法规定解除或者终止劳动合同，劳动者要求继续履行劳动合同的，用人单位应当继续履行；劳动者不要求继续履行劳动合同或者劳动合同已经不能继续履行的，用人单位应当依照本法第八十七条规定支付赔偿金。

《中华人民共和国公司法》(节选)

发布:2013-12-28　实施:2014-03-01　时效性:现行有效

第十七条　公司必须保护职工的合法权益,依法与职工签订劳动合同,参加社会保险,加强劳动保护,实现安全生产。

公司应当采用多种形式,加强公司职工的职业教育和岗位培训,提高职工素质。

第十八条　公司职工依照《中华人民共和国工会法》组织工会,开展工会活动,维护职工合法权益。公司应当为本公司工会提供必要的活动条件。公司工会代表职工就职工的劳动报酬、工作时间、福利、保险和劳动安全卫生等事项依法与公司签订集体合同。

公司依照宪法和有关法律的规定,通过职工代表大会或者其他形式,实行民主管理。

公司研究决定改制以及经营方面的重大问题、制定重要的规章制度时,应当听取公司工会的意见,并通过职工代表大会或者其他形式听取职工的意见和建议。

《中华人民共和国残疾人保障法》(节选)

发布:2008-04-24　实施:2008-07-01　时效性:现行有效

第四章　劳动就业

第三十三条　国家实行按比例安排残疾人就业制度。

国家机关、社会团体、企业事业单位、民办非企业单位应当按照规定的比例安排残疾人就业,并为其选择适当的工种和岗位。达不到规定比例的,按照国家有关规定履行保障残疾人就业义务。国家鼓励用人单位超过规定比例安排残疾人就业。

残疾人就业的具体办法由国务院规定。

第三十六条　国家对安排残疾人就业达到、超过规定比例或者集中安排残疾人就业的用人单位和从事个体经营的残疾人,依法给予税收优惠,并在生产、经营、技术、资金、物资、场地等方面给予扶持。

第三十八条　国家保护残疾人福利性单位的财产所有权和经营自主权，其合法权益不受侵犯。

在职工的招用、转正、晋级、职称评定、劳动报酬、生活福利、休息休假、社会保险等方面，不得歧视残疾人。

残疾职工所在单位应当根据残疾职工的特点，提供适当的劳动条件和劳动保护，并根据实际需要对劳动场所、劳动设备和生活设施进行改造。

国家采取措施，保障盲人保健和医疗按摩人员从业的合法权益。

第三十九条　残疾职工所在单位应当对残疾职工进行岗位技术培训，提高其劳动技能和技术水平。

第四十条　任何单位和个人不得以暴力、威胁或者非法限制人身自由的手段强迫残疾人劳动。

《中华人民共和国兵役法》（节选）

发布：2011-10-29　实施：2011-10-29　时效性：现行有效

第五十六条　现役军人，残疾军人，退出现役军人，烈士、因公牺牲、病故军人遗属，现役军人家属，应当受到社会的尊重，受到国家和社会的优待。军官、士官的家属随军、就业、工作调动以及子女教育，享受国家和社会的优待。

《中华人民共和国就业促进法》（节选）

发布：2015-04-24　实施：2015-04-24　时效性：现行有效

第十七条　国家鼓励企业增加就业岗位，扶持失业人员和残疾人就业，对下列企业、人员依法给予税收优惠：

（一）吸纳符合国家规定条件的失业人员达到规定要求的企业；

（二）失业人员创办的中小企业；

（三）安置残疾人员达到规定比例或者集中使用残疾人的企业；

（四）从事个体经营的符合国家规定条件的失业人员；

（五）从事个体经营的残疾人；

（六）国务院规定给予税收优惠的其他企业、人员。

第二十七条　国家保障妇女享有与男子平等的劳动权利。

用人单位招用人员，除国家规定的不适合妇女的工种或者岗位外，不得以性别为由拒绝录用妇女或者提高对妇女的录用标准。

用人单位录用女职工，不得在劳动合同中规定限制女职工结婚、生育的内容。

第二十八条　各民族劳动者享有平等的劳动权利。

用人单位招用人员，应当依法对少数民族劳动者给予适当照顾。

第二十九条　国家保障残疾人的劳动权利。

各级人民政府应当对残疾人就业统筹规划，为残疾人创造就业条件。

用人单位招用人员，不得歧视残疾人。

第三十条　用人单位招用人员，不得以是传染病病原携带者为由拒绝录用。但是，经医学鉴定传染病病原携带者在治愈前或者排除传染嫌疑前，不得从事法律、行政法规和国务院卫生行政部门规定禁止从事的易使传染病扩散的工作。

第三十一条　农村劳动者进城就业享有与城镇劳动者平等的劳动权利，不得对农村劳动者进城就业设置歧视性限制。

本书引用法律法规、司法解释目录

参考文献

1.《辞海》编辑委员会:《辞海》,上海辞书出版社1980年版。

2.韩德云、彭瑶:《法律咨询的策略与技巧》,法律出版社2015年版。

3.江伟:《民事诉讼法》,中国人民大学出版社2013年版。

4.赵旭东:《公司法》(第二版),中国政法大学出版社2013年版。

5.江平、李国光:《最新公司法理解与适用》,人民法院出版社2006年版。

6.江平、李国光:《最新公司法案例评析》,人民法院出版社2006年版。

7.中国法制出版社:《最新劳动法律政策全书》,中国法制出版社2017年版。

8.徐智华:《劳动与社会保障法》(第二版),北京大学出版社2017年版。

9.郭斌、王士卿:《企业法律风险防控实务》,法律出版社2013年版。

10.中华全国律师协会公司法专业委员会:《律师公司法业务经验与技巧》,法律出版社2012年版。

11.张广兄:《建设工程合同纠纷诉讼指引与实务解答》,法律出版社2017年版。

12.袁华之:《建设工程索赔与反索赔》,法律出版社2016年版。

13.吴革:《律师思维与办案经验》,法律出版社2012年版。

14.牟驰:《律师阶梯》,北京大学出版社2011年版。

15.武艳、张晓锋、张静:《企业风险管理》,清华大学出版社2011年版。

16.《中华人民共和国最高人民法院公报》,2012年第10期(总第192期)。

17.郭振忠:《律师承办民事案件基本技能》,中国律师培训网,2016-06-14。

18.李宗胜:《律师办理合同法律业务实务问题》,中国律师培训网,2015-06-10。

19.焦鹏:《证据规则在刑事辩护中的运用》,点睛网,2017-01-18。